Max Otte

Sehr geehrte Privatanleger!

Die besten Anlageweisheiten
der letzten 10 Jahre

Bibliografische Information der Deutschen Nationalbibliothek
Die Deutsche Nationalbibliothek verzeichnet diese Publikation in der Deutschen Nationalbibliografie; detaillierte bibliografische Daten sind im Internet über **http://d-nb.de** abrufbar.

Für Fragen und Anregungen:
otte@finanzbuchverlag.de

Originalausgabe
1. Auflage 2013

© 2013 bei FinanzBuch Verlag, ein Imprint der Münchner Verlagsgruppe GmbH,
Nymphenburger Straße 86
D-80636 München
Tel.: 089 651285-0
Fax: 089 652096

Der Artikel »Der Crashprophet-100-Prozent-Aktien-Mann« von Andreas Deutsch erschien in der Ausgabe 28/13 in Der Aktionär. © Max Otte

Lektorat: Christine Demmer
Satz: Georg Stadler, München
Druck: GGP Media GmbH, Pößneck
Printed in Germany

ISBN Print 978-3-89879-816-7
ISBN E-Book (PDF) 978-3-86248-461-4
ISBN E-Book (EPUB, Mobi) 978-3-86248-462-1

Weitere Informationen zum Verlag finden Sie unter

www.finanzbuchverlag.de
Beachten Sie auch unsere weiteren Verlage unter
www.muenchner-verlagsgruppe.de

INHALT

1 IN EIGENER SACHE

Sehr geehrte Privatanleger!

So beginne ich seit mehr als zehn Jahren meine Briefe an Börsen- und Aktieninteressierte. Hier habe ich die besten und lehrreichsten Kolumnen aus dieser Zeit für Sie zusammengestellt.

Es war immer mein Ziel, Ihnen eine unabhängige Alternative zu bieten, sich über die Finanzmärkte zu informieren und Ihre Finanzen in die eigenen Hände zu nehmen. Ich will Ihnen helfen, die Börsenturbulenzen zu überstehen, Ihr Vermögen zu sichern und zu vermehren.

Im Dezember 1998 bekam ich als Assistant Professor an der Boston University eine gut geschriebene Analyse des Finanzinformationsdienstes Motley Fool in die Hände. Das Internet-Unternehmen amazon.com wurde dort analysiert – sachlich fundiert, mit hohem Wert für Anleger und in einem witzigen, zeitgemäßen Stil. Sofort war mir klar, dass Deutschland auch so etwas brauchte. Der gerade gegründete Neue Markt lief heiß. Börsenjünglinge mit Milchgesichtern und Unternehmen, die nur Verlust machten, scheffelten Millionen. Die Gier ging um – und Unvernunft. Orientierung war dringend nötig.

Zwar wurden einige steinreich, aber mir war klar, dass viele andere Menschen viel Geld verlieren würden. Ich wollte helfen, dass sich Privatanleger besser im Börsendschungel zurechtfinden. Ja, Sie können an der Börse Geld verdienen – aber nicht so, wie die meisten sich das vorstellen. Mit »heißen« Aktien oder Neuemissionen geht es zum Beispiel eher nicht. Wie oft bin ich zwischen 2005 und 2008 auf die Aktie der SolarWorld AG angesprochen worden. Von unter 30 Cent im Jahr 2003 schoss der Titel auf 50 Euro im Jahr 2007 – nahezu 18.000 % Plus. Und heute, im Juli 2013, ist die Aktie wieder bei 50 Cent angelangt. Meine Meinung zu Solarwerten war damals immer: Finger weg! Stattdessen können auch ganz einfache Aktienstrategien erfolgreich sein (siehe *1.5 Meine Tante, das Aktiengenie!*).

Also kündigte ich meine sichere Stellung an der Boston University und machte einen Kopfsprung in das kalte oder eher »heiße« Wasser der New Economy. Nach gescheiterten Gesprächen mit dem Motley Fool und kurzlebigen Joint Ventures mit der wallstreet:online AG, der freenet AG und der OnVista AG hatte ich mich freigeschwommen und konnte 2003 mein eigenes Unternehmen gründen, das IFVE Institut für Vermögensentwicklung in Köln. Hier produzieren wir nun seit zehn Jahren unsere Analysen.

Die Zeit zwischen der Kündigung meiner Professur und der Gründung des Instituts war sehr turbulent. Ich musste eine Insolvenz überstehen, Klagen starker Gegner wie der freenet AG und der OnVista AG abwehren und sogar einen großen Teil meiner Gitarrensammlung verkaufen, um liquide zu bleiben. Meine Tochter Sophie Elisabeth wurde im November 2003 geboren und im Dezember 2004 mein Sohn Carl Jonathan. Hätte ich nicht im Sommer 2001 einen Ruf als Professor an die Fachhochschule Worms angenommen, hätte ich aufgeben müssen. So war ich zwar beruflich doppelt belastet, aber IFVE überlebte. Dazu hat auch die Mutter meiner Kinder, Dipl.-Kffr. Katja Zacharias, als Finanzanalystin beigetragen. Auch sie hat harte Jahre hinter sich. Darauf, auf unsere Kinder und auf das, was aus unserer Arbeit geworden ist, können wir beide stolz sein, obwohl wir seit 2007 getrennt leben.

Man könnte noch viel mehr über die Gründungszeit des IFVE schreiben. Es ist ein Lehrstück der New Economy und der menschlichen Natur. Loyalität, Verrat, Gier, Fleiß, Dummheit und Klugheit – alles kommt vor. Aber das ist einem anderen Buch vorbehalten. Vielleicht gibt es diese Zwischenbilanz zu meinem fünfzigsten Geburtstag.

In diesem Buch geht es um Inhalte, um das Ergebnis unserer Arbeit, nicht um unsere Geschichte. Ich habe Ihnen die besten Kolumnen der letzten zehn Jahre zusammengestellt. An einigen Stellen habe ich Kürzungen vorgenommen, die ich durch (...) gekennzeichnet habe. Ansonsten wurde an den Texten bis auf kleinere sprachliche Korrekturen nichts verändert. Viele davon sind treffsichere Prognosen und Analysen. Ich bin schon etwas stolz darauf, dass wir Ihnen meistens das Richtige geraten haben. Manchmal lag ich auch kolossal daneben (siehe 7.7 Praktiker muss Insolvenz anmelden vom 12.07.2013). Auch davon können Sie lernen.

Das Buch ist in acht Kapitel unterteilt. Die Kapitel, die sich mit der Wirtschaftsentwicklung und der Politik befassen wie auch die Kapitel zu Aktien und einzelnen Anlageklassen, sind chronologisch geordnet. Bei den Kapiteln 4.1 und 4.2 bin ich von der zeitlichen Gliederung abgewichen und habe der Sachlogik den Vorrang gegeben.

In diesem ersten Kapitel lesen Sie einige Kolumnen, die schlaglichtartig unsere Arbeit beleuchten. Im zweiten Kapitel können Sie ein Börsenjahrzehnt im Rückblick verfolgen. Im dritten Kapitel stelle ich Ihnen schädliche Produkte und negative Praktiken der Finanzbranche vor. Im vierten Kapitel geht es um Börsenstrategien und Anlegerfallen. Vor allem das erste Unterkapitel ist etwas Hardcore. Überspringen Sie es, wenn es Ihnen zu schwer scheint, und kommen Sie später darauf zurück. In den Kapiteln 5 und 6 geht es um einzelne Anlagen und Anlageklassen. In Kapitel 7 finden Sie Anlagebeispiele aus unseren Online-Portfolios. In Kapitel 8 geht es schließlich um die Politik. Überschrieben habe ich es mit Armes Deutschland.

Wenn man sich den Verlauf des DAX seit der Technologieblase anschaut, dann zeigt sich ein regelmäßiges Muster aus Gier und Furcht. Nach der Euphorie des Jahres 2000 folgte Anfang 2003 zeitgleich mit dem zweiten Irakkrieg der Totalausverkauf. Gerade, als die Anleger wieder Interesse zeigten, kündigte sich 2007 die Finanzkrise an, die dann 2008 mit voller Wucht über uns hereinbrach.

Nach der Erholung im Jahr 2009 kam dann 2010 die nächste Krise, die sogenannte Eurokrise.

Im Jahr 2006 wurde ich noch von einer politischen Stiftung wieder ausgeladen, nachdem man dort mein Buch *Der Crash kommt* gelesen hatte (siehe 1.4 Ausgeladen! vom 14.07.2006). Das war unschön. Ähnliches sollte mir noch einige Male passieren. Und dann kam die Krise – just mit der Wucht, die ich im Buch vorausgesagt hatte. In den nächsten Jahren hielt die Finanzkrise nicht nur die Märkte, sondern auch mich in Atem. Ich wurde zum Dauergast in den Medien. Aber ich würde mich nicht verbiegen, um in die Medien zu kommen. Ich bin Ihnen, den Privatanlegern, verpflichtet.

Nach drei Krisen ist die Verunsicherung der deutschen Anleger so stark wie eh und je. Obwohl ich mittlerweile mit meinen Büchern und mehr als 300 Vorträgen sowie unzähligen Medienterminen Millionen von Menschen erreicht habe, mangelt es oftmals selbst am Basiswissen der Finanzanlage. Dabei finden sich in Deutschland, aber vor allem in den europäischen Ländern rings um uns herum genug attraktive Aktien. Erstaunlich ist zum Beispiel, dass die gigantische amerikanische Fondsgesellschaft BlackRock drei, vier oder mehr Prozent an den meisten DAX-Konzernen hält, während deutsche Versicherer brav Staatsanleihen halten. Da kann doch etwas nicht stimmen! (Siehe 4.2.15 Was weiß BlackRock, was die Deutschen nicht wissen? vom 21.1.2011.)

Warum der DAX auch 2013 nicht überbewertet ist und warum es in Europa noch viele Chancen gibt, können Sie in der Kolumne 2.3.24 Fünf Komma vier Prozent vom 21.06.2013 nachlesen.

Auf gute Investments!

Max Otte
Blankenheimerdorf, im Juli 2013

1.1 Lassen Sie uns gemeinsam den Index schlagen!
Ausgabe 41/2003 vom 10.10.2003

Es gibt eine ganz einfache Frage, mit der Sie sofort erkennen können, ob ein Portfoliomanager oder Analyst etwas taugt: Schlägt er
mit seinem Portfolio den Vergleichsindex?

Gelingt ihm dies, können Sie sich näher mit seinen Empfehlungen beschäftigen. Gelingt ihm dies nicht, vergessen Sie besser seine
Empfehlungen. Es ist dann sehr wahrscheinlich, dass er sein Geld
mit dem Füllen von Papierseiten verdient, nicht mit dem Herausfinden erfolgreicher Investments.

Alle meine Musterportfolios haben den DAX geschlagen (…), und
zwar ohne häufiges Kaufen und Verkaufen.

Wenn Sie mein erstes Aktienbuch *Investieren statt Sparen* (Econ,
2000) gelesen haben, kennen Sie das Wunder des Zinseszinses.

Hätten Sie 1949 zur Gründung der Bundesrepublik in beliebige DAX-Werte investiert, hätten Sie bis heute durchschnittlich
10,1 % p. a. Rendite erzielt. Aus 1000 DM wären 180.000 DM
geworden. Mit meinem Kaufleute- und meinem Königsportfolio
habe ich den DAX in den letzten vier Jahren um 1,9 und 1,7 % pro
Jahr geschlagen. Aus 1000 DM im Jahre 1949 wären 412.000 DM
(Königsportfolio) und 454.000 DM (Kaufleuteportfolio) geworden.

In wenigen Wochen wird die Idee der IFVE Institut für Vermögensentwicklung GmbH fünf Jahre alt. Trotz aller Turbulenzen der
letzten Zeit ist es meine Verpflichtung, langfristig für Sie da zu sein.

Am 18.10.2003 fand in Köln der fünfte Investorentag statt. Im
Dezember 1998 wurde mir klar, dass Deutschland dringend einen unabhängigen Aktieninformationsdienst braucht. Viele Anleger waren im Neue-Markt-Fieber. Die »Hausfrauen-Hausse«
bahnte sich an. Die Finanzmedien und die Analysten der Banken
empfahlen unkritisch einen NEMAX-Wert nach dem anderen.
Und ich warnte vor Neuemissionen und empfahl stattdessen,
in solide Werte zu investieren (aber eben NICHT ganz normale

DAX-Werte, denn die hielt ich auch für unsolide). In meinem Regal steht noch die Kopie eines Bloomberg-Interviews aus dem Jahre 2000, in dem ich zum Beispiel vor EM.TV und Intershop warnte.

Dabei bin ich kein Crash-Prophet, sondern von Natur aus ein Bulle. Gute Aktien können um viele tausend Prozent steigen, schlechte Aktien bestenfalls um 100 % fallen. Bei Aktien ist zunächst einmal die Auswahl besonders wichtig; erst an zweiter Stelle folgt die Bewertung. Hierzu habe ich die Königsanalyse© entwickelt und auf meinen Namen markenrechtlich schützen lassen.

Auch im Jahre 2003 haben wir einige solcher guten Aktien identifiziert: Stada (+20 %), Web.de (+142 %), Qiagen (+103 %), und die erstaunliche Bijou Brigitte (+138 %). Eine meiner Empfehlungen hat sich schlecht entwickelt: E-loan (-24 % seit meiner Empfehlung). eBay (+54 %) – für mich das beste in den 90er-Jahren gegründete Unternehmen – gehört für mich zu den absoluten Dauerinvestments. Langfristig kann sich der Aktienkurs dieses Unternehmens immer noch vervielfachen.

Lassen Sie uns gemeinsam den Index schlagen!

Im Jahre 2003 hat eBay gezeigt, was in ihm steckt und seine früheren Allzeithochs weit übertroffen. (Zum Vergleich: Trotz seines rasanten Kursanstiegs in jüngster Zeit liegt Yahoo! immer noch bei ca. 15 % seines Allzeithochs.)

Für das Jahr 2003 hatte ich auf Aktien kleinerer, aber etablierter Wachstumsunternehmen gesetzt, die sich am Markt bewiesen, aber noch Potenzial hatten. Insgesamt bin ich damit hervorragend gefahren. Den Aufschwung am DAX habe ich weitgehend verpasst. Bis heute bin ich nicht davon überzeugt, dass die deutsche Wirtschaft die Kurve kriegen wird.

Aber auch das ist ein Zeichen einer guten Börsenstrategie: Sie können nicht alles auf einmal machen. Sie müssen auch den Mut haben, an einer Strategie festzuhalten und gewisse Trends NICHT mitzumachen.

In den letzten Monaten haben mich sehr viele Briefe, Anrufe und E-Mails von Ihnen erreicht, mit denen Sie mir Ihre Unterstützung bekundet haben. An dieser Stelle möchte ich Ihnen allen ganz herzlich danken.

IFVE hat in den letzten Monaten einige wesentliche Erneuerungen erhalten. Auch in Zukunft wollen wir unsere Methoden und Instrumente weiterentwickeln. Dazu sind wir auf Sie angewiesen.

Gemeinsam sind wir weit gekommen. In den nächsten Wochen werden wir die Investmentideen für das Jahr 2004 ausloten. Die Börse ist keine Einbahnstraße, langfristig kennt Sie aber nur einen Weg: nach oben.

Lassen Sie uns gemeinsam den Index schlagen!

1.2 Große gehen. Wir bleiben!
Ausgabe 47/2003 vom 21.11.2003

Gestern erreichte mich die Nachricht, dass multexinvestor.de seine kostenlosen Services und Newsletter beenden wird, unter anderem den Newsletter Multex am Morgen und den kostenlosen Report des Tages. Was bleibt, ist ein Vertriebskanal für Broker-Research.

Ich finde das sehr bedauerlich. Ich habe in den letzten Jahren gerne mit Multex kooperiert. Oft waren Analysen meiner Mitarbeiter bei Multex zu finden. Multex ist weiterhin eine sehr interessante und umfassende Informationsquelle für Broker Research. Aber vor einigen Monaten wurde Multex von dem großen Nachrichten- und Finanzmarktdatenanbieter Reuters übernommen. Die Redaktion wurde praktisch aufgelöst. Selbst jetzt, wo sich die Börsenkurse seit einigen Monaten erfreulich erholen, geht das Schrumpfen im Bereich der Finanzmarktanbieter weiter.

Überall schrauben die letzten noch verbliebenen Anbieter von Finanzmarktinformationen ihr Angebot zurück oder machen es kostenpflichtig. Finanztreff.de wurde schon vor einiger Zeit von VWD übernommen. Auf den Webseiten von wallstreet:online und OnVista erscheint mittlerweile das Logo »*Data supplied by Thomson Financial*«, einem Finanzdatenkonzern, der zwar noch nicht die Größe von Reuters hat, aber ein großer Player ist.

Aktiencheck.de wurde von der freenet Group (freenet.de) übernommen. Web.de hat seinen Börsenbereich, insbesondere die Portfoliofunktion, weitgehend eingestellt. Die comdirect bank AG hatte aus meiner Sicht eines der besten kostenlosen Informationsangebote im Netz. Dieses Angebot wurde im Zuge des Relaunchs der Seite stark ausgedünnt.

Handelsblatt.com hat vor gut einem Jahr seine Online-Redaktion so gut wie aufgelöst.

Auch hinter den Kulissen wird zusammengelegt: IS.Teledata, die unter anderem die Seite von comdirect betreibt, und OnVista Technologies GmbH wollen verschmelzen. Gegen diese Verschmelzung wurde allerdings Anfechtungsklage erhoben.

Die IFVE GmbH bietet Ihnen persönliche und kontinuierliche Beratung in Aktienfragen. Sie können sich vorstellen, dass es viel Kraft und meinen ganz persönlichen Einsatz gekostet hat, die IFVE als unabhängiges Unternehmen zu erhalten, wenn schon Unternehmen wie Multexinvestor übernommen werden. Sie können sich aber darauf verlassen, dass wir auch weiterhin unsere Unabhängigkeit bewahren werden.

1.3 Don't lose!

Ausgabe 30/2005 vom 29.07.2005

Am 26. und 27. Juli 2005 führte die Bayerische Landesbank ihr erstes Value-Intelligence-Seminar durch. An zwei Tagen referierten führende amerikanische und deutsche Experten über Geldanlage, Fundamental- und Value-Analyse sowie über die Entwicklung einzelner Branchen. Der Fokus lag darauf, die wirtschaftliche Entwicklung einzelner Branchen und Werte zu analysieren, um damit die inneren Werte von Aktien zu bestimmen.

(...) Die Menge der Informationen ist viel zu groß, als dass ich sie hier angemessen wiedergeben könnte. Deswegen beschränke ich mich heute auf einen Punkt: »Don't lose!«

Einer der Referenten war Charles Ellis, der seit weit mehr als 30 Jahren Banken und Finanzinstitutionen in ihren Geldanlageentscheidungen berät und nebenbei Professor an der Harvard Business School, Yale und anderen angesehenen Universitäten war.

Charles erzählte von seinem Karrierebeginn, als er frisch von der Harvard Business School für ein Unternehmen zu arbeiten begann, das die Gelder der Rockefeller-Familie verwaltete. Nach seinem ersten Aktienreport rief sein Chef ihn zu sich und sandte ihn mit den Worten »Charlie, die Rockefellers sind eine reiche Familie, aber sie sind nicht so reich, dass sie sich Dich leisten könnten«, auf ein weiteres Fortbildungsprogramm an der Wall Street.

Dort sprachen Referenten aus der Praxis. An einem Tag referierte auch der Eigentümer eines Unternehmens, ein stattlicher, eleganter und sehr reicher Mann. Am Ende stellte Charlies Klassenkamerad eine Frage: »Ich möchte so reich sein wie Sie! Sagen Sie mir doch, wie ich das anstellen soll.«

Der Firmenchef stand lange da. Charles dachte zuerst, dass er sich vielleicht über die respektlose Art der Fragestellung ärgern würde. Dann merkte er, dass der Referent einfach nur gründlich nachdachte. Schließlich fixierte er den Fragesteller und sagte zwei Worte mit Nachdruck: Don't lose!

»Wenn man eine dumme Frage stellt, bekommt man eine dumme Antwort«, war die erste Reaktion der Trainees. Im Laufe eines mehr als 40-jährigen Berufslebens erschloss sich die Tiefe dieser einfachen Wahrheit für Charlie immer mehr. Auch ich habe in den letzten Jahren die Weisheit dieses kurzen Statements immer mehr schätzen gelernt.

Don't lose! Sie müssen immer zuerst darauf bedacht sein, Verluste zu vermeiden! Denken Sie an die Zeit des Neuen Marktes zurück und versuchen Sie, sich an Ihr eigenes Portfolio zu erinnern. Waren es letztlich die Gewinne, die Sie gemacht haben, oder die Verluste, die letztlich die Performance Ihres Portfolios bestimmt haben? Vielleicht geht es Ihnen ebenso wie einem Nachbarn von mir, der Porsche-Aktien hatte (+100 % seit dem Jahr 2000) und diese im Jahr 2000 in Aktien des NEMAX tauschte, weil alle anderen ihm von ihren sagenhaften Gewinnen bei NEMAX-Aktien erzählten. Wie diese Investmentstory ausging, brauche ich nicht weiter zu erzählen.

Derzeit kommen wieder einige Anleger an den Aktienmarkt zurück, die von den Jahren 2000 bis 2003 verunsichert waren. Selbst Anleger, die in Aktien engagiert geblieben sind, fragen sich, ob sie nicht angesichts der rapiden Kursentwicklung der letzten Monate noch mehr investieren sollten. Wenn es Sie selbst in den Fingern juckt, denken Sie an den Vortrag von Charles Ellis: Don't lose! Sie haben Gewinne gemacht. Schön! Seien Sie zufrieden. Aber lassen Sie sich nicht von den Gewinnen, die andere angeblich gemacht haben, verleiten, übergroße Risiken einzugehen. Wir stecken schon wieder in einem Momentum-Markt. Die fundamentalen Bewertungen der meisten Aktien sind angemessen. Der Markt kann noch eine ganze Weile laufen. Aber wenn Sie jetzt in großem Stil zusätzlich investieren, kann das auch zu empfindlichen Verlusten führen.

Einer, der letztlich in großem Umfang verloren hat, ist Jürgen Schrempp. Durch seine Rücktrittserklärung schnellte der Wert von DaimlerChrysler um 3,5 Milliarden Euro in die Höhe. Eine schallende Ohrfeige. Zwar sitzt der Mann nun auf vielen Millionen, aber der topfitte Sechzigjährige hat nun viel Zeit, über seinen Hochmut und die vielen Fehler nachzudenken, die er gemacht hat. Ich persönlich kann mir denken, dass diese Fehler am Ende eines langen Lebens sehr schwer wiegen werden und nur unzureichend durch die vielen Millionen aufgewogen werden können.

1.4 Ausgeladen!
Ausgabe 28/2006 vom 14.07.2006

Vor zwei Wochen erhielt ich eine Einladung der FDP-nahen Friedrich-Naumann-Stiftung, auf einer Konferenz in Lübeck zu meinem neuen Buch *Der Crash kommt* – die neue Weltwirtschaftskrise und wie Sie sich darauf vorbereiten zu sprechen. Der Verlag übersandte zur Vorbereitung die Einleitung und das erste Kapitel an die Friedrich-Naumann-Stiftung.

Wenige Tage später lud man mich wieder aus. Begründung: Meine Thesen seien mit liberalem Gedankengut unvereinbar! Wer mich kennt, weiß, dass ich es sehr ernst meine mit liberalem Gedankengut und der freien Selbstbestimmung souveräner Menschen. Als Student war ich in Tokio Preisträger der liberalen Mont Pelerin Society. Zu meiner liberalen Auffassung gehört auch, dass ich das Geschwätz und die Augenwischerei der Medien entarne, wo ich es für notwendig halte.

Deswegen muss ich auch meine Warnung vor den Crashgefahren aussprechen. Eine solche Warnung werden Sie bei den etablierten Wirtschaftsforschungsinstituten nicht hören. Warum darf die Wirtschaft gelegentlich Schnupfen haben, aber die Gefahr einer ernsthaften Erkrankung wird standhaft geleugnet? Weil diese Institute alle von Staats- und Verbandsgeldern bezahlt werden!

Auch die Parteien und Parteistiftungen werden zum großen Teil durch öffentliche Gelder – Ihre Gelder – finanziert. Mittlerweile erstickt unser Land in einem Steuer-, Politik- und Regelungssumpf. Die politische Kaste saugt unser Land aus, ohne wirklich etwas zu bewegen. Es sind bürokratische Hasenfüße wie der Mitarbeiter der Friedrich-Naumann-Stiftung, die unser Land zugrunde richten. Unsere Große Koalition macht es ja gerade vor!

IFVE Institut für Vermögensentwicklung nimmt keinerlei öffentliche Gelder an, sondern ist ausschließlich Ihnen, geehrte Privatanleger, verpflichtet. Es gibt noch Menschen, die in diesem Land normal denken. Die finden Sie aber vor allem unter Ihresgleichen – den Privatleuten. In Politik und Medien sind solche Menschen selten geworden.

Ich werde mich aber nicht von meinem Weg abbringen lassen und werde weiter ausschließlich für Sie, geehrte Privatanleger, tätig sein.

Nachtrag 2013: Max Otte und das Establishment sieben Jahre später

Mittlerweile habe ich vier Mal für die Friedrich-Naumann-Stiftung für die Freiheit referiert, zweimal in Potsdam und zweimal in Heide. Von allen politischen Stiftungen war ich damit am häufigsten für die Friedrich-Naumann-Stiftung unterwegs. Anscheinend bin ich doch mit liberalem Gedankengut kompatibel. So viel zur Ehrenrettung der Friedrich-Naumann-Stiftung. Ich respektiere Friedrich Naumann übrigens sehr. Man sollte sich mehr mit seinen Schriften befassen, da würde man ganz erstaunliche Dinge lesen. Es reicht nicht, dass die Stiftung nur den Namen trägt.

Mehrfach habe ich auch bei der Konrad-Adenauer-Stiftung gesprochen, deren Stipendiat ich zu Studienzeiten war. Zweimal auch bei der Petra-Kelly-Stiftung. Einmal war ich von der SPD-Bundestagsfraktion für eine Anhörung vor dem Finanzausschuss geladen. Der Finanzminister des Landes Rheinland-Pfalz (SPD), wo ich unter Wegfall meiner Dienstbezüge als Professor beurlaubt bin, lud mich ein. Einmal allerdings wurde ich von der SPD aus politischen Gründen auch wieder ausgeladen.

Und wenn zumindest sie definitiv nicht zum Establishment gehören: Ich habe mit Hans-Werner Sinn und Sahra Wagenknecht auf dem Bankenkongress der Linken referiert sowie Sahra Wagenknechts Buch *Freiheit statt Kapitalismus* in Berlin vorgestellt.

1.5 Meine Tante, das Aktiengenie!

Ausgabe 52/2007 vom 28.12.2007

Meine Tante erzielt seit vielen Jahrzehnten eine durchschnittliche Jahresrendite von 12,9 % auf ihr Aktiendepot. Seit 1965 hat sie ihr Aktienvermögen um den Faktor 57 gesteigert. Wenn man eine durchschnittliche Inflation von 3,9 % berücksichtigt, käme immer noch der Faktor 37 heraus. Was ist ihr Erfolgsgeheimnis?

Ende der 50er- bis Mitte der 60er-Jahre liefen in der Bundesrepublik die Privatisierungswellen von Staatsvermögen. Der private Aktienbesitz in Deutschland war Anfang der 60er-Jahre auf seinem höchsten Stand. Noch heute halten Private weniger als halb so viel Unternehmensanteile wie damals. In den 60er-Jahren bauten wir dann die »Deutschland AG«. Die Politiker – ob links oder rechts – überschlugen sich mit Versprechungen und Wahlgeschenken, so dass die private Altersvorsorge systematisch zerstört wurde. 1982 hatte der private Aktienbesitz seinen Tiefstand erreicht.

Am 9. August 1965 erwarb meine Tante zwei Aktien der VEBA AG zu insgesamt 423,36 DM. Das war mehr als ein halber Monatslohn für meinen Onkel, den Stahlwerker. Im Laufe der Jahre wurde die Aktie mehrfach gesplittet, und schließlich ging die VEBA AG in der E.ON AG auf.

Heute, nach 42 Jahren, sind aus den zwei VEBA-Aktien 80 Aktien der E.ON AG zu je 144,74 Euro oder einem Gesamtwert von 11.579,00 Euro geworden. Das entspricht einer Rendite durch Kurssteigerung von durchschnittlich 9,9 % pro Jahr. Zählen wir noch im Schnitt drei Prozent Dividende hinzu, so schlägt meine Tante mit durchschnittlich 12,9 % den DAX.

Der Anlagezeitraum schließt die äußerst schlechte Aktienzeit von den späten 60er- bis zu den frühen 80er-Jahren ein. Und dennoch gelang diese erstaunliche Performance. Sie sehen, gute Anlagestrategien können ganz einfach sein!

1.6 Um das Rennen als Erster zu beenden, müssen Sie zuerst das Rennen beenden!

Ausgabe 09/2010 vom 05.03.2010

In dieser Woche hat US-Investmentlegende Warren Buffett den diesjährigen Brief an seine Aktionäre vorgelegt. Im Bericht gibt es wie immer eine Vielzahl interessanter Erkenntnisse. Ein Satz hat mich besonders beeindruckt: »Um das Rennen als Erster zu beenden, müssen Sie zuerst das Rennen beenden!«

Ich kann Ihnen offenlegen, dass ich vor ungefähr drei Jahren als Investor noch einmal einen riesigen Schritt nach vorne getan habe. Nun fühle ich mich wirklich sicher. Von mir gemanagte Vermögen stehen im Internet nachvollziehbar seit Gründung vor zwei Jahren im März 2008 mit 25 % im Plus, während der DAX noch fünf Prozent im Minus ist. Das ist eine Outperformance von 30 %.

Vier Gedankenanstöße waren hierzu wichtig: 1. Charles Abbott, 2. Bruce Greenwald, 3. Warren Buffett und 4. meine Ex-Partnerin und Mutter meiner Kinder. Aber alles der Reihe nach:

Vor drei Jahren sah ich Charles Abbott, einen in den USA sehr angesehenen Berater für Banken und Investmentfirmen, bei der Value Intelligence Conference der BayernLB. Charles hatte Tennisspieler studiert und herausgefunden, dass nicht diejenigen, die brillante Manöver machten, weiterkamen, sondern diejenigen, die ihre Fehler kannten, diese vermieden und einen konstant langweiligen, aber soliden Stil spielten. Don´t lose! – kein Geld verlieren, das ist die Devise. Das hat Buffett oben ausgedrückt. Bevor Sie in die Offensive gehen, müssen Sie die Defensive beherrschen. Kennen Sie die grundlegenden Risiken und vermeiden Sie diese!

Nachtrag: Wenn Sie die Risiken nicht konsequent ausschließen, sind Sie unter Umständen über Jahre hinweg besser als andere. Aber irgendwann bringt ein besonders schwieriges Jahr Sie um. Und dann sind Sie weg vom Fenster und können das Rennen eben nicht beenden. Also, wie die Engländer sagen: »Steady wins the race!«

Professor Bruce Greenwald hält den Graham- und Dodd-Lehrstuhl an der Columbia University inne. Vor zwei Jahren gab er mir die Lizenz, sein Columbia University Seminar on Value Investing in Deutschland zu lehren. Aus seinem Seminar lernte ich, dass es nicht nur Buffett-Unternehmen – also die Coca-Colas oder Nestlés dieser Welt – gibt, sondern dass 80 % oder mehr normale Unternehmen ohne dauerhafte Wettbewerbsvorteile sind, wie zum Beispiel BMW, Allianz oder BASF. Wenn solche normalen Unternehmen billig genug sind, kauft man eben. Und wenn sie im Preis gestiegen sind, verkauft man wieder.

Wiederholt schrieb Warren Buffett in seinen Jahresberichten, dass man ein Investment nur machen sollte, wenn es einen anschreit. Wenn man einen Taschenrechner oder einen Bleistift und ein Blatt Papier brauche, um es auszurechnen, sei es schon zu kompliziert. Das habe ich oft nicht ernst genommen. Mittlerweile ist es mein wichtigster Grundsatz geworden.

Meine Ex-Partnerin und die Mutter meiner Kinder ist eine sehr intelligente Frau, die viele Gedanken darauf verwendet, den Weg mit dem geringsten Energieaufwand und der höchsten Effizienz zu finden. So auch bei Aktien. Sie kauft Aktien aufgrund extrem einfacher und solider Finanzkriterien – und hat Erfolg damit. Sie bestätigt damit, was ich über Buffett im letzten Punkt geschrieben habe.

Buffett ist mittlerweile extrem konservativ geworden. So hat er im aktuellen Jahresbericht auch zugegeben, dass er mittlerweile gerne in öffentliche Versorger investiert, obwohl diese sehr viel Kapital für ihr Geschäft benötigen und damit eben keine typischen Buffett-Unternehmen sind. Berkshire generiert mittlerweile so viel Geld, dass es eben untergebracht werden muss. Buffett schaut zuerst auf die Sicherheit und dann auf leicht überdurchschnittliche Erträge, wie zum Beispiel bei seinen Versorgern. Er will kein Geld verlieren. Diese Strategie hat für Berkshire absolut Sinn.

Für SIE und mich muss es nicht die richtige Strategie sein. Wir können Unternehmen finden, die überdurchschnittlich wachsen und uns daran beteiligen, wie Gerry Weber, Douglas, Atoss Software, Nutreco, Geberit und viele andere. Dennoch ist auch die Berkshire-Aktie so schlecht nicht. Ich habe in den letzten Wochen drei Kolumnen über Berkshire geschrieben, und die Aktie tat uns den Gefallen, prompt um 20 % zu steigen. Sie ist immer noch um 15 % bis 20 % unterbewertet, und Sie werden auf mittlere Sicht definitiv kein Geld verlieren.

2 Rückblick auf ein Börsenjahrzehnt

Einleitung

2003 bis 2013 – welch ein Börsenjahrzehnt! Im März 2003 war mit 2202,96 Zählern der Tiefpunkt des DAX erreicht, genauso wie im März 2009 mit 3886,98 Punkten und im September 2011 mit 5072 Punkten neue Niedrigstände erreicht wurden. Am 25. Juni 2004 wies ich auf erste Warnsignale hin. 2006 schrieb ich das Buch *Der Crash kommt*, das mich in der Finanzkrise einem breiteren Publikum bekannt machen sollte. Ich legte mich allerdings nicht genau auf den Zeitpunkt fest – niemand kann das Timing einer Wirtschaftskrise exakt vorhersagen, da es sich um menschliches Verhalten handelt. Ich sah die Krise zwischen 2007 und 2010 hereinbrechen.

2007 wurde ich deutlicher. Am 13. Juli des Jahres schrieb ich deutlich: »Es geht los«. Die Märkte spielten kurzfristig verrückt. Zuvor waren schon Hedgefonds von Bear Stearns kollabiert, und HSBC hatte Abschreibungen auf das Immobilienportfolio vorgenommen. Als viele dachten, dass die Krise gemeistert sei, war ich am 21. Dezember 2007 sicher: »Das Schlimmste kommt noch.«

Dennoch riet ich im April 2008, sich nicht verrückt machen zu lassen. Gute Aktien kauft man nicht aufgrund makroökonomischer Prognosen, sondern weil man Vertrauen in das Geschäftsmodell hat. »Kaufen Sie keine Aktien aufgrund der Subprime-Krise! Verkaufen Sie keine Aktien aufgrund der Subprime-Krise!« war mein

Credo. Zur selben Zeit startete unser PI Global Value Fund (WKN: AoNE9G) – und war nach kurzer Zeit ziemlich voll investiert.

Im September 2008 war es dann nicht mehr zu übersehen: »Die Krise ist da!« Dennoch schrieb ich auf dem Höhepunkt der Panik, dass es in Europa nicht zu einem massenhaften Bankensterben kommen würde. Anfang Oktober 2008 war das Beben nicht zu übersehen. In Panik, Panik, Panik (2.2.6, Ausgabe 41/2008 vom 10.10.2008) schrieb ich: »Anders als 1929, ist das Krisenmanagement diesmal ziemlich gut. Die Macht der Politik dürfen Sie auch nicht überschätzen. Bestenfalls gelingt es den Zentralnotenbanken und Politikern, den Flächenbrand zu stoppen. Danach steht das Haus aber voller Wasser. Mit den Schäden werden wir lange zu tun haben.«

Und genauso war es. Zwar ging es in den Jahren 2009 und 2010 rapide bergauf und der PI Global Value Fund erreichte neue Höchststände, aber nur einhalb Jahre nach der heißen Phase der Finanzkrise folgte auf einmal die sogenannte Eurokrise. Im April 2010 mahnte ich, wie auch beim Ausbruch der Subprime-Krise, zur Ruhe. Es bringt gar nichts, bei starken Börsenturbulenzen hektisch zu traden. Damit spielen Sie nur den Räuberbanden in die Hände, die davon leben – Nanotrader, computergesteuerten Hedgefonds, Investmentbanken und so weiter. Wenn Ihre Investmentthese richtig war, bleibt sie es auch nach einigen Börsenturbulenzen. So konnte ich dann auch im Juni 2010 nach einer Leserumfrage schreiben: »Ich bin stolz auf Sie!« Die meisten von Ihnen hatten die Ruhe bewahrt.

Die Euro- und Staatsschuldenkrise schleppte sich aber viel länger hin, als ich angenommen hatte. Gründe gibt es viele: die famose Dummheit und Unfähigkeit der europäischen Politik, gleichfalls aber auch die gezielten Attacken aus dem angelsächsischen Raum, wo man großes Interesse an einem schwachen Europa hat. Das würde in Washington oder London zwar niemand öffentlich zugeben, aber dennoch ist es so. Hier geht es nicht um »Verschwörungen«, sondern um Interessenlagen. Und die bestimmen nun einmal die internationale Politik. Ich komme in Kapitel 8 Armes Deutschland darauf zurück.

Letztlich sehen wir hier die finale Phase in der Auseinandersetzung zweier ökonomischer Betriebssysteme – das kreditorientierte mitteleuropäische System um Deutschland und seine Nachbarstaaten herum und das kapitalmarktorientierte angelsächsische System. Heute werden allenthalben die Vorteile des kapitalmarktbasierten Systems betont. Aber auch das kreditbasierte System hatte viele Vorteile: Es erlaubte unter anderen auch kleineren Mittelständlern, an Kapital zu kommen. Sparer mussten nicht zocken, sondern erhielten bei ihrer Bank eine einigermaßen angemessene Rendite. Zudem war dieses System erstaunlich robust. In der Weltwirtschaftskrise nach 1929 war der Einbruch in Deutschland wesentlich geringer als in den USA. Dennoch hat heute die Lobby der Investmentbanken die Politik in der Tasche.

Nach einer Phase, die auch für mich nervenaufreibend war, wurde unser Warten belohnt. Zum Jahresende 2012 begannen die europäischen Aktienmärkte anzuziehen, und am 22.05.2013 erreichte der *PI Global Value Fund* mit einem Stand von 172,98 Euro ein neues Allzeithoch. Allerdings hatten wir etliche Zitterpartien zu bestehen. Wir kauften zum Beispiel die Aktie der Hellenic Telecom, die von 25 Euro kam, im Frühjahr 2012 zu 1,80 Euro. Wir hatten einen inneren Wert von etwa 5,50 Euro errechnet. Dann brach die Aktie in wenigen Tagen auf 1,00 Euro ein! Wir kauften nach. Unser Einstand betrug also 1,40 Euro. Heute steht die Aktie bei knapp 6 Euro. So etwas geht nur, wenn Sie als Value Investor nach der Methode des inneren Wertes vorgehen und die Nerven behalten.

Im Jahr 2013 hat der DAX neue Höchststände erreicht. Wären wir ständig auf der Seitenlinie geblieben, hätten wir nicht oder kaum vom Anstieg der Börsen profitiert. Ja, in der Zeit zwischen 2003 und 2013 brauchten Sie einen klaren Kopf und gute Nerven. Wer hat je gesagt, dass das Geld an der Börse leicht verdient wäre. (Gut, ich habe mich auch manchmal dazu hinreißen lassen, um zu motivieren.) Tatsache ist: Das Investieren ist ein Handwerk und will gelernt sein. Auch im Jahr 2013 gibt es noch genug Chancen an der Börse. (Siehe 2.3.24 Fünf Komma vier Prozent vom 21.06.2013).

2.1 Beginnender Optimismus und erste Crashwarnungen (2005–2007)

2.1.1 Erste Warnsignale: Der Markt straft überproportional
Ausgabe 26/2004 vom 25.06.2004

Fast jedes Jahr wird eine Sommerhausse herbeigeredet, und fast jedes Jahr geht es im Sommer und Herbst bergab. Dieser Zyklus hat einen einfachen Grund: Nachdem die Fondsmanager im Winter und Frühjahr ihre Depots bestückt haben, geht es irgendwann in die Sommerferien. Gewinne werden realisiert. Und irgendwann kommt es zu Kursrückschlägen.

Wer stur die Regel »Sell in May« befolgen und sich im Herbst wieder eindecken würde, könnte eine deutliche Überrendite gegenüber den Indizes erzielen – nicht in jedem Jahr, aber doch in der überwiegenden Mehrzahl.

Ausnahmen bestätigen die Regel: 2003 ging es auch im Sommer weiter bergauf. In diesem Jahr dürfte der bekannte Zyklus aber wieder seinen Lauf nehmen. Hierfür gibt es deutliche Signale. Derzeit werden einige Wachstumswerte überraschend stark abgestraft, obwohl die Zahlen manchmal nur leicht unter, manchmal sogar noch leicht über den Erwartungen liegen. Die Finger einiger Investoren werden zittriger.

In den letzten Wochen mussten mehrere erfolgsverwöhnte und gute Unternehmen deutliche Kurseinbrüche hinnehmen (…). Es ist die alte Kostolany-Geschichte vom Herrchen und dem Hund. Der Hund (der Börsenkurs) war dem Herrchen (der Entwicklung des Unternehmens) vorausgeeilt. Nun geht das Herrchen etwas langsamer, und der Hund kehrt um.

Der Kurs von Stada brach in den letzten beiden Wochen um mehr als 20 % ein. Das schmerzt: Auch ich halte Stada. Dabei hatte das Unternehmen lediglich gemeldet, dass der Gewinn voraussichtlich auf Vorjahresniveau liegen würde und man derzeit nur noch einstellig wachsen könne. (…)

Es ist keine schlechte Idee, für den Sommer etwas Cash aufzubauen. Der Herbst war meistens eine gute Zeit für Investments. Auch ich mache das. (...)

2.1.2 Ich ärgere mich!
Ausgabe 09/2006 vom 04.03.2006

Diese Woche kamen zwei Dinge zusammen. Zum einen schreibe ich gerade mein Buch über die Krisenpunkte des Weltfinanzsystems. Zum anderen musste ich noch einige durchaus ansehnliche Kundendepots durchforsten, die die Banken mit Finanzprodukten vollgestopft hatten, die wieder vor allem den Banken nutzten. Und da drängte sich mir der Verdacht auf, dass die starken Schwankungen der Märkte den Banken eigentlich ganz recht sind.

Die Globalisierung und die Veränderungen im Finanzsystem können einen Privatinvestor schon verunsichern. Die Finanzmärkte werden immer volatiler. Nehmen wir den DAX: in sechs Jahren von 8000 auf 2200 und dann wieder auf 6000. Das ist nicht normal! Und nicht nur die Aktienmärkte schwanken stärker. In den USA hat es seit mehreren Jahren auch den Immobilienmarkt erfasst. Gleichzeitig werden viele Jobs unsicherer. Da ist es nur natürlich, dass viele Kleinanleger und Privatinvestoren sich ein zweites Standbein schaffen wollen und ihr Geld aktiv investieren.

Nur: Viele Privatinvestoren haben keinen wirklich strategischen Blick für die Finanzmärkte. Da aber ein immer größerer Teil ihrer eigenen Zukunft von ihren Investments abhängt, werden sie immer nervöser. Die Folge: höherer Volatilität der Märkte. Robert Shiller, der mit Irrational Exuberance ein Standardwerk über die letzte Börsenblase und Börsenblasen im Allgemeinen vorgelegt hat, befragte Privatanleger in den USA. Das Resultat: Viele haben nach dem Aktiendebakel ihr Geld in den Immobilienmarkt gesteckt, da sie diesen als sicherer ansehen. Dadurch wird natürlich der Immobilienmarkt spekulativer.

Die Nervosität der Privatanleger nutzen die Banken aus und bieten Produkte an, die scheinbare Sicherheit gewährleisten. Nun ist der Wert dieser Produkte aber selbst für einen Experten schwer zu berechnen. Es dauert ja erst einmal eine ganze Weile, bis man die Struktur durchschaut hat. (Und bei vielen Produkten muss man rein auf Vertrauen kaufen, zum Beispiel bei Hedgefonds.) Da kann die Bank schnell ein paar Extraprozente verstecken. Und die läppern sich.

In seinem Klassiker Und wo sind die Jachten der Kunden? schreibt Fred Schwed 1940 über Optionen: »Es gibt keinen Zweifel daran, dass diese für den Kunden eine Versicherung darstellen, wenn auch nur kurzzeitig. Aber wie alle anderen Formen der Versicherung kosten sie Geld. Die einfache Frage ist: Ist der Preis der Versicherung angemessen für den Umfang der Versicherung, den man erhält? Diese Frage lässt sich leider nur durch aufwändige Nachforschungen und Berechnungen lösen.«

Einen meiner Kunden – das Portfolio ist etwa 600.000 Euro groß – hat diese Form der Versicherung nach meinen Rechnungen in den letzten beiden Jahren rund 300.000 Euro bis 400.000 Euro gekostet. Das ist auf der anderen Seite die Einnahme der Bank. Insgesamt drängt sich also der Eindruck auf, dass den Banken die Volatilität der Märkte und die Verunsicherung der Privatanleger ganz recht sein können.

Lassen Sie uns also nicht nervös werden und die Party genießen, solange sie andauert. In der letzten Zeit sind die etwas abseits liegenden und deshalb von uns empfohlenen Werte Metro, Schering AG und viele andere europäische Bluechips hervorragend gelaufen. Lassen wir sie weiter laufen. Einen Punkt möchte ich Ihnen aber doch mit auf den Weg geben: Laufen Sie gerade jetzt nicht der 100 %-Chance in einem Nebenwert (sagen wir, Mologen) hinterher. Die Märkte sind viel zu spekulativ. Achten Sie jetzt ganz besonders auf die Qualität Ihrer Investments. Und da stehen europäische Bluechips weiter ganz vorne.

2.1.3 Krisenvorsorge
Ausgabe 39/2006 vom 29.09.2006

In meinem neuen Buch *Der Crash kommt* habe ich versucht, Sie zu warnen und Ihnen die Fakten auf den Tisch zu legen, die nach meinem besten Wissen und Gewissen zu einer globalen Wirtschaftskrise führen werden. Wenn Ihnen meine Warnungen halbwegs plausibel erschienen sind, bleibt Ihnen vielleicht noch genug Zeit, sich auf die Krise vorzubereiten und Ihre persönlichen Finanzen wetterfest zu machen. Schon eine ernsthafte globale Depression dürfte jedoch die Planungen der überwiegenden Mehrzahl von Menschen in den Industrienationen über den Haufen werfen und für viele existenzbedrohend werden. Da hilft dann eine finanzielle Schwimmweste.

Die langjährigen IFVE-Mitglieder wissen, dass ich Aktienfan bin. Das gilt auch weiterhin. Auch in der Krise sind Aktien Realvermögen, und die Chance ist groß, dass Ihr Unternehmen überlebt, wenn Sie die Aktien halbwegs sorgfältig ausgewählt haben. Aber für die kommenden Jahre sollte auch ein kleiner Bestandteil an Edelmetallen in Ihrem Depot vorhanden sein.

In den 20er-Jahren glaubten viele Investoren in den USA, dass sie ihre auf Pump gekauften Aktien noch vor der Krise beziehungsweise vor den anderen Investoren veräußern könnten, denn es existierte ja eine technologische Innovation, die das erlaubte – das Telefon. Aber es ist immer eine Illusion, schnell genug reagieren zu können. Das wird auch diesmal nicht möglich sein. Heute gibt es Tausende von Hedgefonds-Managern, die Hunderte von Milliarden Dollar per Knopfdruck bewegen können – und dies auch in kürzester Zeit tun würden. Warren Buffett nannte sie eine elektronische Herde, die nur auf die Stampede wartet. Vergessen Sie es, dabei mitmachen zu wollen. Stattdessen müssen Sie vorsorgen. Und das ist besonders schwierig, denn Sie müssen im Voraus Entscheidungen für eine Situation treffen, von der noch keiner genau weiß, wie sie sich entwickeln wird.

Die kommende Krise ist deflationärer Natur. Das heißt, dass die wirtschaftliche Aktivität durch Kreditausfälle und Insolvenzen nachhaltig gelähmt wird. Auch angemessene beziehungsweise angemessen bezahlte Arbeit wird über einen längeren Zeitraum schwer zu finden sein. Die neue Weltwirtschaftskrise unterscheidet sich damit von der Malaise der 70er-Jahre, in der die Inflation ein wichtiges Thema war. In einer deflationären Krise fallen die Preise von Gütern und Dienstleistungen, und zudem auch die Preise von Kapitalanlagen, die normalerweise laufendes Einkommen produzieren sollten, also Immobilien und Aktien. Selbst Anleihen oder Rentenpapiere sind entgegen der herrschenden Meinung keinesfalls sicher. Viele Gläubiger solcher Papiere – seien es Staaten oder Unternehmen – könnten in Zahlungsschwierigkeiten geraten.

Das 7-Punkte-Programm zur Vorbereitung auf die Krise

1. Ihre Geldanlagen sind »Chefsache« – und zwar Ihre ganz persönliche.
2. Verschaffen Sie sich eine finanzielle Schwimmweste – oder besser noch ein Rettungsboot. Arbeiten Sie zumindest mit ganzer Kraft daran. (Wenn Sie bereits eine finanzielle Arche haben, müssen Sie nicht weiter lesen.)
3. Suchen Sie sich sichere Banken und Länder.
4. Machen Sie sich ein Bild über die verschiedenen Vermögensklassen und analysieren Sie Ihre Kapitalanlagen.
5. Erstellen Sie Ihre persönliche Vermögensbilanz. Reduzieren Sie Ihre Schulden und schichten Sie von »schlechtem« in »gutes« Vermögen um.
6. Erarbeiten Sie sich einen Einnahmen- und Ausgabenplan. Sparen Sie unnötige Ausgaben.
7. Stellen Sie Ihre Einnahmen auf eine sichere und breitere Basis.

In einer Deflation sollten Sie so wenig Schulden haben wie möglich, da der Wert dieser Schulden, gemessen an Gütern, Dienstleistungen und Kapitalanlagen, im Laufe der Zeit steigt. Das erfordert ein radikales Umdenken – immerhin sind wir von mittlerweile zwei Generationen Inflationspolitik grundlegend geprägt worden. Zwar kann auch diesmal der Fall eintreten, dass einige Länder versuchen werden, sich ihrer Verpflichtungen durch Inflation zu entziehen. In diesem Falle wären Schulden natürlich eine gute Sache, wenn Sie damit Vermögenswerte gekauft haben. Aber rechnen Sie nicht damit! Staaten können sich ihrer Schulden auch durch die Erklärung der Zahlungsunfähigkeit entledigen. Und dann platzt die Globalisierungsblase mit sofortiger deflationärer Wirkung.

Legen Sie so viel Vermögen auf die Seite, dass Sie im besten Falle eine finanzielle Arche haben, zumindest aber eine Schwimmweste. Ihre sicheren Kapitalanlagen sollten Ihnen helfen, drei Jahre zu überstehen, wenn Ihr Einkommen, mit dem Sie gerechnet haben, auf einmal nicht mehr fließt. Das ist die Schwimmweste. Überlegen Sie, wie viel Geld Sie und Ihre Familie benötigen, um drei Jahre zu überstehen, wenn Sie sich einschränken. Hierzu gehören die Ausgaben für Kleidung, Energie, Nahrung, Gesundheit und natürlich auch die Hypothekenzinsen auf Ihr Haus. (…)

Wenn Sie sich ein Rettungsboot bauen wollen, sollten Sie in der Lage sein, sich und Ihre Familie für zehn Jahre über Wasser zu halten. Das wären dann für einen durchschnittlichen Haushalt schon 300.000 Euro in sicheren Kapitalanlagen (hierzu zählt das Haus in den meisten Fällen nicht). Ihre persönliche Arche haben Sie dann gebaut, wenn Ihr Vermögen, das Sie auf bestimmte sichere Länder verteilt haben, so viel Einkommen produziert, dass Sie ohne Sorgen in die Zukunft schauen können. Sie wissen selbst, wann Sie diesen Punkt erreicht haben. (…)

2.1.4 Sieben fette Jahre, sieben magere Jahre
Ausgabe 14/2007 vom 06.04.2007

Wer fastet noch in der Passionszeit vor Ostern? Ich kenne einige, die diesen guten Brauch pflegen, aber viele sind es nicht. Zum Osterfest ist die Fastenzeit vorbei: Jesus Christus ist wahrhaftig auferstanden, das höchste Fest des Christentums kann gefeiert werden.

Joseph prophezeite dem Pharao von Ägypten sieben fette Jahre und sieben magere Jahre. Wer nach den sieben fetten Jahren nicht vorgesorgt hatte, musste leiden. Auf den Aktienmärkten haben wir seit 1982 fette Jahre erleben dürfen. Nur die Einbrüche von 2000 bis 2003 trüben das Bild etwas. Insgesamt sind es dennoch 22 fette Jahre. Das ist viel!

Seit 1982 beträgt die durchschnittliche Rendite der Aktienmärkte deutlich über 10 %. Das wird nicht immer so bleiben. Die Jahre von 2000 bis 2003 waren ein reinigendes Gewitter. Jetzt steht der DAX bereits bei 7100 Punkten. Das ist der höchste Stand seit Ende 2000.

Wer jetzt noch kein halbwegs angemessenes Polster hat, für den wird es schwierig werden. Die nächsten Jahre können nicht mehr so fett sein wie die Jahre seit 1982. Sicher, es wird immer unterbewertete Aktien geben, aber Sie werden unverhältnismäßig viel mehr Mühe aufwenden müssen, diese zu finden.

Wenn Sie mit 50 Jahren 1000 Euro monatlich als Rente haben möchten und mit 20 Jahren anfangen, müssen Sie bei einer Rendite von 10 % nur 64 Euro monatlich sparen. Wenn Sie erst mit 30 Jahren anfangen, also nur 20 Jahre Zeit haben, müssen es schon 183 Euro im Monat sein. Und wenn Sie nur 10 Jahre vor sich haben, benötigen Sie 655 Euro. Das ist das oftmals unterschätzte Wunder des Zinseszinses. Bei nur 4 % Rendite würden Sie bei einer Laufzeit von 30 Jahren 192 Euro im Monat benötigen, von 20 Jahren 362 Euro und von 10 Jahren stolze 897 Euro.

Je früher Sie für das Alter vorsorgen, desto besser. Erstens brauchen Sie Zeit, damit Sie die Schwankungen und die großen Zyklen der Börse aussitzen können. Stellen Sie sich vor, Sie beginnen, zu

Anfang einer ausgedehnten Depressionsphase zu investieren. Dann brauchen Sie unter Umständen 10 bis 15 Jahre, bis sich Ihre Strategie auszahlt. Wenn Sie erst 10 oder 15 Jahre vor Eintritt in das Rentenalter anfangen, systematisch zu sparen, leben Sie ständig unter dem Druck, dass sich die Märkte vielleicht nicht so entwickeln, wie Sie sich das vorstellen.

Mit 50 Jahren sollte ein solider Vermögensgrundstock da sein, sonst sollten Sie schleunigst Ihren Lebensstil ändern. Nach einer Umfrage des Allensbach-Instituts kennen immerhin 40 % der Deutschen nicht die Summe, die sie jetzt sparen müssten, um im Alter Ihre Finanzziele und ihre finanzielle Unabhängigkeit zu sichern. Auch die Geldanlage selbst erfolgt oft nicht nach strategischen, langfristigen Gesichtspunkten. Da hat man hier mal einen Tipp aufgegriffen oder dort und hat einen bestimmten Wert aus dem Bauch heraus gekauft. Aber sinnvoll strukturiert ist das Portfolio nicht.

Ja, die nächsten Jahre werden schwieriger. Aber ein Portfolio aus Qualitätstiteln wird auch diese Jahre überstehen. Zudem werden wir Ihnen zum Verkauf raten, wenn Aktien aus unserer Sicht wirklich zu teuer werden. Dann kann es durchaus sein, dass die Märkte noch munter weiter steigen, weil die breite Masse sich wieder in einem Kaufrausch befindet. Sie sollten dann aber lieber Ihre Schäflein ins Trockene bringen.

2.1.5 Börsengang für *Private Equity* – ist das der Anfang vom Ende?
Ausgabe 26/2007 vom 29.06.2007

Eine Private-Equity-Gesellschaft sollte normalerweise Geld von privaten Investoren einsammeln und damit attraktive Investments tätigen. Letzte Woche ist die Blackstone Group, die wohl bekannteste Private-Equity-Gesellschaft, an die Börse gegangen. Es war der wichtigste und größte Börsengang, seitdem Google im Jahr 2004 am Kapitalmarkt debütierte.

Eine Private-Equity-Gesellschaft, die sich ihr Geld öffentlich an der Börse holt: Wie verrückt kann es noch werden? Zugegeben, der Begriff »Private Equity« bezieht sich auch darauf, dass das Geld der Investoren in Unternehmensanteilen angelegt wird, die dann privat gehalten werden. Aber die Ironie ist dennoch nicht zu übersehen: Schwarzmann & Co. stellen regelmäßig heraus, wie viel effizienter man arbeiten könne, weil man nicht börsennotiert, sondern privat gehalten sei. Jetzt argumentiert man, dass man weiter wie eine private Partnerschaft operieren wolle. Mit anderen Worten: Die Aktionäre sollen nichts zu sagen haben.

Blackstone wurde vom Investmentbanker Carl Schwarzmann und dem ehemaligen Wirtschaftspolitiker Pete Peterson vor mehr als zwanzig Jahren gegründet und hat sich auf Leveraged Buyouts, also Käufe von Unternehmen unter Zuhilfenahme hoher Schulden spezialisiert. In den letzten zehn Jahren, in denen die Zinsen niedrig waren, brummte das Geschäft.

Aber Blackstone ist nicht Google, ein Unternehmen, das seinen Wert seit dem Börsengang noch einmal verfünffacht hat. Google hat ein rasantes Marktwachstum hingelegt und zudem eine Alleinstellung auf dem Gebiet der Internetsuche. (Mittlerweile ist die Google-Aktie allerdings hoffnungslos überteuert.) Private-Equity-Gesellschaften gibt es mittlerweile wie Sand am Meer; langsam werden die Übernahmeobjekte knapp.

Der Börsengang von Blackstone könnte hingegen das Ende des Buyout-Booms einläuten, genauso, wie die massenhaften Börsengänge von Technologiegesellschaften in den Jahren 1998 bis 2000 das Ende des Technologiebooms einläuteten. Ein so kluger Finanzier wie Carl Schwarzmann wird dann an die Börse gehen, wenn er das Maximum für seine Aktien herausholen kann, das heißt, wenn sich die Fantasie für Private Equity auf dem Höhepunkt befindet.

Mit einem Kurs-Gewinn-Verhältnis (KGV) von 35 ist die Blackstone-Aktie im Vergleich zu anderen Finanztiteln sehr teuer. Andere große Emissionshäuser wie Goldman Sachs, Bear Stearns, Morgan Stanley, Merrill Lynch und Lehman Brothers haben 2008er KGVs von ca. 10. Vermögensverwalter haben sogar KGVs von nur 8. In Zeiten zunehmenden Wettbewerbs und steigender Zinsen fehlt die Fantasie für weiteres Wachstum, nicht nur bei Blackstone, sondern in der gesamten Private-Equity-Branche.

Der amerikanische Kongress könnte auch bald die Steuerprivilegien für Private-Equity-Gesellschaften abschaffen. Wall-Street-Veteran Seth Klarman schrieb Anfang dieses Jahres in einem Brief an seine Investoren: »Es gibt keine magischen Investments, mit denen Sie Geld verdienen können, egal wie viel Sie dafür bezahlen. Je mehr Sie bezahlen, desto geringer werden Ihre Renditen infolge sein; je mehr Wettbewerb besteht, desto weniger Chancen wird es geben.«

Dennoch war der Börsengang erfolgreich. Der Emissionspreis lag mit 31 Dollar am oberen Rand der Spanne. Am ersten Handelstag stieg die Aktie zeitweilig bis auf 37 Dollar. Sogar die Investmentagentur der chinesischen Regierung kaufte Anteile im Wert von drei Milliarden Dollar. Am Ende des Tages besaß Schwarzmann rechnerisch Anteile im Wert von 9 Milliarden Dollar.

In diesem Jahr erschien Schwarzmann auf dem Titelblatt der Zeitung *Fortune* mit dem Titel: Der neue König der Wall Street. Da ist es hilfreich, sich zu erinnern, dass der Abstieg des einstmals legendären Anleihenhauses Salomon Brothers begann, nachdem der Vorstandsvorsitzende John Gutfreund als »König der Wall Street« ausgerufen worden war.

Parallel zum Blackstone-Börsengang gerieten zwei Hedgefonds der Investmentbank Bear Stearns in eine erhebliche Schieflage. Die Krise konnte nur durch erhebliche Mittelzuschüsse abgewendet werden. Beide Hedgefonds hatten sich in Immobilienkrediten niederer Qualität engagiert (Subprime Lending). Auch beim amerikanischen Häuserboom ist also ein Ende abzusehen.

Sie, sehr geehrte Investoren, sind vor allem in Standardtiteln engagiert, wenn Sie den Ratschlägen in dieser Kolumne folgen. Solche

Titel waren in den letzten Jahren billig zu haben, weil die Mittel in heiße Bereiche wie Private Equity flossen und diese Nachfrage für Standardtitel ausfiel und diese somit billig zu haben sind. (…)

2.2 Die Finanzkrise (2007–2009)

2.2.1 Es geht los!
Ausgabe 28/2007 vom 13.07.2007

So langsam geht es los. Vor einigen Wochen kamen in New York zwei Hedgefonds von Bear Stearns unter die Räder, die in Immobilienkredite minderer Qualität investiert hatten. Nun steigen die Zinsspreads: Die geforderten Renditen für riskante Anlagen steigen stärker als die Renditen für risikoarme Anlagen. Das drückt aber zunächst einmal auf die Preise für solche Anlagen und macht sie weniger attraktiv.

Auch Private-Equity-Gesellschaften beginnen, den Gegenwind zu spüren. Der Investitionswert im ersten Halbjahr 2007 sank gegenüber dem zweiten Halbjahr 2006 um 31 %. Irgendwann muss der Private-Equity-Blase die Luft ausgehen, das habe ich in meinem Buch *Der Crash kommt* beschrieben. Allerdings weist zum Beispiel Warren Buffett darauf hin, dass Private-Equity-Gelder langfristig vertraglich gebunden sind, und dass die Investoren deshalb einen langsamen und schleichenden Geldverlust erleben werden. Private Equity kann also nicht crashen.

Vor einem halben Jahr wurde ich mehrfach gefragt, ob man nicht jetzt Dollars kaufen solle – der Dollar sei doch so niedrig. Ich habe immer geantwortet: Der Dollar muss noch viel (!) weiter fallen. In den letzten Tagen hat der Euro nun mit 1,37 Dollar je Euro einen neuen Höchststand erreicht. Warum ich vor einem halben Jahr so oft auf Dollars angesprochen wurde, kann ich mir nicht erklären. Vielleicht wollten die Banken noch schnell Dollarprodukte loswerden.

Gleichzeitig bin ich immer noch gemäßigt optimistisch für Aktien – Sie müssen nur die richtigen haben. Wenn Sie meinem Rat gefolgt sind, haben Sie etwas Bar- oder Termingeld, etwas Gold und nach wie vor einen hohen Aktienanteil. Davon weiche ich auch jetzt noch nicht ab. Immerhin haben Aktien einen eingebauten Inflationsschutz: Steigen die Preise, dann steigen auch die Preise der von Unternehmen angebotenen Produkte und Dienstleistungen. Allerdings sollte die Qualität der Aktien zunehmend höher und die Titel immer krisenresistenter werden. (…) Unter anderem hat die BayernLB die Top-Holdings der besten Value Investoren ausgewertet. Und unter diesen befinden sich an erster Stelle Nestlé mit 80 % der Fonds, Novartis mit 80 %, GlaxoSmithKline mit 70 %, Sanofi-Aventis mit 70 %, ABN Amro mit 60 %, BNP Paribas mit 50 %, Eni S.p.A. mit 50 %, France Telecom mit 50 % und HSBC Holdings mit 50 %.

Wenn Sie meinen Ausführungen an dieser Stelle gefolgt sind, werden Sie wissen, dass ich bereits seit einiger Zeit zu Pharmatiteln rate. Bislang dümpeln diese noch vor sich hin. Das ist aber völlig normal: Value Investoren schaffen nie den richtigen Zeitpunkt. Man kann aber zum richtigen Preis kaufen. Und der ist bei Pharma gegeben.

2.2.2 Die Immobilienkrise – das Schlimmste kommt noch
Ausgabe 51/2007 vom 21.12.2007

Die Immobilienkrise ist viel schlimmer, als viele denken. Der Crash rückt, zumindest für die USA, in greifbare Nähe. Whitney Tilson liefert neue Fakten: Bei den gegenwärtigen Verkaufszahlen würde es elf Monate dauern, bis alle bereits erstellten Neubauten auf dem Markt verkauft wären. Das ist der höchste Stand seit 22 Jahren. Für das nächste Jahr schätzt das Wall Street Journal den Bedarf an neuen Häusern in den USA auf eine Million. Die Baufirmen planen allerdings 1,2 Millionen neue Einheiten. Das heißt, dass der Rückstau von Neubauten auf dem Markt weiter steigen wird. Die Zahl der Neubauten hat sich zwar halbiert, aber immer noch werden viel zu viele geplant.

Tilson sieht einen weiteren Hinweis, dass wir den Boden noch lange nicht erreicht haben: Die Häuserpreise sind, im Vergleich zum letzten Jahr, bislang um 5 % gesunken. Das ist zwar das schlimmste Jahr seit der Großen Depression, aber dies ist gar nichts. Viele Aktien fallen 5 % und mehr an einem Tag (denken Sie an AWD). Mit einem Minus von 5 % wird man kein Gleichgewicht auf dem Markt erreichen können. Und anders als nach dem Platzen der Technologieblase steigt die Nachfrage in der Wirtschaft nicht stark genug, um den Häusermarkt nach oben zu ziehen. Derzeit erleben wir, was Tilson einen Verkäuferstreik nennt: Die Verkäufer können sich nicht mit der Realität abfinden, dass ihre Häuserpreise um 10 %, 20 % oder mehr gesunken sind, stecken ihren Kopf in den Sand und verkaufen nicht. Deswegen sind die Preise der wenigen verkauften Häuser auch nur relativ gering gesunken.

Der durchschnittliche Preis von Neubauten ist um 13 % gesunken. Entweder verhalten sich die Baufirmen rational oder sie haben keine Wahl – sie MÜSSEN verkaufen. Letztlich befinden sich aber sowohl die Immobilienbesitzer als auch die Baufirmen noch in der Phase des Nicht-glauben-Wollens, die beim Platzen jeder Blase auftritt. Dieser Phase folgen irgendwann die Panik und dann die Kapitulation. Erst in dieser letzten Phase sollten Sie kaufen. Angesichts der großen und wachsenden Bestände prognostiziert Tilson, dass es mindestens zwei Jahre dauern wird, bis der Boden erreicht ist, und dass die Häuserpreise in jedem Jahr um 10 % fallen müssen. Zusätzlich muss sich die Zahl der Neubauten noch einmal halbieren.

Warren Buffetts Partner, Charlie Munger, sagte auf der Hauptversammlung von Berkshire Hathaway im Jahr 2003: »In den Ingenieurwissenschaften wird immer eine große Sicherheitsmarge eingebaut. Aber in der Finanzwelt interessiert das die Leute einen S...dreck. Sie lassen den Ballon sich immer weiter aufblähen. Das Ganze wird durch falsche Rechnungslegungsgrundsätze noch unterstützt. Ich wäre erstaunt, wenn wir in den nächsten fünf bis zehn Jahren nicht eine signifikante Eruption hätten.«

Was heißt das für Sie? Raus aus den Krisensektoren, Qualitätsaktien, liquide Mittel und Gold halten. Home Depot war zum Beispiel in den letzten neun Jahren nur einmal billiger als heute – dennoch ist die Aktie nicht billig. Berkshire hingegen können Sie, trotz des rasanten Anstiegs in den letzten Monaten, noch halten.

2.2.3 Kaufen Sie keine Aktien aufgrund der Subprime-Krise! Verkaufen Sie keine Aktien aufgrund der Subprime-Krise!

Ausgabe 16/2008 vom 18.04.2008

Am 3. Mai werde ich wieder nach Omaha fliegen, um dort an der Hauptversammlung von Berkshire Hathaway teilzunehmen und Ihnen von dort zu berichten. Die Berkshire-Hauptversammlung ist dass Woodstock für Kapitalisten. Ich treffe dort sogar viele deutsche Investoren, die ich in Deutschland nie auf einem Haufen sehen würde.

Vor einigen Tagen sprach Warren Buffett, mittlerweile reichster Mensch dieser Welt, mit einer Gruppe von Studenten. Einer seiner Ratschläge: »Verkaufen Sie keine Aktien aufgrund der Subprime-Krise!« Ein anderer: »Kaufen Sie keine Aktien aufgrund der Subprime-Krise!«

Anders als viele, die das immer noch glauben, ist Buffett keinesfalls der Auffassung, dass die Subprime-Krise kurz und schmerzlos wird. Für ihn laufen wir durch einen Prozess des De-Leveraging. Was heißt das? Wo früher immer mehr Schulden gemacht wurden und ein komplexes Kartengebäude von Schulden entstand, mit dem auch unsolide Projekte finanziert wurden, werden jetzt schrittweise die Schulden abgebaut. Man kommt zu einfachen und überschaubaren Finanzierungsstrukturen. Genau dies schrieb ich in meinem Buch *Der Crash kommt*: »In einer Rezession werden auch gute Projekte oder solvente Kreditnehmer keine Kredite finden, weil die

Grundstimmung pessimistisch ist.« Fallen die ersten Ebenen des Kreditkartenhauses zusammen, folgen immer noch weitere.

Das Konjunkturprogramm der amerikanischen Regierung in Höhe von 150 Milliarden Dollar sieht Buffett skeptisch. Im letzten Jahr hatten die amerikanischen Konsumenten durch Refinanzierungen von Häusern 330 Milliarden Dollar zum Ausgeben in der Tasche. Die fehlen jetzt. Und es wird noch schlimmer werden.

Dennoch bleibt Buffett bei seiner Position: »Ich investiere keine zehn Cents aufgrund von gesamtwirtschaftlichen Vorhersagen!« Buffett schaut sich immer und überall ausschließlich Preis und Qualität des entsprechenden Wertpapiers an. »Ich denke nicht, dass die Leute aufgrund der schlechten gesamtwirtschaftlichen Aussichten Aktien verkaufen sollten. Ich denke auch nicht, dass sie deswegen welche kaufen sollten.«

Buffett sagt auch, dass man kaufen solle, wenn die Leute ängstlich sind und verkaufen, wenn sie gierig werden. Ein Student sagte, dass die Leute doch viel ängstlicher geworden seien. Buffett stimmt zu: »Sie haben Recht. Die Leute bewegen sich in diese Richtung. Deswegen sind die Aktien billiger. Sie haben bessere Einkaufspreise als vor einem Jahr. Oder vor drei Jahren.«

Buffett bekommt seine Ideen vor allem, indem er liest, nicht von anderen Menschen. Er bezieht sich auf PetroChina, deren Geschäftsbericht er gelesen hatte, die er 2002 für 500 Millionen Dollar kaufte und 2007 für 4 Milliarden Dollar verkaufte.

Eine Idee, die ich aus dem Geschäftsbericht von Berkshire habe: Buffett hält seit 42 Jahren Aktien von American Express. Dieses Unternehmen ist keine normale Kreditkartenfirma, sondern eine Prestigemarke. Durch den Besitz der Karte bekommen viele Kunden auch Sondervorteile. Die Aktie hat derzeit ein KGV von 13, so niedrig wie seit Menschengedenken nicht mehr.

In der Krise werden sich die Amerikaner weiter verschulden. American Express hat die Schuldner mit der höchsten Bonität. Das Unternehmen könnte also sogar von der Krise profitieren.

Nun, das ist nur eine Idee. Aber sicher nicht die schlechteste.

Rückblick aus dem Jahr 2013:
Seit dem 18.4.2008 ist die Aktie von American Express trotz eines zwischenzeitlichen massiven Einbruchs im Herbst 2008 um insgesamt 100 % gestiegen. Im PI Global Value Fund (WKN: A0NE9G) nutzten wir die Gelegenheit, im Herbst 2008 gegen die Marktmeinung aufzustocken.

2.2.4 Drei Komma drei Prozent Wirtschaftswachstum: Ha, ha, ha!

Sommertelegramm 36/2008 vom 05.09.2008

Vor einigen Tagen meldete das US-Wirtschaftsministerium, dass das revidierte Wirtschaftswachstum in den USA im zweiten Quartal bei 3,3 % gelegen habe. Vorher habe man mit 1,9 % gerechnet. Und im ersten Quartal lag das Wirtschaftswachstum bei 0,9 %. Da lachen ja die Hühner! Immerhin: Die Märkte nahmen die Nachricht dankbar auf, nur um am Donnerstag wieder abzusaufen. In meinem Buch *Der Crash kommt* habe ich beschrieben, auf welche Weise die US-Wirtschaftsstatistiken (und auch die anderer Länder) geschönt sind. Der neue Coup reiht sich schön in die Serie der Zahlentricksereien ein. Hierzu müssen wir etwas mehr in die Tiefe gehen.

Der Schlüssel liegt im sogenannten Bruttoinlandsprodukt(BIP)-Deflator (GDP Deflator). Eigentlich müsste er aber in diesem Fall BIP-Inflator heißen. Das BIP ist eine nominale Größe, das heißt, es wird mit aktuellen Preisen gerechnet. Um die Inflation herauszurechnen und zum realen Wachstum zu gelangen, muss also die nominale Größe durch einen bestimmten Faktor geteilt werden, eben den BIP-Deflator (letztlich die Inflationsrate). Je kleiner also der BIP-Deflator, desto größer das reale Wirtschaftswachstum. Und nun kommt das Erstaunliche: Sollte man dem US-Wirtschaftsministerium Glauben schenken, dann hätte der BIP-Deflator (die Inflationsrate) im zweiten Quartal 1,33 % betragen. Und das wäre die niedrigste Inflationsrate in fünf Jahren gewesen!

Wer's glaubt, wird selig.

Erstaunlich auch, dass die Inflationsrate für Konsumentenpreise – auch nach Angaben der US-Regierung – bei immerhin 8 % lag. Das kommt der Sache schon näher. Die Organisation Shadow Government Statistics (http://www.shadowstats.com/) schätzt, dass das US-BIP im zweiten Quartal um 2,9 % zurückgegangen ist. Es ist sehr viel wahrscheinlicher, dass wir uns in der Mitte der Rezession befinden – wenn dies eine normale Rezession werden sollte. Verlieren Sie aber nicht die Nerven! Die Börse eilt der Wirtschaftsentwicklung voraus. Es kann also sein, dass die Baisse sich langsam dem Ende nähert.

Niemand kennt die Zukunft. Eine gesunde Mischung aus Liquidität, guten Aktien und etwas Edelmetall ist das Beste, um sich auf alle Szenarien vorzubereiten. Am 22. August dieses Jahres habe ich an dieser Stelle drei Schlüsselkriterien für Aktieninvestments in der Stagflation erläutert: 1. Preissetzungsmacht, um mit der Inflation mitzuhalten oder sogar von ihr zu profitieren, 2. hohe Margen und 3. niedrige Schulden. Unsere Kerninvestments Procter & Gamble, Nestlé, Johnson & Johnson und Henkel erfüllen diese Kriterien. Und wenn Sie noch nicht genug Gold haben: Jetzt ist die Zeit, sich weiter einzudecken. Gold langfristig bei 800 Dollar? Da lachen die Hühner gleich noch mal.

2.2.5 Die Krise ist da!
Sommertelegramm 38/2008 vom 19.09.2008

Nachdem ich in *Der Crash kommt* die Krise vorausgesagt hatte, haben mich viele von Ihnen gefragt, wie diese denn ablaufen würde. Ich habe immer gesagt: »Das weiß ich nicht. Ich kann nur sagen, dass die Krise kommt, nicht, wie sie sich entwickeln wird.« Das hat bei etlichen von Ihnen Unbehagen ausgelöst, aber daran kann ich nichts ändern. Niemand weiß, wie die Zukunft aussieht. Wenn das Fass voll ist, hält nur die Oberflächenspannung das Wasser. Keiner kann sagen, an welcher Stelle des Fasses das Wasser zuerst herauslaufen wird. Des Weiteren hängt der Verlauf der Krise eben nicht nur von den gravierenden Risiken ab, sondern auch davon, wie Politiker, Unternehmen und Nationen darauf reagieren.

Die Zukunft ist ungewiss. Sie können sich nur durch eine gesunde Mischung Ihrer Anlagen – Qualitätsaktien, physische Edelmetalle, und Liquidität – angemessen positionieren. Wenn Sie in einem Bereich verlieren, werden Sie im anderen Bereich wahrscheinlich gewinnen. Im Großen und Ganzen scheinen die Notenbanken derzeit das Richtige zu tun: Sie löschen die schlimmsten Brände und schaffen weiter Liquidität. Es war richtig, dass Fannie Mae und Freddie Mac verstaatlicht wurden, denn sie haben Hypotheken in kaum vorstellbarem Ausmaß von 5 Billionen Dollar in den Büchern. Ein Untergang dieser Banken hätte gravierende Folgen gehabt. Aus denselben Gründen war es richtig, die American International Group zu retten.

Es war aber auch richtig, Lehman Brothers untergehen zu lassen. Zwar fallen auch dadurch Forderungen aus: Die Allianz hat Forderungen in Höhe von etwa 400 Millionen Euro an Lehman, von denen sie bestenfalls die Hälfte zurückbekommen wird. Und die superklugen Köpfe der Kreditanstalt für Wiederaufbau (KfW) überwiesen noch 300 Millionen Euro an Lehman, als die Insolvenz des Unternehmens bereits feststand. Aber die Insolvenz von Lehman zeigt den Investmentbankern, dass nicht ALLE Banken gerettet werden und dass sie bei ihrem riskanten Spiel nicht in jedem Fall auf die Hilfe des Staates zählen können. Vielleicht war es falsch, die Industriekreditbank IKB zu retten. Das Spiel kostete die Steuerzahler viele Milliarden Euro, nur damit die Bank dann für wenige hundert Millionen an den Raubtierfonds Lone Star verscherbelt wurde.

Insgesamt aber denke ich, dass Ihr Geld sicher ist. Es wird in Europa nicht zu einem massenhaften Bankensterben kommen. Die

Notenbanken haben gezeigt, wohin die Reise geht: Rettungsaktionen und noch mehr Liquidität. Natürlich wird das Sekundärschäden nach sich ziehen, zum Beispiel in Form steigender Inflation. Aber das ist besser, als reihenweise Banken kollabieren zu lassen. Ich finde es gut, wenn Sie Geld zumindest auf zwei Konten halten. Das minimiert Ihr Risiko weiter. Aber mehr als maximal drei Konten sollten es auch nicht sein, dann steigt der Verwaltungsaufwand massiv.

2.2.6 Panik, Panik, Panik
Ausgabe 41/2008 vom 10.10.2008

Jetzt ist Akt der Krise genauso abgelaufen, wie ich es in *Der Crash kommt* beschrieben habe. Das Kartenhaus der Kredite, von dem ich in meinem Buch gesprochen habe, bricht zusammen. Anleger verlassen panikartig den Aktienmarkt. Wenn Sie mit Gold vorgesorgt haben, haben Sie ein gutes Sicherheitspolster. Auch die Qualitätsaktien, die wir im Jahresspecial 2007/2008 vorgestellt hatten – Berkshire, Procter & Gamble, Nestlé und Johnson & Johnson – haben sich relativ gut gehalten.

Allerdings konnte ich nicht alles beschreiben, denn Krisensituationen hängen auch immer davon ab, wie klug oder unklug die Verantwortlichen handeln. Anders als 1929, ist das Krisenmanagement diesmal ziemlich gut. Die Macht der Politik dürfen Sie auch nicht überschätzen. Bestenfalls gelingt es den Zentralnotenbanken und Politikern, den Flächenbrand zu stoppen. Danach steht das Haus aber voller Wasser. Mit den Schäden werden wir lang zu tun haben.

2.2.7 Bitte keine Euphorie!
Sommertelegramm 37/2009 vom 11.09.2009

Zwischen Oktober 2008 und März 2009 wurde ich nicht müde, jedem, der es hören wollte (und vielen, die es nicht hören wollten), zu sagen: »Kauft Aktien!« Eine meiner Kolumnen im November war mit »Kaufen, kaufen, verdammt noch mal!« überschrieben. Die Preise waren einfach so im Keller, dass eine große Weltwirtschaftskrise hätte passieren müssen, um solch niedrige Preise zu rechtfertigen. Die »große Krise« sah ich allerdings nur noch mit einer Wahrscheinlichkeit von weniger als 10 %, denn die Staaten der Welt gaben Finanzspritzen in einem nie da gewesenen Ausmaß in das Finanzsystem.

Nun sind viele Aktien um 100 % und mehr gestiegen, zum Beispiel BMW, Lanxess, Deutsche Bank, Commerzbank, ING Groep und MAN S.E. Das sind insbesondere die Zykliker, die es beim Absturz der Wirtschaft voll erwischt hat, sowie Banken. Immer mehr Leute, die glauben, sie seien Investoren, springen auf den Zug auf. Und was wird gekauft? Die Werte, die sich in den vergangenen Monaten am meisten bewegt haben. So ein Schwachsinn! (Aber es ist immer wieder dasselbe.)

Lassen Sie sich nicht anstecken. Zwar hat der Absturz der Weltwirtschaft aufgehört, aber wie schnell die Erholung kommt, ist eine andere Sache! Im Gegenteil: Von den USA haben wir in den nächsten Monaten noch etliches Negatives zu erwarten.

Im letzten Jahr waren 25 % aller Subprime-Kredite im Immobiliensektor in Zwangsvollstreckung oder im Verzug (delinquent). Natürlich traf es zuerst diese Schuldner mit geringer Bonität. Das Gewitter ist nun vorbei.

ABER: Nun erwischt es Kreditnehmer mit hoher Bonität und damit die Prime-Kredite. Die Kredite mit Problemen (Zahlungsverzug oder Zwangsvollstreckung) stiegen um mehr als fünf Prozentpunkte, auf 9,24 %! Das sind SEHR schlechte Nachrichten, denn Prime-Kredite machen immerhin 80 % aller Kredite aus!

Ich möchte auch darauf hinweisen, was nach amerikanischem Verständnis »Prime« bedeutet. Schon früher gab es da Kreditausfallraten von 3,4 %. Jetzt sind es fast 10 %! Die Bausparkassen in Deutschland haben eine Kreditausfallquote von unter 0,1 %, das ist auch in normalen Zeiten weniger als ein Fünfhundertstel der amerikanischen sogenannten Prime-Kredite. So viel zum unterschiedlichen Rechtsverständnis.

Da kommt aus den USA noch gehörig was auf uns zu! Zwar denke ich nicht, dass es eine zweite Bankenkrise geben wird, aber die Wirtschaft wird noch mal massiv belastet werden, das nächste Gewitter beginnt gerade, sich zu entladen.

Ja, viele Aktien sind noch billig. Aber eine gewisse Vorsicht ist angebracht.

(…) Solide, nichtzyklische Titel sind am besten geeignet für die nächste Börsenphase. Bleiben Sie drin, aber defensiv! Bitte keine Euphorie!

2.2.8 Derzeit läuft Schrott am besten
Sommertelegramm 38/2009 vom 18.09.2009

In den letzten Monaten sind die Märkte sehr stark gestiegen. (…) Zyklische Aktien, wie zum Beispiel BMW oder BASF stiegen sehr stark (zum Teil um 100 % und mehr), Schrott, wie zum Beispiel etliche Bankentitel zum Teil um mehrere 100 %. Von einem erfahrenen Anleger hörte ich vor einigen Tagen den Spruch: »Schrott läuft derzeit am besten.« Und das trifft den Nagel auf den Kopf.

Wir werden in der Realwirtschaft noch etliche Probleme bekommen. So ist die Quote der amerikanischen Prime-Wohnungskredite (das sind die Schuldner mit hochwertiger Bonität), die entweder im Zahlungsverzug oder in der Insolvenz sind, auf über 9 % gestiegen. Und die Prime-Kredite machen 80 % des Wohnungsmarktes aus. Zwar wird es wohl nicht mehr zu einer Finanzkrise kommen, aber die Wirtschaft wird noch einige Schläge hinnehmen müssen.

Daher rate ich: Bauen Sie die zyklischen Aktien langsam ab. Viele sind zwar noch etwas unterbewertet, aber das sind Qualitätsaktien ebenfalls. Es ist nicht an der Zeit, die Aktienquote zu reduzieren. Aber Sie sollten auf Qualität setzen.

2.2.9 Anlageperspektiven 2009–2010
Sonderausgabe 42/2009 vom 17.10.2009

Beim letzten Mal schrieb ich am 3. Oktober 2008 an dieser Stelle: »Die Krise ist da. Sie findet auch bislang in der Heftigkeit statt, wie ich sie in *Der Crash kommt* vorausgesagt habe.« Am 15. September 2008 war Lehman Brothers in die Insolvenz gegangen. In den Wochen und Monaten danach brach die nackte Panik an den Finanzmärkten aus: Die Banken trauten einander nicht mehr, und der Kreditmechanismus kam vielerorts zum Erliegen. Etliche Wertpapiere stürzten ins Bodenlose. Dennoch hatte ich Ihnen im letzten Jahresspecial am 3. Oktober 2008 nicht empfohlen, alle Aktien zu verkaufen. Aus meiner Sicht waren viele Aktien NICHT zu teuer. Und siehe da: Unsere Top-Empfehlungen aus dem letzten Jahr stehen deutlich im Plus! 12 von 17 Titeln weisen Kurssteigerungen auf, und das trotz der größten Finanzkrise seit 1929.

DENN: Was viele Privatanleger einfach vergessen, ist die fundamentale Unsicherheit, unter der wir an den Börsen handeln müssen. Im Rückblick ist alles oft sehr klar. Viele sagen dann: »Hätte ich bloß!« Aber: Nach vorne geschaut ist das viel, viel schwerer. Um den 25. September 2008 herum war auch ein Kollaps des Weltfinanzsystems nicht auszuschließen. Die Lehman-Pleite war gerade zehn Tage alt. Was also, wenn Sie ins Festgeld und in Anleihen gegangen und dann reihenweise die Banken und Währungen ausgefallen wären?

Vieles ist so gekommen, wie man es erwartet hat, etliches anders, als man denkt. Die Banken wurden gerettet. Die Märkte wurden mit einer ultragroßen Geldspritze von mehr als 5 Billionen Dollar (= 10 % des Weltbruttosozialprodukts) gerettet, natürlich mit großen Nebenwirkungen, die wir erst nach und nach zu spüren bekommen. Nachdem ich am 1. Oktober 2008 bei Frank Plasbergs Hart aber fair zu Gast war, rissen die Anrufe nicht mehr ab. In weit mehr als 100 Interviews von Zeitungen, Radio und Fernsehen musste ich das Geschehen kommentieren. Der Bedarf nach authentischer Information war groß.

Schon bald wurde mir im Herbst 2008 klar, dass die Regierungen dieser Welt fest zusammenstehen würden, um einen Totalkollaps des Systems zu verhindern. Als Angela Merkel also zusammen mit Herrn Steinbrück versicherte: »Ihre Spareinlagen sind sicher«, konnte ich dem zustimmen – für den Moment. Denn mittel- und langfristig geht es vor allem denen ans Portemonnaie, die noch etwas haben und denen man es wegnehmen kann. Und das sind vor allem deutsche Bürgerinnen und Bürger. Die Empfänger von Transferleistungen (Hartz IV, aber auch Rentner und Pensionäre) wird man weitgehend ungeschoren lassen, denn sie haben eine erhebliche Stimmenmacht. Aber vor allem werden die Reichen und die Superreichen davonkommen, denn sie können sich ihr Umfeld so gestalten, dass sie möglichst wenig Steuern zahlen.

Vor gut einem Jahr hatte Warren Buffett eine öffentliche Wette mit den Einkommensmillionären seines Landes abgeschlossen: Wer unter ihnen einen höheren Steuersatz habe als seine Sekretärin, solle sich melden. Buffett würde ihm eine Million auszahlen. Bis heute wurde das Geld noch nicht kassiert. In England und den USA wurden die Steuern auf Kapitaleinkünfte auf 15 % gesenkt und zwar von eben jenem Gordon Brown, der jetzt neue Regeln für das Weltfinanzsystem aufstellen soll. Das war ein gigantisches Umverteilungsprogramm für Superreiche. Im Prinzip bildete ich mir sehr schnell eine Meinung, dass es für die nächsten Jahre nur drei mögliche Szenarien geben werde, 1. die Große Depression, 2. eine schleichende Depression (Japan-Szenario) und 3. eine sehr scharfe Rezession, nach der es weitergehen würde wie bisher. Ich gab Szenario 1. aufgrund der massiven Rettungsmaßnahmen eine Restwahrscheinlichkeit von 10 %. Die Szenarien 2. und 3. sah ich als in etwa gleich wahrscheinlich an. Daran hat sich bis heute nicht viel geändert. Es gibt sowohl deflationäre Kräfte in der Weltwirtschaft (Vernichtung von Börsenwerten, Kreditklemme, sinkende Nachfrage und Kreditausfälle) als auch inflationäre Kräfte. Das macht eine weitere Prognose auch sehr schwer.(…)

Von Oktober 2008 bis März 2009 soff der DAX noch einmal massiv um 30 % von 5000 auf 3600 Punkte ab. Nicht anders erging es den meisten anderen Indizes. Ich habe immer wieder im PRIVATINVESTOR zum Kaufen geraten. Einige von Ihnen hatten zwischenzeitlich den Eindruck, ich hätte den Verstand verloren. Als ich am 9. März nahe des Tiefstandes der Börse in einem n-tv-Interview meine Überzeugung wiederholte, dass man nun unbedingt Aktien kaufen müsse, bekam ich sogar eine Kündigung zugeschickt!

Im Rückblick sind wir alle klüger. Die verhaltenswissenschaftliche Finanzforschung nennt so etwas hindsight bias, aber es bestimmt unser Handeln viel stärker, als wir denken, wenn wir nicht sehr aufpassen. Wir müssen uns also VOR der Krise eine Strategie ausdenken und diese dann durchhalten. Segler wissen: Wenn Sie im Sturm wenden wollen, ist die Gefahr des Kenterns besonders hoch. Also: Augen auf und durch! Die meisten von Ihnen, verehrte Leser, sind zusammen mit mir tapfer durch den Sturm gesegelt. (…)

Leider sind viele Banker, Analysten und Anleger immer noch in größtem Maße prozyklisch. Daniel Kahnemann von der Princeton University hat herausgefunden, warum: Er schob Menschen in einen Kernspintomographen und stellte ihnen Finanzfragen. Und siehe da, besonders bei schnellen Entscheidungen wird vor allem das Kleinhirn aktiv. Das Kleinhirn ist aber vor allem das Reptilienhirn, das Mechanismen wie Angriff und Flucht, Fressen und Gefressenwerden aktiviert. Es steuert uns gerade an der Börse oft in die falsche Richtung. Es bedarf einer sehr großen Selbstdisziplin, das Reptilienhirn in Börsenfragen auszuschalten. Daran scheitern nach meiner Erfahrung 90 % aller Menschen.

Ich bin kein Sterndeuter. Ich kann Ihnen nicht sagen, ob wir nach einer scharfen Rezession wieder eine schnelle Erholung bekommen (V-Form), ob es etwas länger dauert (U-Form) oder ob wir ein L oder W haben werden. Derartige Buchstabierübungen, die derzeit einige Ökonomen beschäftigen, halte ich auch für sinnlos. Alles ist möglich. Die große Depression halte ich für unwahrscheinlich. Eine rasche Erholung auf breiter Front auch. Seien Sie nicht zu optimistisch. Dazu lagert noch viel zu viel Giftmüll in den Bilanzen der Banken.

De facto ist das Bankensystem der Welt insolvent (= negatives Eigenkapital) und benötigt weitere Kapitalspritzen von circa einer Billion Dollar! Wir verstecken diese Insolvenz nur, indem wir die Buchhaltungsregeln für Wertpapiere gelockert haben und die Banken diese noch zu unrealistisch hohen Wertansätzen in der Bilanz halten dürfen. Die jetzige Politik läuft geradezu auf ein »Weiter so!« hinaus: Die Banken sollen so schnell wie möglich wieder Geld verdienen, damit sie durch eigene Kraft quasi wieder zu solventen Unternehmen werden: Ein Beispiel dafür in Deutschland ist die Commerzbank. (...)

2.3 Die Eurokrise (2010–2012)

2.3.1 Was heißt die Griechenland-Krise für Sie?
Ausgabe 17/2010 vom 30.04.2010

Zunächst einmal, ganz platt ausgedrückt: nichts! Die Gedanken zur Kapitalanlage müssen Sie sich vorher machen. Reagieren kann man auf solche Vorfälle nur sehr begrenzt. Die Griechenland-Krise ist eines von vielen möglichen Szenarien, die ich in unserer generellen Anlagestrategie berücksichtigt habe. Schon vor gut einem Jahr drehte ARD plusminus einen Beitrag über mögliche Pleitekandidaten bei den Staaten Ost-, Süd- und Randeuropas, in dem ich mich umfassend dazu äußerte.

Einige Schlüsse kann man natürlich schon aus dem Desaster ziehen: Die »Mischung aus Zuckerbrot und Peitsche«, die ich bei Frau Merkels Politik vor ein oder zwei Wochen noch erkannt hatte, nämlich in neuen Geldern und harten Sparauflagen durch den IWF, kann ich immer weniger erkennen. Das Zuckerbrot wird immer größer, die Peitsche immer kleiner. Das heißt aber auch, dass der Euro immer mehr von einer Stabilitätsgemeinschaft zu einer Inflationsgemeinschaft wird. Und das ist mittel- und langfristig gut für Sachwerte: Immobilien, Aktien und Gold. Insbesondere Gold ist keinesfalls zu teuer. Sie können durchaus über eine Erhöhung Ihres Goldanteils nachdenken. Ich bleibe in Aktien drin, habe aber meinen Goldanteil leicht aufgestockt.

Zudem hat das angelsächsische Kartell der Ratingagenturen geschickt von den Schwächen in England und den USA abgelenkt, indem es Griechenland und Portugal herabstufte. Die Haushaltsdefizite in den USA und England sind so hoch wie in den Südländern! Nur spricht niemand über diese Länder, welche die Finanzkrise hauptsächlich verursacht haben. Dazu passt auch die Meldung, dass die EU bei der Regulierung der Finanzmärkte so ziemlich komplett eingeknickt ist. Mit anderen Worten: Es geht weiter wie bisher. Konsequenz: Nur Sie selbst können sich um Ihr Geld kümmern, sonst macht es keiner.

Die Griechenland-Krise zeigt klar, dass die Politik versagt. Die Staatsverschuldung nimmt zu. Über die Hintertür Griechenlands schaffen es nun England und die USA, die sich extrem verschuldet haben, auch Deutschland eine höhere Schuldenlast aufzubürden. Neben Gold sind da Unternehmen mit sehr stabilen Geschäftsmodellen wie Nestlé, Coca-Cola, Beiersdorf und Henkel die absoluten Basisanlagen. Beiersdorf und Henkel sind leider schon fair bewertet, aber es ist besser, ein großartiges Unternehmen zum fairen Preis zu besitzen als ein einigermaßen intaktes Unternehmen zu einem großartigen Preis, wie Warren Buffett einmal sagte.

2.3.2 Ich bin stolz auf Sie!

Ausgabe 25/2010 vom 25.06.2010

Am 8. Mai starteten wir angesichts der Griechenland-Krise eine Umfrage unter Ihnen und wollten wissen, wer seine Aktien trotz der Unsicherheit behält. Das Ergebnis: Ungefähr 90 % von Ihnen wollen Ihre Aktien behalten oder sogar aufstocken, wobei 18 % eine gewisse Nervosität nicht verbergen können. Das ist richtig und natürlich! Geldentscheidungen zerren an den Nerven, und wenn die Märkte verrücktspielen, ist man versucht, etwas zu unternehmen. Dabei wäre Nichtstun oft die beste Strategie, da sich Marktschwankungen nicht vorhersagen lassen.

Mittlerweile kratzt der DAX wieder am Jahreshoch. Ich bin stolz auf Sie: Sie haben durchgehalten! Natürlich können Rücksetzer kommen. Aber immer noch gibt es viele interessante Investitionsmöglichkeiten wie zum Beispiel BP plc. oder United Internet, die wieder etwas billiger geworden sind. Telefónica wirft eine Dividendenrendite von nahezu 10 % ab, und die griechische Lottogesellschaft OPAP, die sich immerhin zu rund einem Drittel noch in Staatsbesitz befindet, mehr als 10 %. Im Übrigen hat der griechische Staat, der sich von vielen Beteiligungen trennt, angekündigt, seinen OPAP-Anteil zu behalten. Man wird schon wissen, warum.

Hallo Prof. Otte,

ich habe von mehreren Analysten bzw. aktuell gehört, dass erneut »Wolken« über die internationale Konjunkturentwicklung aufziehen, insbesondere schwächt sich die Konjunktur in Asien ab, was man auch an der schwächelnden Produktion von Stahl erkennen kann. Bedeutet dies nicht eine nachhaltige Abwertung der Aktien (auch der sogenannten Bluechips) ab Sommer / Herbst 2010? Was halten Sie trotzdem von Investments in griechische

Aktien (z. Bsp. Banktitel oder auch OTE – Telekommu-
nikation), denn eigentlich sollten die Griechen es mittelfristig wieder schaffen, einen soliden Haushalt zu präsentieren, und es sollten sehr billige Käufe möglich sein?

Gruß
Ihr TSW

Sehr geehrter Herr TSW,

solche Konjunkturprognosen sind Schall und Rauch –
morgen klingen sie schon wieder ganz anders. Außerdem
ist der Zusammenhang mit den Börsenkursen nicht oder
nur sehr indirekt gegeben. Ich ignoriere sie daher am
liebsten.

Sicher gibt es billige griechische Aktien, da kann man
schon fischen gehen, wenn man weiß, was man tut. Für
den Fonds habe ich zwei Titel gekauft. Ich kann das aber
aus Compliance-Gründen noch nicht offenlegen.

Mit freundlichen Grüßen
Max Otte

2.3.3 Wer spricht noch vom schwachen Euro?
Ausgabe 32/2010 vom 13.08.2010

Ach, was haben sich die Kommentatoren und Finanzexperten vor zwei
Monaten den Mund über den schwachen Euro zerrissen! Man sah
schon das Ende des Euro voraus. Es war eine richtige kleine Hyste-
rie, ein »Hysteriechen«. Meine Position war damals: Die Wirtschaft
in der Eurozone ist viel stärker als die Wirtschaft in den USA oder
England. Die Haushaltsdefizite liegen im Schnitt bei der Hälfte dieser

Länder. Die Eurohysterie war künstlich erzeugt, auch, um von den massiven Problemen in den USA abzulenken. Ich war mir ziemlich sicher, dass der Spuk schnell vorbei sein würde. Und so ist es. Wer spricht heute noch von der Euroschwäche? Geht auch nicht, denn der Euro steigt wieder. Der Dollar ist vor allem eins: eine Schwachwährung. Seit Ende des Zweiten Weltkriegs kennt er bei starken und langen Zyklen letztlich nur einen Weg: nach unten. Wenn Sie vor allem in Sachwerten – Aktien, Gold und Immobilien – investiert sind, können Ihnen die Währungen sowieso ziemlich egal sein.

Im Übrigen glaube ich, dass 95 % der Privatanleger, die sich mit Währungen beschäftigen, eigentlich keine Ahnung davon haben. Bei onvista.de gibt es eine Rubrik Devisen. Dort können Sie den Chart EUR/USD abrufen. Der steht derzeit bei 1,28. DAS IST ABER DER KURS USD/EUR! Sie müssen also 1,28 Dollar hinblättern, um einen Euro zu bekommen. Der wirklich schwachsinnige Kommentar von Christoph Tate, FXdirectBank dazu: »Nachdem EUR/USD durch Käufe Schweizer Investoren im Bereich der 1,2780 gestützt wurde, liegen die Kursziele laut Analysten nun im Bereich der 1,2950. Zuerst müsse allerdings der Bereich bei 1,2850 erfolgreich überschritten werden, so ein Analyst weiter.« Solch einen absolut hirnlosen Schwachsinn können Sie dann täglich auf dieser Seite als Devisenkommentar lesen. Investieren Sie weiter in gute Aktien und lassen Sie die Währungsspekulationen. Prost Mahlzeit!

Rückblick 2013:

Leider lag ich bezüglich der Eurokrise in einem Punkt falsch. Immer neue Attacken aus dem angelsächsischen Raum haben zusammen mit einer ausgesprochen dummen Politik Europas dazu geführt, dass uns die Euro- und Staatsschuldenkrise immer noch beschäftigt.

2.3.4 China ist Nummer 2!
Ausgabe 34/2010 vom 27.08.2010

In diesen Tagen hat China Japan als zweitgrößte Volkswirtschaft der Welt überholt. Ich habe das lange erwartet. In *Der Crash kommt* habe ich mich entschieden gegen Prognosen gestellt, dass es noch zwei Jahrzehnte dauern werde, bis China die USA überholt und Nummer eins wird. Ich gab 2016 als wahrscheinlichen Zeitpunkt an. Wie kommt es, dass sich die Offiziellen da so täuschen? Für die gesamtwirtschaftliche Statistik wird Chinas Produktion in monetären Größen gemessen. Da aber ein Kühlschrank in China weniger kostet als in den USA, hat China auch weniger »Sozialprodukt«. Das ist natürlich Quatsch. Es geht um die Produktion und die Produktivkräfte, wie schon der große Deutschamerikaner Friedrich List in seinem Nationalen System der Politischen Ökonomie 1846 schrieb. Chinas Produktivkräfte werden verzerrt dargestellt, sie sind eben schon viel höher. In *Der Crash kommt* habe ich das vorgerechnet.

Aber was heißt das für Sie als Investor? Paradoxerweise nicht so viel. Die chinesische Wirtschaft ist immer noch sehr intransparent, Betrug und Korruption sind an der Tagesordnung. Ausländer lässt man nur so lange mitmachen, wie es den Chinesen nutzt. Das mussten VW und auch das Transrapid-Konsortium erfahren. In einem solchen Land investiere ich nicht oder nur extrem selektiv. (...)

Solange mein Tisch reichhaltig gedeckt ist, muss ich nicht in einem unsicheren Umfeld wie China suchen, so imposant der wirtschaftliche Aufstieg des Reiches der Mitte auch ist.

2.3.5 Night of the Living Fed
Ausgabe 44/2010 vom 05.11.2010

Im aktuellen Brief an seine Investoren spricht Jeremy Grantham, ein von mir hoch geschätzter Vermögensmanager mit mehr als 100 Milliarden Dollar unter Verwaltung, von der Nacht der lebenden Fed

(*Night of the Living Fed*). Er spielt damit auf George A. Romeros Zombie-Film Nacht der lebenden Toten (*Night of the Living Dead*) an. Die Fed (Federal Reserve System) ist die amerikanische Notenbank. Mit seinem Wortspiel meint Grantham den scheintoten Zustand der amerikanischen Wirtschaft. Die von Notenbankchef Bernanke angekündigten direkten Käufe von Staatsanleihen nennt er einen »verzweifelten letzten Versuch, die amerikanische Wirtschaft ans Laufen zu bekommen«. Nachdem die Nachfrage in den USA kollabiert ist, wirft man also wieder die Notenpresse an. Die Fed manipuliere bewusst die Vermögenspreise. Dadurch entstünden Blasen. Dann aber »behauptet die Fed steif und fest, dass Märkte effizient seien und dass es nicht möglich sei, eine Preisblase zu erkennen«. Die Folgen: Die Marktwirtschaft wird geschwächt. Die künstlich erzeugten Blasen, wie die Technologie- und Immobilienblase, locken Ressourcen an und laden zur Verschwendung ein. Die Arbeitsplätze, die so entstehen, sind aber nicht nachhaltig und verschwinden wieder, wenn die Blase platzt.

Für Anleger sieht Grantham wenig Erfreuliches. Aktien seien bereits wieder leicht überbewertet. Lediglich die Coca-Colas dieser Welt könne man noch kaufen. Nun, das ist ja schon mal was. Das sage ich auch. Außerdem sind die Märkte in Kontinentaleuropa eben nicht so teuer wie in den USA, für die Granthams Kommentare geschrieben wurden. Hier gibt es durchaus noch attraktive Aktien. Zu guter Letzt: Grantham schreibt, dass er die Kompetenzen der Fed drastisch beschränken würde, wenn er in die Rolle des wohlwollenden Diktators schlüpfen könne. Die Fed solle endlich aufhören, sich um die Wirtschaftspolitik zu kümmern und sich auf die Versorgung der Wirtschaft mit Liquidität und die Erhaltung der Geldwertstabilität konzentrieren. Lieber Jeremy Grantham, dazu muss man kein Diktator sein! Das geht auch in einer Demokratie. Die Bundesbank hat das von 1949 bis 2002 (und danach die Europäische Zentralbank bis 2010) genauso gemacht. Frau Merkel hat diese Prinzipien allerdings in der dramatischen, sogenannten Euro-

Rettungsnacht vom 8. Mai 2010 über Bord geworfen. Ob das Datum ein Zufall war?

2.3.6 Fällt der Dollar?

Ausgabe 09/2011 vom 04.03.2011

An dieser Stelle habe ich vielfach darauf hingewiesen, dass es für den Dollar langfristig nur einen Weg geben kann: nach unten. Die amerikanische Wirtschaft ist in Summe wesentlich maroder als die europäische. Das US-Haushaltsdefizit liegt bei 11 %, das der europäischen Staaten im Schnitt bei 6 %. Etliche US-Bundesstaaten stehen vor dem Bankrott.

Dennoch diskutieren wir seit fast einem Jahr über den Euro. Komisch, nicht? Die Panik um die Eurozone wurde auch noch schnell nebenbei genutzt, um die Unabhängigkeit der Deutschen Bundesbank zu zerstören und Deutschland weiter anzuzapfen. Da könnte man schon auf den Gedanken kommen, dass eine politische Dynamik dahintersteckt. Keine Verschwörung – aber für die Interessen der angelsächsischen Wirtschaftspresse und der angelsächsischen Ratingagenturen ist es sicher besser, wenn wir über den Euro diskutieren, als über den Dollar und die US-Wirtschaft. Am 19. Februar 2009 nannte der bekannte Economist Österreich das Argentinien an der Donau. (http://www.economist.com/node/13144925) Grotesk: eine funktionierende, bürgerliche Wirtschaft dermaßen schlecht zu reden.

Nun scheint die Realität die USA einzuholen. In den letzten Wochen ist der Dollar um 8 % gefallen. Niemand weiß, wie schnell sich der Wertverlust fortsetzen wird oder ob es vielleicht noch mal eine Gegenbewegung gibt. Ich spekuliere nicht mit Devisen. Aber die Richtung des Dollar ist fundamental richtig: nach unten. Aufgrund der Probleme der US-Bundesstaaten oder der anziehenden US-Inflation könnte der Dollar ohne Weiteres noch mal 10, 20 oder mehr Prozent nachgeben. In der Folge werden schon jetzt viele US-Qualitätstitel sehr billig: Microsoft und Intel mit einem KGV von 10, Cisco und

Medtronic leicht darüber, Procter & Gamble bei 15, Johnson & Johnson bei 12. Viele dieser Titel sind so billig wie zuletzt vor zehn oder mehr Jahren. Da können Sie nicht viel verkehrt machen.

Denn so schlecht es der US-Wirtschaft auch gehen mag: Wenn Sie die Giganten der immer noch größten Volkswirtschaft der Welt zu diesen Preisen bekommen, ist das sicher eine Überlegung wert.

2.3.7 Libyen, Griechenland, Spanien
Ausgabe 10/2011 vom 11.03.2011

Nun also Aufruhr im Nahen Osten. In zwei Ländern sind alte Herrscher abgetreten, einer wehrt sich verbissen. Dennoch gehen die Aktienmärkte erst einmal in den Rückwärtsgang. Bei Griechenland wird es immer klarer, dass das Land seine Schulden nicht bedienen kann. In Spanien braut sich etwas zusammen.

Ist das alles etwas fundamental Neues? Ich glaube nicht. Hosni Mubarak wurde lange sehr stark von den USA als Teil eines Stillhalteabkommens in Bezug auf Israel unterstützt und erst im letzten Moment fallengelassen. Und auch mit Gaddafi hat der Westen in den letzten Jahren geflirtet. Und nun ändern sich die Potentaten, aber wahrscheinlich nicht die Strukturen. Dass die Weltlage und Weltsituation instabil ist, war bekannt. Ich habe oftmals darüber geschrieben, dass die Weltwirtschaft keinesfalls gesund ist. Und im Zuge der Diffusion der Macht von den USA zu China wird es auch international zu Instabilitäten kommen. Sie und ich, wir können nichts daran ändern. Wir können auch nicht vorhersagen, wo das nächste kleine oder größere Beben auftreten wird.

Wir können uns aber Gedanken machen, wie wir unser Vermögen anlegen. Und da sind mir Aktien, Gold und Immobilien sehr viel lieber als Papiergeld, Lebensversicherungen oder Anleihen. Etliche Titel wie zum Beispiel Fuchs Petrolub, United Internet oder Beiersdorf sind – zu Recht – überhaupt nicht gefallen. Die oft von mir empfohlene Italcementi ist in den letzten Tagen sogar gestiegen.

Und bei einigen Titeln wie zum Beispiel Allianz ergeben sich noch einmal Einstiegsmöglichkeiten.

2.3.8 Der Zusammenbruch des Dollar?

Ausgabe 12/2011 vom 25.03.2011

Wenn Sie den PRIVATINVESTOR aufmerksam lesen, dann werden Sie wissen, dass ich die Eurohysterie nie geteilt habe. Sie hatte vor allem einen Zweck: Deutschland anzuzapfen und die Unabhängigkeit der Bundesbank zu zerstören.

Das ist gelungen. Deutschland ist – nachdem es schon lange eine militärpolitische Kolonie ist – nun auch eine währungspolitische Kolonie. Solange aber die deutsche Bonität angezapft werden kann, können wir den Euro noch viele Jahre lang »retten«. Besser wäre es gewesen, die Randstaaten wieder in die währungspolitische Souveränität zu entlassen. Die starken Länder hätten zwar auch hier mit Krediten helfen müssen, aber nachher hätten wir ein flexibles System, das Europa besser gerecht wird. Das Europäische Währungssystem war hier vorbildlich. Nein, die echten Probleme liegen in den USA. Erste Bundesstaaten steuern auf die Insolvenz zu.

Und nun wird die staatliche Einheit der Geldpolitik in einem geradezu revolutionären Akt in Frage gestellt. Der konservative Bundesstaat Utah will Gold und Silber wieder zur legalen Währung machen, und zwar zu einer Währung, die am Gewicht hängt. Das Parlament verabschiedete ein entsprechendes Gesetz. Auch Colorado, Georgia, Indiana, Iowa, Missouri, Montana, New Hampshire, Oklahoma, South Carolina, Tennessee, Vermont und Washington bereiten ähnliche Maßnahmen vor. Allerdings ist dies hohe Politik. Eine solche Maßnahme würde die Grundlagen zentralstaatlicher Macht und Währungspolitik erschüttern. Wenn Gold wirklich Zahlungsmittel ist, dann sind die Geldschöpfung und das Geldmonopol der Notenbank bedroht, und damit die (unsolide) Finanzierungsgrundlage des amerikanischen Staates.

Das Gesetz muss noch vom Gouverneur von Utah, Gary Herbert, unterschrieben werden. Hier geht es um Macht, viel Macht. Ich kann mir beim besten Willen nicht vorstellen, dass die Zentralgewalt in Washington eine solche währungspolitische Sezession zulassen wird. Beim letzten Mal – 1861 – entfesselten die Nordstaaten den ersten Massenkrieg der modernen Welt. Heute sind die Methoden subtiler. Ich würde mich nicht wundern, wenn Gary Herbert unter Druck gesetzt wird, das Gesetz nicht zu unterschreiben. (…)

2.3.9 USA, Dollar, Europa, Gold – es geht los
Ausgabe 17/2011 vom 29.04.2011

Im aktuellen manager magazin 5/11 findet sich ein hervorragender Artikel von den von mir sehr geschätzten Volkswirten Henrik Müller und Christian Rickens über die aktuelle Staatsschuldenkrise: »Meister des Verdrängens – viele westliche Länder treiben auf die Pleite zu. Inflation und Staatsbankrott werden als Auswege immer verlockender.«

Deutliche Worte. Und noch deutlichere Zahlen: 2040 werden die USA wahrscheinlich 300 % des BIP als Staatsschulden haben, Japan und Irland mehr als 400 % und Großbritannien fast 400 %. Deutschland steht mit 170 % – trotz Kapitulation der deutschen Politik vor der EU und Aufgabe der Unabhängigkeit der Bundesbank – relativ gut da, ebenso Portugal und Italien. Die Finanz- und Wirtschaftskrise geht eindeutig in ihre nächste Phase! Irgendetwas muss in den nächsten ein bis zwei Jahren passieren. Inflation, schneller oder langsamer, Staatsbankrotte, Umschuldungen stehen nun wirklich vor der Tür.

Leider kann niemand eindeutig sagen, was passieren wird. Gold ist als Versicherung sicher eine gute Vermögensklasse. Der Goldpreis erreicht mit über 1500 Dollar neue Allzeithochs, und der Silberpreis ist mit knapp 50 Dollar nur leicht davon entfernt. Die USA inflationieren munter weiter – es bleibt ihnen ja auch nichts anderes übrig. Bei der Unsicherheit insgesamt bleibe ich bei meinem Mix – Aktien, echte Edelmetalle und ausgewählte Immobilien, also Sachwerte. Und bleiben Sie weg von Anleihen, Zertifikaten, Termingeldern, Lebensversicherungen! Das ist der sichere Weg zur Vermögensvernichtung! Derzeit läuft der DAX wie verrückt, aber halten Sie sich bitte vor Augen, dass viele Titel nun fair, einige leicht überbewertet sind. Ich fange daher an, in den USA und Japan zu suchen. Insbesondere Technologietitel wie Microsoft, Cisco, Intel, aber auch die Markenartikler oder Berkshire Hathaway sind nun attraktiv. Natürlich hängen diese Titel vordergründig auch etwas am Dollar. Aber nur vordergründig. Sie hängen an der Ertragskraft der Unternehmen. Umgekehrt würde auch zum Beispiel BMW massiv durch einen Dollarverfall in Mitleidenschaft gezogen.

Auf den Dollar setze ich keinen Pfifferling, auf amerikanische Top-Unternehmen und ihre Wirtschaftskraft schon. Und was ist derzeit billiger als japanische Unternehmen? Sony, durch einen Datenskandal geschwächt (von wem eigentlich gemacht, so etwas können auch chinesische oder amerikanische Geheimdienste), ist nur noch mit einem Drittel des Preises von Samsung notiert. Da habe ich zugegriffen. Japan ist immer noch die drittgrößte Volkswirtschaft der Welt. Im Einkauf liegt der Gewinn.

2.3.10 Endspiel
Ausgabe 20/2011 vom 20.05.2011

Ich lese gerade das Buch Endgame (Endspiel) von John Mauldin und Jonathan Tepper. Das Buch malt Szenarien aus, wie die Schuldenblase platzen müsste. Es ist brandaktuell und bezieht die Situation bis vor wenigen Wochen ein. Auf Deutsch ist es noch nicht erschienen. Zunächst einmal: Das Leben geht auch nach dem Platzen einer Schuldenblase weiter. »Lassen Sie uns das Beispiel von Brasilien anschauen, das eines der Länder war, die vor kurzem noch eine Hyperinflation durchlebten. In den 1980er- und 90er-Jahren ist es erfolgreich einen großen Teil seiner Schulden losgeworden.« Mauldin schreibt weiter, dass Brasilien wie die USA in den 70er-Jahren eine hohe Inflation hatte und dann einen strengen und guten Notenbankchef ähnlich Paul Volcker in den USA bekam. Er beendete die Inflation, das Land hatte ein hohes Wirtschaftswachstum und wurde eine der großen Erfolgsgeschichten der letzten 20 Jahre. Im Jahr 1993 betrug die Inflation ungefähr 2000 %, nur vier Jahre später war sie auf 7 % gefallen. Mauldin und Tepper weiter: Auch andere Länder wie die Türkei gingen durch Hyperinflation und Abwertung und wurden dann finanzpolitisch solide.

Das Leben geht weiter! Ich halte die Szenarien von Katastrophentheoretikern, die Plünderungen und Raub an die Wand malen und Deutschland in Schutt und Asche versinken sehen, für völlig überzogen. Wenn, dann passiert so etwas in den USA, wo jetzt schon mehr für Gefängnisse als für Schulen ausgegeben wird. In unserem Land steht wirklich nicht alles zum Besten, aber man muss auch mal auf dem Teppich bleiben. Mauldin und Tepper sagen noch etwas, das ich sehr wichtig finde und durch das ich mich bestätigt fühle. Wie Sie wissen, gebe ich keine Prognose ab, ob eine Inflation oder eine Deflation eintritt. Ich versuche nur, Ihnen Ratschläge zu geben, so dass beides Sie nicht umwirft. Mauldin und Tepper: »Die Zukunft ist in vielen Teilen der Welt ziemlich binär. Entweder werden die Kräfte des Schuldenabbaus (Deleveraging) zu einer langen und vernichtenden Deflation führen, oder die Politik der Industrieländer wird zu Abwertungen und Inflation führen.« Das ist es, was ich schon seit drei Jahren sage! Es ist, als ob die Industrienationen auf einem schmalen Grat balancieren und jederzeit abstürzen können.

Die Schlussfolgerungen der Autoren sind unbefriedigend. Wenn Sie an Deflation glauben, sollten Sie Staatsanleihen kaufen, Cash, die meisten Aktien verkaufen, minderwertige Anleihen und Rohstoffe verkaufen. Wenn Sie an Inflation glauben, sollten Sie Edelmetalle kaufen, diverse Aktien, Währungen von rohstoffreichen Ländern. Toll, nicht wahr? Die Autoren glauben, dass zuerst eine Deflation kommt, dann eine Inflation. Für mich ist das reine Spekulation. Es kann auch anders herum kommen oder ganz anders. Ich bleibe dabei: Qualitätsaktien von Unternehmen mit Geschäftsmodellen, die auch in der Deflation überleben, sind die Basis, solange sie nicht zu teuer sind. Das sind zum Beispiel Beiersdorf, Henkel, Microsoft, Fielmann. Etwas Cash kann nicht schaden. Von Anleihen würde ich mich weitgehend fernhalten, denn wer sagt Ihnen, dass nicht auch in der Deflation eine Umschuldung kommt. Und Gold im Bereich von 5 % bis 15 % Ihres Depots ist die Versicherung, zumal Gold nicht wirklich deutlich zu teuer ist.

Mit anderen Worten: Das Buch gibt mir keinerlei Veranlassung, meine Strategie zu ändern.

2.3.11 Stichtag 2. August 2011
Ausgabe 30/2011 vom 29.07.2011

Am 2. August 2011 wären die Vereinigten Staaten von Amerika zahlungsunfähig, wenn der amerikanische Kongress, der im Gegensatz zum Bundestag in Deutschland noch die vollkommene Budgethoheit für sein Land hat, keiner Anhebung der gesetzlichen Schuldengrenze zustimmen wird. Derzeit findet ein politisches Tauziehen statt, wobei die Demokraten eine Anhebung um 2,7 Billionen Dollar und gleichzeitig Einsparungen von 2,2 Billionen in Dollar in 10 Jahren erzielen wollen. Die gemäßigte Mehrheit der Republikaner will die Schuldengrenze in zwei Schritten anheben und schrittweise darüber und über die jeweiligen Einsparungen entscheiden. Die extremen Mitglieder der Tea-Party-Bewegung lehnen jede Erhöhung der Schuldengrenze ab.

Wahrscheinlich wird es auf eine Einigung in letzter Minute hinauslaufen, aber sicher ist das nicht. Präsident Obama lässt auch Pläne für den Fall der Zahlungsunfähigkeit der US-Bundesregierung ausarbeiten. Und gleichzeitig bekommt die USA von den Ratingagenturen immer noch die Bestnote. Deutlicher kann man nicht zeigen, dass die Ratingagenturen trotz ihres privatwirtschaftlichen Status auch Außenwirtschafts- und Finanzpolitik für die USA machen, indem sie andere Länder herunterstufen, den USA aber immer noch die Bestnote geben.

Das Gezerre um die amerikanische Schuldengrenze zeigt auch, was uns in Deutschland bevorsteht. Ich war immer ein Gegner der Schuldengrenze für Bund und Länder in Deutschland. Eine Zahl auf einem Papier kann nicht eine sinnvolle und substantielle Politik ersetzen. Und wenn die Schuldengrenze in Deutschland erreicht werden wird, wird sie einfach hochgesetzt, wie schon so oft in den USA.

Wie gesagt, es ist nicht völlig ausgeschlossen, dass Amerika zeitweise zahlungsunfähig ist. Ich bin bis auf mein Gold ziemlich voll investiert. Wenn die Zahlungsunfähigkeit eintritt, werden viele Aktienkurse zunächst einmal sinken, Gold wird weiter steigen. Aber es wäre nicht das Ende der Welt. Amerika würde über Nothaushalte oder irgendeine andere Form weiterlaufen. Die Weltkonjunktur ginge weiter zurück. In vielen Aktienkursen ist schon ein ziemlich pessimistisches Szenario eingepreist. Es wäre sicherlich falsch, angesichts der Schuldenpolitik der Nationen in Geldvermögen zu gehen. (…)

Rückblick 2013:

Ich lag richtig. Es gab eine Einigung; genauso, wie zwei Jahre später das sogenannte »Fiscal Cliff« von den Medien hochgespielt wurde und sich dann in nichts auflöste.

2.3.12 Lebensversicherungen in Gefahr?
Ausgabe 32/2011 vom 12.08.2011

Die Finanz- und Wirtschaftsmärkte brennen dieser Tage lichterloh. Nicht nur auf den Straßen Englands, auch in der Politik raucht es mittlerweile. Nach Griechenland werden immer mehr Länder den

Rettungsschirm EFSF beanspruchen, Portugal, Italien bis hin zu Frankreich, solange die Eurozone nur auf die neuesten Krisen reagiert und die Weichen für eine vernünftige Wirtschaftspolitik nicht endlich stellt. Daher regiert inzwischen an den Aktienbörsen Panik. Undifferenziert werfen Anleger gute wie schlechte Aktien auf den Markt. Selbst Lebensversicherungen geraten inzwischen in Verdacht, viel zu viel Risiko im Portfolio aufgenommen zu haben. Die kommende Umschuldung in Griechenland wird zeigen, wie die Situation tatsächlich ist. Wir untersuchen für Sie die möglichen Szenarien und die Auswirkungen auf die Finanzindustrie bis hin zu Lebensversicherern, mit denen Sie möglicherweise Verträge abgeschlossen haben.

Sie können mit diesen Szenarien an der Hand selbst entscheiden, ob Sie a) Ihre Lebensversicherung noch behalten oder b) alternativ dazu für Ihre Vorsorge die Situation nutzen und etwa Aktien deutscher Finanzwerte kaufen oder verkaufen. Die Umschuldung selbst betrifft ausschließlich Anleihen, die bis 2020 laufen. Diese haben einen Wert von 135 Milliarden Euro, 121,5 Milliarden davon trägt Griechenland tatsächlich. Effektiv kostet die Umschuldung die Finanzindustrie in Deutschland damit 21 % Rendite – in Form von Rückzahlungsverlusten oder Zinsverlusten.

Szenario eins: niedrige Zinsen, hohe Sicherheit durch Zero-Bonds
Im ersten Szenario tauscht Griechenland die Anleihen zum ausgegebenen Nominalwert in länger laufende Anleihen um. Diese Anleihen haben dann eine Laufzeit von 30 Jahren. Damit private Gläubiger wie Banken und Versicherungen mitmachen, kauft Griechenland von den Erträgen sogenannte Zero-Bonds mit Kursen weit unter 100 % des Rückzahlungsbetrags vom EFSF-Rettungsschirm auf. Am Ende der Laufzeit der neuen Anleihen haben dann diese Zero-Bonds einen Wert erreicht, der dem ausstehenden Kreditvolumen entspricht. Damit erkaufen sich die Griechen einen besonderen Vorteil: Durch die höhere Sicherheit muss Griechenland für die länger laufenden Anleihen niedrigere Zinsen zahlen, hier etwa 4 % bis

5 %. Damit spart Griechenland erheblich – der Durchschnittszins für die bisherigen Anleihen soll bei 5,9 % liegen.

Die Finanzinstitute würden auf den ersten Blick ein sehr gutes Geschäft machen. Einige Institute haben bis dato noch nichts abgeschrieben und müssten aufgrund der neuen Sicherheit auch nichts abschreiben. Andere haben sogar mehr als die nominal errechneten 21 % Verlust abgeschrieben und könnten durch die jetzt sichereren Rückzahlungen zwischen 5 und 9 Prozentpunkte Gewinn erwirtschaften. Aber: Nach Steuern sinkt der vermeintliche Zusatzgewinn wiederum auf 2 bis 3 Prozentpunkte. Zusätzlich erhöht die längere Laufzeit das Risiko, in einer wahrscheinlich kommenden Inflation unter dem Strich real wiederum Geld zu verlieren. Liegt die offizielle Rendite bei 5 %, reduzieren Steuern und eine Inflationsrate in Höhe von mindestens 4 % den vermeintlichen Überschuss so stark, dass die Finanzinstitute verlieren. Wenn also Massenmedien jetzt behaupten, dieses Szenario wäre günstig, dann ist das falsch.

Szenario zwei: Schuldenerlass direkt – hohe Zinsen für langlaufende Anleihen

Die zweite Möglichkeit des Umtausches besteht darin, dass die privaten Gläubiger den Griechen einfach Forderungen in Höhe von 20 % erlassen. Die neuen Anleihen sind dann vollständig vom EFSF-Rettungsschirm gesichert und bringen höhere Zinsen von 6,4 %, so die Modellrechnungen. Im Unterschied zum ersten Szenario verlieren Finanzinstitute durch zwei Mechanismen: Sie verzichten ganz offiziell auf 20 % des Rückzahlungswertes, und die neuen Anleihen sind dann nicht mit Zero-Bonds zusätzlich hinterlegt. Damit aber sinkt theoretisch auch die Möglichkeit für Banken, solche Anleihen als Sicherheiten für Kredite zu verwenden. Das Kreditgeschäft wird dadurch tendenziell geringer.

Dieses Szenario begünstigt die Finanzinstitute, die bereits höhere Beträge als 20 % abgeschrieben hatten. Versicherungen aber, die noch nichts abgeschrieben haben, müssen dann 20 % direkt abschreiben. Dies wird den Jahresgewinn reduzieren.

Szenario drei: Laufzeit neuer Bonds nur 15 Jahre, Treuhandfonds garantiert

Schließlich geistert ein drittes Modell durch die Brüsseler Welt: Die Laufzeit der neuen Anleihen reduziert sich auf 15 Jahre, während die Finanzinstitute weiter auf 20 % verzichten. Die kürzere Laufzeit aber senkt den Zins für die Griechen, Garantiegeber ist ein sogenannter Treuhandfonds. Dieses Szenario begünstigt erneut die Finanzinstitute, die mehr als 20 % abgeschrieben hatten. Auch hier verlieren diejenigen, die noch keine Verluste in ihren Bilanzen aufgenommen haben. Dies betrifft vor allem die Versicherungen. Wer sich für die Aktien von Banken und Versicherungen interessiert, sollte daher die bisherigen Abschreibungen prüfen – sie gehen aus den Quartalsberichten hervor. Sie werden sehen: Auch ausländische Banken haben teilweise noch nichts abgeschrieben. Daher ist der Optimismus, mit dem die Medien dieses Modell kommentierten, nicht gerechtfertigt. Hier erwarten wir noch einige Bomben in den nächsten Monaten.

Offensichtlich sind auch die Finanzinstitute noch nicht zufrieden mit den Szenarien und Aussichten. Denn sie verkaufen einen Großteil ihrer Anleihen bereits am Markt, wahrscheinlich sogar zu Kursen, die unterhalb der Kurse in den Szenarien liegen. Zusätzlich fällt dieser Tage auf, dass sie sich gegenseitig kaum noch Geld leihen. Der Interbankensatz TED Spread steigt täglich weiter.

Immerhin senken die betreffenden Banken und Versicherungen damit ihr Risiko erheblich – die Inflationsgefahr und das daraus resultierende Risiko für Langfristanleihen sind zu hoch. Gerade die Deutsche Bank hat das Risiko bereits stark reduziert und hält kaum mehr als eine Milliarde Euro der brisanten Anleihen im Vermögen. Das Risiko der Institute aber bestimmt sich dieser Tage auch aus den Volumina, die sie den Krisenstaaten zur Verfügung gestellt haben. Die zunächst gut für Sie klingende Nachricht: Das Risiko der zu langen Laufzeit neuer Anleihen entfällt durch den Verkauf der alten Anleihen. Gerade als Versicherter werden Sie profitieren, wenn die

Inflationsentwicklung damit nicht zum Risikohebel wird. Unterm Strich jedoch müssten Sie als Versicherungsnehmer der Konzerne trotz des Rettungsplans mit geringeren Überschussbeteiligungen als bislang leben. Besonders Kapitallebensversicherungen werden dadurch noch einmal unattraktiver: die Überschussbeteiligung speist sich jetzt schon aus Reserven. Durch weiter sinkende Renditen dank der Umschuldungsmaßnahmen wird auch Ihre spätere Ablaufrendite bei Versicherungsverträgen noch stärker in Mitleidenschaft gezogen als ohnehin schon. Die scheinbare Sicherheit hat also einen – zu hohen – Preis.

Deutlich besser fahren Sie dann mit der Strategie, als Vorsorge in die Aktie eines Versicherungskonzerns zu investieren. Das Risiko ist angesichts des aktuellen Kurssturzes überschaubar. Aktien bieten Ihnen gegenüber Geldwertanlagen den Vorteil, dass sie bei steigender Inflationsrate mit höherer Wahrscheinlichkeit Ihr Vermögen zumindest erhalten werden. Langjährige Untersuchungen zeigen, dass die Realrendite von Aktien bei zumindest 6 % liegt. Geldwertanlagen wie eine Kapitallebensversicherung jedoch werden bei einer höheren Inflationsrate schnell zu Vermögensvernichtern. Je nach Ihrer individuellen Besteuerung (abhängig vom Abschluss Ihres Vertrages) reicht bereits eine Inflationsrate in Höhe von 3 % bis 3,2 %, um eine negative Realrendite zu erzielen.

2.3.13 Euro-Gipfel: Zaghafte Ansätze, viel Kosmetik
Ausgabe 43/2011 vom 28.10.2011

Es ist geschafft! So könnte man nach dem Euro-Gipfel versucht sein, aufzuatmen. Aber leider verbergen sich hinter den zunächst einmal positiven Ansätzen wieder etliche faule Kompromisse.

Erstens: Die Banken sollen mehr Eigenkapital aufbauen und dafür auf Dividenden und Boni verzichten. Das klingt gut und wird das System tatsächlich stärken. Allerdings werden nicht alle Banken Griechenlands Schuldenschnitt verkraften – vor allem die griechischen Banken nicht. Solche Banken gehören abgewickelt oder in den Besitz desjenigen, der sie stützt. Davon sind wir aber weit entfernt. Zweitens: Der 50%ige Schuldenschnitt ist eine Mogelpackung. Es ist eben kein Schuldenschnitt, sondern ein freiwilliges Umtauschangebot. Nur die 200 Milliarden der mehr als 350 Milliarden Euro an griechischen Staatsanleihen, die sich in den Händen privater Gläubiger befinden, sollen um 50 % reduziert werden. Zudem muss und soll dies freiwillig geschehen. Sie werden in 100 Milliarden Euro neue Schulden umgetauscht, die dann vom ESFS mit 30 Milliarden Euro besichert werden.

Nicht einbezogen sind die griechischen Anleihen, die bei der EZB liegen (und irgendwann wertberichtigt werden müssen) sowie die vielen Milliarden an Kontokorrentkrediten, die die EZB Griechenland bereitgestellt hat. Am stärksten betroffen von diesem Schuldenschnitt sind griechische Banken, die die meisten Staatspapiere halten. Ich sehe aber nicht, dass sich Griechenland verpflichtet hat, seinen Banksektor radikal zu reformieren oder zu verkleinern.

Drittens: Der Rettungsfonds soll auf eine Billion Euro gehebelt werden (das ist übrigens der Titel eines interessanten Buches, das der Science-Fiction-Autor Andreas Eschbach vor einigen Jahren schrieb und das ich durchaus empfehlen kann). Augenwischerei ist, dass Deutschlands Risiko nicht steigt: Zwar soll unsere Haftungssumme auf 211 Milliarden Euro beschränkt bleiben (was aufgrund der über 400 Milliarden zusätzlicher Kontokorrentkredite der EZB an die Krisenländer schon jetzt Makulatur ist), aber diese 211 Milliarden sind dann auch weg. Wenn der Fonds Staatsanleihen insgesamt versichern würde, würde er vielleicht jeweils 20 %, 30 % oder 40 % verlieren. Jetzt wird nur der riskante Teil versichert, also ist dann die Versicherungssumme weg.

All dies läuft darauf hinaus, die Banken nicht angemessen am mitverursachten Schaden zu beteiligen. Euro-Dissident Klaus-Peter Willsch (CDU) schreibt in seinem aktuellen Hauptstadtbrief: »Mit der Schuldenbremse haben wir die legalen Verschuldungsmöglichkeiten in Deutschland begrenzt – auf europäischer Ebene machen wir mit dieser Rettungsschirm-Politik genau das Gegenteil: Wir erhöhen die legalen Verschuldungsmöglichkeiten. Die Insolvenz von Griechenland wird unausweichlich kommen. Sie wird derzeit nicht abgewendet, sondern verschleppt.«

Erschütternd, was Willsch über den IWF schreibt: »Hier wird eine andere deutsche Position über Bord geworfen. Ich hatte im Frühjahr 2010, als sich Wolfgang Schäuble sehr gegen eine Einbeziehung des IWF wehrte, dafür plädiert. Der IWF bringt etwas Objektivität ins Spiel und verringert Deutschlands Erpressbarkeit. Nun ist es langsam so weit: Wir haben nicht nur währungspolitisch kapituliert, wir sind auch auf dem Weg, eine finanzpolitische Kolonie zu werden.«

Meine Prognose, dass sich die Politik weiter so durchwursteln wird, hat sich bestätigt. Neben zaghaften Ansätzen zu sinnvollen Maßnahmen wird weiter kräftig an der Schuldenspirale gedreht. Die Märkte allerdings freut diese weitere Aufblähung der Liquidität, denn sie kann eigentlich mittelfristig nur in die Inflation führen. Für Sachvermögen wie Aktien kann das nur positiv sein. Der DAX machte mit einem Plus von über 5 % geradezu einen Luftsprung.

Es zeigt sich wieder einmal, dass Sie drin sein müssen, um in den Genuss der Renditen des Marktes zu kommen. Einstiegssignale halte ich größtenteils für Humbug. Wenn es billig ist: kaufen. Halten – auch wenn die Aktien noch billiger werden und es schwerfällt. Und dann zurücklehnen und irgendwann die Renditen kassieren. Einen anderen Weg kenne ich nicht.

P.S. 2013: Mit den Bundestagsabgeordneten Klaus-Peter Willsch (CDU), Frank Schäffler (FDP) und Sahra Wagenknecht (Die Linke) verbindet mich ein respektvolles Verhältnis, obwohl sie bezüglich vieler politischer Auffassungen nicht unterschiedlicher sein könnten. Eines aber verbindet sie: Rückgrat und der Wille, dem deutschen Volk zu dienen, wie es in der Verfassung steht. Ich habe schon auf Veranstaltungen von allen dreien gesprochen.

2.3.14 Der Schwanz wackelt mit dem Hund
Ausgabe 48/2011 vom 02.12.2011

Gerade las ich einen Aufsatz der volkswirtschaftlichen Abteilung der Deutschen Bank mit dem Titel Die verborgene Zahlungsbilanzkrise der Eurozone. Chefvolkswirt Thomas Mayer macht einige bemerkenswerte Aussagen.

Die Banken der Schuldnerländer können sich zinsfrei unbegrenzt Geld über die Europäische Zentralbank leihen. Das sind die sogenannten Target-II-Salden, Kontokorrentkredite, deren hemmungslose Nutzung an den Parlamenten und Regierungen vorbei von Hans-Werner Sinn im Frühjahr aufgedeckt wurde. Mittlerweile hat die Bundesbank Forderungen von fast 450 Milliarden Euro an die EZB. Seit September 2010 haben die Forderungen der Bundesbank um 124 Milliarden Euro zugenommen, ohne dass Weidemann oder Schäuble etwas dagegen tun können. Damit ist die normale Funktionsweise eines Währungsverbundes auf den Kopf gestellt. Normalerweise bestimmt das Land mit der stärksten Währung, der Reservewährung, wo es langgeht. In der Europäischen Währungsunion bestimmt aufgrund der unbegrenzten Verschuldungsmöglichkeiten aber das Land mit der schwächsten Währung. Der Schwanz wackelt mit dem Hund.

Mayer: »Güter, Dienstleistungen und Vermögenswerte werden zu subventionierten Preisen von den Gläubigerländern in die Schuldnerländer geliefert, wobei sich die Höhe der Lieferungen an den Forderungen und Verbindlichkeiten gegenüber der EZB orientiert. Dieser Transfer findet automatisch und außerhalb jeder budgetären Kontrolle statt.«

Letztlich verstecken sich hinter den Ungleichgewichten in Europa Zahlungsbilanzprobleme. Diese können langfristig – wenn der Euro erhalten bleibt – nur durch Deflation in den Schuldnerländern oder Inflation in den Gläubigerländern wie Deutschland (oder durch eine Kombination) gelöst werden. Dadurch werden die Waren der Schuldnerländer relativ attraktiver, die der Gläubigerländer weniger attraktiv, und die Ungleichgewichte können irgendwann schrumpfen. Eine Deflation, also eine reine Sparpolitik, würde aber auch dazu führen, dass die Schulden der Schuldnerländer schwerer zurückzuzahlen wären, denn sie wären dann ja mehr wert. Dieser Weg müsste also wahrscheinlich mit Schuldenerlassen und Haircuts kombiniert werden.

Zwischenzeitlich wählt man den leichtesten Weg: Das Gelddrucken durch die Notenbanken. Als am Mittwoch die Notenbanken in einer konzertierten Aktion Liquidität bereitstellten, schoss der DAX um mehr als 4 % nach oben. Das zeigt, wie billig die Aktienmärkte derzeit sind.

Börse Online gab bekannt, dass mich die Leser zum dritten Mal in Folge zum Börsianer des Jahres gewählt haben. Ich danke allen, die mit abgestimmt haben, für ihr Vertrauen. Nach diesem Hattrick scheide ich aus der Konkurrenz aus. In einer anderen Hinsicht jedoch war die Abstimmung bezeichnend: Während 2009 noch rund 10.000 Stimmen abgegeben wurden, waren es aktuell nur gut 2500. Die Stimmung der deutschen Privatanleger ist auf dem Tiefpunkt. Dann kann es ja so schlecht nicht sein, Aktien zu halten.

Sobald sich die geldpolitischen Bedingungen lockern, werden die Märkte nach oben schießen. Machen Sie sich aber keine Illusionen, dann schnell »rein« zu kommen. So schnell können Sie gar nicht schauen, wie die Märkte dann nach oben schießen werden. Derzeit finde ich die Lufthansa-Aktie als Beimischung interessant. Lufthansa notiert zu 60 % des Buchwerts und ist sicher eine der besten Airlines der Welt. Wenn Sie zum Buchwert aufschließen würde, wären das schnelle 60 % bis 70 %. Aber ich bin auch nervös! Es ist keinesfalls sicher, dass die europäische Zitterpartie gut ausgeht. Für diesen Fall sollten Sie auf jeden Fall – Ihrer Anlegerpersönlichkeit angemessen – Gold und Liquidität halten.

2.3.15 In Spanien gehen die Lichter aus
Ausgabe 06/2012 vom 10.02.2012

Vor einigen Tagen saß ich mit einem Bekannten zusammen, der als Deutscher in Südspanien lebt. Er wusste Erschreckendes zu berichten und sprach von einer Jagd auf Ausländer, die mittlerweile begonnen habe.

Jeder Ausländer müsse nach wenigen Monaten seinen Wagen in Spanien anmelden und mit einem Drittel des von Spanien (hoch) geschätzten Zeitwerts versteuern. Sogar Touristen würden oft angehalten. Sie müssen Ein- und wahrscheinliche Ausreise glaubhaft belegen. An den Straßen stehen Polizisten, denen man die Gehälter gekürzt hat, und machen Jagd auf ausländische Verkehrssünder. Manch eine Sünde mag da erfunden sein und der bedrohte Autofahrer lieber die Buße in Kauf nehmen, als sich auf lange Diskussionen einlassen. Fast wie bei den Zöllnern in biblischen Zeiten. In der Wohnsiedlung mit Tor, der Gated Community, meines Bekannten wird serienmäßig eingebrochen. Als mein Bekannter einmal die Wachmannschaft am Tor warnte, weil er ein sehr verdächtiges Auto gesehen hatte und die Leute offensichtlich gerade nach einem Einbruch oder Einbruchsversuch dort einstiegen, und die Wachmannschaft bat, das Tor zu verriegeln, passierte nichts: Der Wagen kam unkontrolliert durch. Wahrscheinlich steckten die Wachmänner, die vielleicht fünf Euro die Stunde verdienen, unter einer Decke mit den Einbrechern.

Ein anderer Trick der Einbrecher: In die Klimaanlagen der Häuser wird Gas eingeleitet. Geht alles nach Plan, sind die Bewohner betäubt. Passiert ein Kunstfehler, gibt es auch schon einmal Tote. Tatsächlich gehen in vielen Wohnvierteln abends die Lichter aus, weil der spanische Staat Elektrizität spart. Mein Bekannter erinnerte sich an Moskau in den 80er-Jahren. Das steigert natürlich die Kriminalitätsrate enorm.

Sieht so die Rettung Spaniens und Europas aus? Man kann nur immer wieder rufen: Stoppt das Euro-Desaster! Frau Merkel, wann merken Sie, dass Sie nur Josef Ackermann & Co. retten, keinesfalls Griechenland – wo es noch schlimmer als in Spanien aussieht –, Europa oder den Euro? Merkt denn überhaupt ein europäischer Politiker noch irgendetwas? Dennoch – in gewisser Weise ist das, was jetzt in Spanien passiert, nur die Herstellung amerikanischer Verhältnisse. Denn in vielen Gegenden Amerikas sieht es genauso schlimm oder schlimmer aus. Insgesamt geht es Europa ganz gut. Deswegen bin ich auch trotz dieser beklemmenden Eindrücke durchaus positiv für europäische Aktien gestimmt. Gute Unternehmen überleben Wirtschaftskrisen. Es würde aber Zeit, dass sich die Politiker auch um die Menschen kümmern.

2.3.16 Warum sind Südaktien so billig?
Ausgabe 21/2012 vom 25.05.2012

Ich bin seit etwa zwei Jahren in Aktien der Südländer engagiert. Zunächst nur extrem vorsichtig, mittlerweile mit rund 12 % bis 13 % des Fondsvermögens des PI Global Value Fund. Der Fonds hat sich wacker geschlagen, aber bislang hat der Anteil Aktien der Südländer (und anderer Zykliker, zum Beispiel aus Frankreich) die Performance deutlich eingebremst. Ohne diese Titel wäre ich sicher besser gefahren.

Viele waren beim Einkauf schon sehr billig, und sie fallen fleißig weiter, zum Beispiel Telefónica, CIR, Italmobiliare, Mediaset. Nach meinen Rechnungen haben sie ein Wertsteigerungspotenzial von 100, 200 und mehr Prozent. Der ganze italienische Aktienmarkt ist zum Beispiel mit weniger als 30 % seines bilanziellen Eigenkapitals (Buchwerts) bewertet. Natürlich sind die Gefahren der sogenannten Eurokrise real. Da hilft es wenig, dass die USA im Durchschnitt wesentlich schlechter dastehen als Europa. Ihre Wirtschaft kann man meines Erachtens ungefähr mit der spanischen vergleichen: hohe Arbeitslosigkeit und ein Immobiliensektor im Koma.

Dennoch sprechen wir nur über Europas Probleme, und die Dummheit der europäischen Politik trägt einiges dazu bei, diese zu verstärken. Wir fahren in der Geldpolitik Vollgas und ziehen in der Fiskalpolitik die Handbremse wieder an. Die Südländer haben ein Problem mit ihrer Wettbewerbsfähigkeit. Sämtliches Kapital, das derzeit noch hinfließt, kommt via Europäische Union und Europäische Zentralbank aus dem Norden. Das hilft aber nicht, die Südländer wettbewerbsfähiger zu machen. Wenn wir also die gegenwärtige stupide Politik noch eine Weile betreiben, kann es sein, dass sich die Rezession im Süden noch einmal verschärft. Aber so viel Vertrauen habe ich in die Demokratie, dass sie im schlimmsten Fall neue Lösungen erzwingt, wie zum Beispiel in Griechenland. Die Leute merken, dass die Politik gegen sie gerichtet ist und reagieren. Sollte nur Griechenland nicht mehr zahlen, wird es irgendwann aus der Eurozone aussteigen müssen. Die EU wird zwar alles versuchen, Griechenland zu halten, aber irgendwann wird es nicht mehr gehen.

In einem solchen Fall werden dann der Wettbewerb und der Markt in Form der Drachme viele Probleme regeln, die derzeit vor sich hin köcheln.

Natürlich gibt es in der jetzigen politischen Lage auch Risiken: Die Unternehmensgewinne könnten aufgrund der Misere in den Südländern noch höher besteuert werden. Sogar Verstaatlichungen sind zumindest in Griechenland nicht komplett ausgeschlossen. Das Risiko ist sehr gering, aber es ist vorhanden. Mein Griechenlandanteil macht daher im Fonds weniger als 1,5 % aus. Aber bei den Preisen, die Mr. Market derzeit ausruft, will ich dabei sein. Wenn ich jetzt nicht drin bin, schaffe ich den Einstieg wahrscheinlich nicht, wenn es dreht.

Viele der Südaktien schieben auch eine signifikante Schuldenlast vor sich her, zum Beispiel die Telecoms und die Versorger. Sollte eines dieser Länder aus der Eurozone ausscheiden, müsste das Unternehmen seine Anleihen teilweise in Euro und Dollar bedienen. Außer im Falle Griechenlands sind wir davon zwar weit entfernt, aber auch diese Risiken bestehen. Südeuropa ist nichts für weiche Nerven. Aber die Chancen sind – bei bekanntem Risiko – oftmals sehr hoch.

Italien ist nicht Spanien ist nicht Griechenland. Und – zum Donnerwetter – Südeuropa ist immerhin Europa. Diese Länder liegen vor unserer Haustür. Trotz der Eurokrise halte ich die langfristigen – auch politischen – Risiken für beherrschbarer als zum Beispiel die Risiken von Investments in Brasilien und China. Und mögen wir auch einiges anders sehen als die Spanier, Franzosen oder Italiener – näher als die Chinesen sind sie uns allemal.

2.3.17 Fakten, Fakten, Fakten
Ausgabe 23/2012 vom 08.06.2012

In Zeiten wie diesen nimmt die Furcht gerne überhand. Daher einige Fakten:

- Der Wert des gesamten italienischen Aktienmarktes entspricht nun der Marktkapitalisierung von Colgate-Palmolive (47 Mrd. Dollar).
- Die Marktkapitalisierung aller europäischen Finanztitel ist nun genauso hoch wie die Marktkapitalisierung der kanadischen Finanztitel (361 Mrd. Dollar).
- Der Wert aller italienischen und spanischen Aktien entspricht dem Wert des taiwanesischen Aktienmarktes.
- Alle portugiesischen Aktien sind zusammen so viel wert (16,4 Mrd. Dollar) wie Whole Foods Market, dem 191. Wert des S&P 500.
- Die Rendite der zehnjährigen US-Staatsanleihe ist mit 1,56 % in der Nähe ihres 200-Jahres-Tiefs vom November 1945 (Staatsanleihen sind so teuer wie nur einmal in der Geschichte.)

- Die Rendite der zehnjährigen holländischen Staatsanleihe ist mit 1,61 % am niedrigsten Punkt der vergangenen 500 (!) Jahre angelangt.
- Die Rendite der zehnjährigen deutschen Staatsanleihe ist mit 1,2 % auf dem niedrigsten Stand der vergangenen 200 Jahre (ausgenommen die Hyperinflation von 1923 und 1924).
- Die Rendite der zehnjährigen französischen Staatsanleihe ist mit 2,35 % auf einem 260-Jahres-Tief.
- Die Rendite der fünfjährigen englischen Staatsanleihe ist auf einem 110-Jahres-Tief.

Viele europäische Aktienmärkte sind lächerlich billig. Die Renditen auf Staatsanleihen sind lächerlich gering. Selbst wenn es dort keine Inflations- und Insolvenzrisiken gäbe, wären diese Renditen lächerlich gering. Wer jetzt keine europäischen Aktien hat, wird es in der Zukunft bereuen. Wer jetzt zu viele Anleihen hat, wird es auch bereuen.

2.3.18 Die Bazooka ist in Stellung gebracht
Ausgabe 36/2012 vom 07.09.2012

Ab heute ist es offiziell: Wie die amerikanische Federal Reserve und die Bank of England will nun auch die Europäische Zentralbank unbegrenzt Staatsanleihen aufkaufen. Die Enteignung der Sparer und Inhaber von Lebensversicherungen geht einen Schritt weiter. Der Inflationswettlauf nimmt Schwung auf.

Ich habe seit mehr als einem Jahr prognostiziert, dass es so kommen würde. Die EZB ist die einzige handlungsfähige Institution in der europäischen Wirtschaftspolitik. Mit der Bazooka kann man die Spekulation gegen die Südländer eindämmen und Zeit erkaufen. Das eigentliche Problem der mangelnden Wettbewerbsfähigkeit dieser Länder löst man aber damit nicht. Deutschland hat in der europäischen Geldpolitik als eine von 22 Stimmen im EZB-Rat nichts mehr zu sagen. Das meinen Frankreich und die Südländer übrigens, wenn sie sich auch eine gemeinsame Wirtschaftsregierung für die Finanz- und Haushaltspolitik wünschen. Der Schritt muss mit Angela Merkel abgestimmt worden sein, die sich zwar dagegen ausgesprochen hat, aber in einem erstaunlichen Spagat sowohl Mario Draghi als auch Jens Weidmann unterstützt. Beide »würden ihre Mandate und Rollen wahrnehmen«. Eine wirklich bemerkenswerte Auffassung. Aber Deutschland hat in dieser Frage eben nichts mehr zu melden und muss letztlich gute Miene zum bösen Spiel machen. Auch die lancierten Rücktrittsdiskussionen von Jens Weidmann halte ich für ein politisches Manöver, um wenigstens ein kleines bisschen Glaubwürdigkeit in die neue Welt hinüberzuretten.

Zwischenzeitlich war auch mir nicht ganz wohl bei meiner Strategie. Die Weltwirtschaft läuft auf Koks. Zum Schuldenabbau kann es nur Inflation oder Deflation geben. Ich habe auf Inflation gesetzt und entgegen der allgemeinen Furcht weiter hohe Aktienquoten empfohlen, Gold als Absicherung. Sogar Aktien der südeuropäischen Länder habe ich empfohlen. Hätte ich auf Deflation gesetzt, dann hätten es vor allem Gold und sichere Währungen sein müssen. Aber welche Währung ist im jetzigen globalen Abwertungswettlauf noch sicher? Selbst die Schweiz musste den Kurs des Franken an den Euro binden, um die Industrie zu unterstützen, und nimmt so importierte Inflation in Kauf.

Aber kann man sich mit einer Strategie in der jetzigen Situation wohl fühlen? Kaum. Es sei denn, man verzichtet auf Rendite und bunkert den Großteil seines Vermögens in einem sicheren Safe. Ein Bekannter von mir aus der Private-Equity-Szene macht das so. Mit hohen Kundengebühren aus Private-Equity-Deals verdient er sein Geld, aber sein Depot besteht überwiegend aus Gold. Leider haben nicht alle von uns diese Option. Der DAX zog nach der Bekanntmachung des EZB-Rats um 2,91 % an. Eine Rakete. Es wird nicht ewig so weitergehen. Aber mindestens zwei Jahre wird die EZB das Spiel schon noch spielen können, bevor der völlige Vertrauensverlust an den Geldmärkten einsetzen könnte und die Leute sich überlegen, ob man wieder zur Tauschwirtschaft zurückkehrt.

2.3.19 Gesund ist das alles nicht

Ausgabe 39/2012 vom 28.09.2012

Nachdem Draghi und Bernanke noch einmal ihre Bazookas herausgeholt hatten, gab es ein massives Kursfeuerwerk. Der PI Global erreichte ein neues Allzeithoch. Davon haben wir derzeit wieder drei Prozent abgegeben. Rauf, runter, rauf, runter – was gibt es Neues unter der Sonne? Leider zehrt das an den Nerven. Ich kann es nicht ändern. Die Weltwirtschaft steuert weiter in die Krise. Mit immer stärkeren Medikamenten und Sedativa versuchen wir, die Weltwirtschaft am Laufen zu halten. Aber die Grenzen dieser Geldfiktivwirtschaft zeichnen sich deutlich ab. Gesund ist das alles schon lange nicht mehr. Die allerbesten Investoren wissen: Die Zukunft ist IMMER unsicher. Und in diese Unsicherheit hinein müssen wir investieren. Sorgfältige Analysen, eine vernünftige Vermögensaufteilung und eine gute Titelauswahl können das Risiko verringern, aber es nicht abschaffen. Und wer heute Festgeld kauft, geht das größte Risiko von allen ein.

Immerhin: Endlich erkennen die Deutschen, dass Aktien auch Sachwerte sind. Im ersten Halbjahr 2012 stieg der Aktienbesitz um 1,5 Mio. Anleger oder 17 %, wie es die neue Kurzstudie des Deutschen Aktieninstituts zeigt. Das lässt hoffen.

Meine grundlegenden Beobachtungen haben nach wie vor Bestand: Qualität ist mittlerweile – anders als 2008 bis 2009 – fair bewertet. Anleger haben die Aktie wiederentdeckt und bevorzugen Qualität. Zykliker und normale Unternehmen sind oftmals extrem billig. Qualität ist die Basis für Ihr Depot. Es gibt keinen Grund, Qualitätstitel massiv abzustoßen. Gold und Edelmetalle können Sie beim jetzigen

Niveau aufstocken. Die Weltlage wird nicht gerade sicherer, und es kann nicht schaden, die Versicherungssumme etwas zu erhöhen. (…)

P.S.: Nach dem Testversuch im letzten Jahr habe ich jetzt meine erste richtige Kartoffelernte eingebracht und in die Miete eingelagert. Da weiß man, was man hat. Warum sollte ich wie Marc Faber nach Südostasien oder sonst wohin gehen? Mein Vaterland heißt Deutschland. Hier gefällt es mir, hier gehöre ich hin, und hier bleibe ich.

2.3.20 Kommt die Inflation?
Ausgabe 44/2012 vom 02.11.2012

Seit Jahren geht es der Weltwirtschaft wie einem müden Wanderer, der sich über einen steilen Berggrat höher schleppt. Jederzeit kann sie abstürzen. Stürzt sie rechts ab, kommt die Inflation, links lauert Deflation. Viele konventionelle Ökonomen weisen darauf hin, dass derzeit keine inflationären Gefahren drohen, weil die Geldmengen nicht wirklich steigen. Zwar explodiert allenthalben die Geldbasis – die Notenbankbilanzen –, aber die großen Geschäftsbanken nehmen dieses Geld in ihre Bilanzen, ohne es weiter zu verleihen. Als Folge scheint von dieser expansiven Geldpolitik derzeit keine inflationäre Wirkung auszugehen.

Diese Argumentation ist trügerisch. Sie wird oft von denselben Ökonomen angewandt, die weder die Subprime- noch die Euro- und Staatsschuldenkrise vorhergesehen haben. Auch damals war alles in Ordnung. Mit ihrem Vertrauen auf die Märkte sind moderne Ökonomen wenig prädestiniert, objektiv nach vorne zu blicken. »Inflation ist immer und überall ein monetäres Phänomen«, sagte schon der Nobelpreisträger Milton Friedman. Es erscheint naiv zu glauben, dass man die aufgeblähten Notenbankbilanzen auf Bedarf wieder herunterfahren kann. Wir bekämpfen derzeit die Krise mit demselben Mittel, mit dem wir sie verursacht haben: mehr Schulden, mehr billiges Geld. Je länger dieser Teufelskreis andauert, umso schwerer kann man ihn durchbrechen. Irgendwann ist das Missverhältnis zwischen Zentralbankgeld, Schulden und Bruttoinlandsprodukt dann so hoch, dass die Banken beginnen werden, an der Zinsschraube zu drehen, weil ihre Inflationserwartungen steigen. Wenn dann Inflationserwartungen einmal in der Welt sind, können sie sich sehr schnell verstärken. Und dann käme die Ketchup-Inflation: Man kann lange an der Flasche schütteln – irgendwann kommt dann alles auf einen Schwung heraus.

Aber wie gesagt, ganz sicher ist dies nicht. Es kann der Fall eintreten, dass die inflationären Maßnahmen der Notenbanken trotz der Wucht, mit der sie betrieben werden, versagen. Dann droht das Abkippen in die Deflation. Leider müssen wir mit dieser Unsicherheit seit Beginn der Finanzkrise leben. Ich kann sie Ihnen nicht nehmen. Anzuerkennen, dass wir darin leben, ist ein erster wichtiger Schritt. Das Restrisiko der Deflation heißt aber auch, dass Sie sich so aufstellen müssen, dass eine Deflation Sie nicht umwirft: Nicht zu viele Schulden in Relation zum Vermögen, Goldreserven, etwas Liquidität sollten vorhanden sein. Und nun fahre ich auf die Goldmesse, wo mich die harte Szene erwartet. Dort werde ich eine Lanze für Aktieninvestments brechen, denn für viele Goldfans ist das Teufelszeug.

2.3.21 Eurokrise – ist das Schlimmste vorüber?
Ausgabe 49/2012 vom 07.12.2012

Derzeit gehen die Target-II-Salden der Europäischen Zentralbank, die den Ausfuhrüberschuss Deutschlands in die Südländer – aber auch deren Kapitalflucht – messen, zurück. Die Kapitalflucht aus dem Süden scheint vorerst gestoppt. Auch einige Aktien und Länder scheinen sich gefangen zu haben – so etwa Griechenland. Hellenic Telecom, die ich an dieser Stelle gelegentlich als chancenorientierte Aktie ins Spiel gebracht hatte, ist von 1,00 Euro im Tief auf mittlerweile 4,12 Euro gestiegen. Ganz Griechenland scheint sich gefangen zu haben.

In Italien, einem anderen billigen Aktienmarkt, ist dies noch nicht der Fall. So hängen Mediaset und Italcementi immer noch ziemlich hinten. Aber auch Italien und andere Länder dürften irgendwann drehen – einfach, weil die Aktien dort so billig sind. Energias de Portugal beginnt zu steigen und ist sicher einen Blick wert. Wenn der chinesische Energiekonzern Three Gorges 21 % des Kapitals vor einem Jahr zu 3,45 Euro je Aktie übernommen hat, so sind etwa 20 Euro derzeit wohl nicht zu viel.

Es kann durchaus sein, dass die europäische Wirtschaft wieder in Gang kommt. Allerdings: Wie haben wir Europa gerettet? Und was haben wir gerettet? Wir haben eben nicht »den Euro« gerettet oder Europa vor einem Krieg bewahrt. Griechenland hatte einen Einbruch von 20 % der Wirtschaftsleistung zu verkraften. Die Arbeitslosigkeit nähert sich 30 %, die Jugendarbeitslosigkeit 50 %. Ebenso in Spanien. Sieht so eine Rettung aus?

Gerettet haben wir die Gläubiger und die Finanzeliten – auf Kosten der Bürgerinnen und Bürger im Norden UND im Süden. Und dafür haben wir unser Rechts- und Geldsystem zerstört! Mithilfe der Finanzrepression werden Sparerinnen und Sparer, Inhaber von Lebensversicherungen und anderen Finanztiteln schleichend enteignet. Das war sogar dem *Spiegel* schon eine Titelseite wert.

Vor einigen Tagen war ich mit Thomas Mayer, dem Ex-Chefvolkswirt der Deutschen Bank, auf einer Podiumsdiskussion. Er sagte nüchtern, dass wir in Europa das Modell einer unabhängigen Zentralbank wie der Bundesbank in das Modell einer französischen oder italienischen Zentralbank verwandeln würden. Auf meinen Einwurf, dass das ja schrecklich sei, antwortete er, dass er ja hier keine Wertung abgebe, sondern nur als Analytiker spreche. Europa steht nicht schlecht da in der Welt. Und es kann durchaus sein, dass die Wirtschaft sich bald wieder einigermaßen fängt. Bezahlt hat das dann aber die Mittelschicht, während die Oberschicht von der Krise sogar noch profitiert hat.

Die bürgerliche Gesellschaft war ein Traum des neunzehnten und zwanzigsten Jahrhunderts. Mittlerweile haben wir nahezu neofeudale Verhältnisse, und die Politik ist weitgehend machtlos. Erhalten wir uns unseren Rest Bürgerlichkeit, indem wir die Finanzmärkte verstehen und unser Vermögen so bewahren, dass auch uns ein ansatzweise unabhängiger Lebensstil möglich ist oder wird.

2.3.22 Wo ist sie denn, die Eurokrise?
Ausgabe 04/2013 vom 25.01.2013

In den letzten Wochen ist es ruhig geworden um die Eurokrise. Man hört nicht mehr viel davon. Die Refinanzierungsschwierigkeiten Zyperns waren den Medien keine Schlagzeilen mehr wert. Sicher, es handelt sich nur um 0,2 % des BIP der Euroländer. Aber welch ein Unterschied zum nur unwesentlich größeren Griechenland, wo es angeblich um Krieg oder Frieden (Jean-Claude Juncker) ging. Die Renditedifferenzen bei Staatsanleihen zwischen dem Norden und dem Süden gehen dramatisch zurück. Die Kurse der Aktien der Südländer sinken.

Das ist eine schöne Bestätigung der Anlagestrategie, die wir seit Mitte 2010 fahren und die uns zwischendurch auch einige Kopfschmerzen bereitet hat: nämlich in (süd)europäische Aktien zu investieren. 2011 und 2012 haben wir den Anteil an Südaktien erhöht – und diese fielen meistens munter weiter im Kurs und bescherten dem PI Global Value Fund zwischenzeitlich erhebliche Verluste.

Derzeit sind fast 30 % des Fondsvolumens in Südaktien, und endlich macht es sich bezahlt. Ich habe Ihnen an dieser Stelle mehrfach geschrieben: Der Euro wird von der herrschenden politischen Elite mit aller Kraft gerettet. Doch dabei beschädigen, ja zerstören wir vielleicht die Demokratie. Wir schaffen Unfrieden in Europa. Wir stürzen die Bevölkerungen der Südländer ins Elend. Aber wir werden die Eurozone verteidigen, komme was wolle. Das heißt: mehr Geld, mehr Liquidität, mehr Inflation im Norden. In einer solchen

Situation sind Sachwerte besser als Geldforderungen. Setzen Sie also vor allem auf Qualitätsaktien, Gold und Immobilien.

P.S.: Ganz habe ich die Hoffnung noch nicht aufgegeben, dass Griechenland vielleicht doch noch aus der Eurozone ausscheiden muss und wir so die Demokratie retten können.

2.3.23 Jetzt kommt bald der Crash! In Japan fängt es an!
Ausgabe 06/2013 vom 08.02.2013

Vor einigen Tagen wartete ich am Flughafen Zürich auf meinen Rückflug nach Köln. Da sprach mich ein alter Bekannter an, ein hervorragender Investor und Fondsmanager, der jetzt in Zürich lebt. Dieser Investor hat ungefähr mein Alter und als relativ junger Mann im New-Economy-Boom schon sehr viel Geld verdient. Er hat in unseren Kreisen den Ruf eines Vollgasstrategen, was unseren Respekt für ihn in keinerlei Weise schmälert. Seit einigen Jahren ist er aber sehr pessimistisch und investiert nur noch sehr vorsichtig. Nun scheint ihm der Zusammenbruch nahe. Die Notenbanken können nach seiner Meinung die Manipulation der Geldmenge nicht mehr lange aufrechterhalten. Als Erstes würden in Japan die Zinsen steigen müssen. Dann würde es relativ schnell einige Staatsinsolvenzen oder auch weiche Insolvenzen geben müssen. Er habe daher nur Aktien von Unternehmen mit extrem robusten Geschäftsmodellen.

Mag sein.

Oder auch nicht.

In meinen mittlerweile mehr als 20 Jahren als Investor habe ich gelernt, meinen Überzeugungen zu misstrauen, besonders, wenn sie sehr stark sind. Es ist paradox: Ich bin Volkswirt, gebe aber wenig auf volkswirtschaftliche Vorhersagen. Zu viel ist in dieser Welt im Moment im Fluss. Gefühle können trügerisch sein, sowohl das Gefühl, vor einer Riesenchance zu stehen, als auch das Gefühl, dass nun alles zusammenbricht. Je mehr Sie sich von diesen Gefühlen frei machen, desto besser.

Wenn ich billige Investments sehe, kaufe ich. Wenn sie zu teuer werden, verkaufe ich. Daneben versuche ich, eine einigermaßen vernünftige Risikostreuung hinzubekommen. So hatten wir zum Beispiel zu keinem Zeitpunkt mehr als 20 % des Fonds in Aktien der südeuropäischen Länder. Derzeit wäre vielleicht die holländische KPN ein Nachkauf. Nachdem das Unternehmen eine Kapitalerhöhung angekündigt hat, fielen die Aktien kurzzeitig bis auf nahezu 3 Euro. In unserem Bewertungsmodell ist das der absolut schlimmste vorstellbare Fall. Von diesem Niveau aus sollten 80 % bis 100 % leicht möglich sein. Oder schauen Sie sich einmal die holländische Post, PostNL, an. Die 30 %, die das Unternehmen am Logistiker TNT Express hält, sind rund eine Milliarde Euro wert. Die ganze holländische Post kostet an der Börse aber nur 730 Millionen Euro. Das ist schon mal ein Blick wert!

2.3.24 Fünf Komma vier Prozent
Ausgabe 25/2013 vom 21.06.2013

Immer häufiger höre ich das Argument, dass der DAX nun seine alten Höchststände aus den Jahren 2000 und 2007 überschritten habe. »Ich nehme jetzt erst einmal Geld vom Tisch«, heißt es dann.

Das ist wieder ein Beispiel für recht dummes Denken. Keinerlei Logik, nur Kursdaten der Vergangenheit. Die verhaltenswissenschaftliche Finanzforschung nennt das Availability Bias – Verfügbarkeitsvorurteil. Es bedeutet: Wir nehmen nicht die Daten und Fakten, die wirklich wichtig sind, sondern die, die wir gerade zur Verfügung haben. Und das sind im Fall des DAX zuerst einmal die Kursdaten.

Bei gut 8000 Punkten ist der DAX keinesfalls überbewertet. Obwohl der DAX im Jahr 2000 ebenfalls 8000 Punkte kostete, war er damals bestenfalls 4000 Punkte wert, also um mindestens 100 % überbewertet. In den dazwischen liegenden Jahren haben die DAX-Unternehmen Umsatz und Gewinne massiv und nachhaltig gesteigert. Schon bei einer Gewinnsteigerung von 5,4 % p. a. würden die Gewinne über diesen Zeitraum um 100 % steigen. Das haben die DAX-Unternehmen trotz der Rezessionen 2003 und 2009 locker erreicht. Der heutige DAX ist also 8000 bis 8500 Punkte wert.

Denken Sie noch einmal darüber nach: Eine Gewinnsteigerung von durchschnittlich 5,4 % pro Jahr hat gereicht, um den DAX von einer massiven Überbewertung bei 8000 Punkten im Jahr 2000 auf eine faire Bewertung heute zu heben. Das ist die Macht des Zinseszinses und das Wunder der kleinen Schritte.

Und nun zeige ich Ihnen doch einmal einen Chart. Sie wissen, wie skeptisch ich bei Kursmustern bin.

Abb. 1: Die Achterbahn des DAX seit 1999

Dennoch finde ich es bemerkenswert am DAX-Chart, dass die Tiefs seit 2003 immer ein deutliches Stück höher lagen. Da ich keine Chartanalyse mache, weiß ich nicht, wie man das nennt. Unterstützungslinie vielleicht?

Dreieck?

Aber ich weiß, dass der DAX mehr oder weniger kontinuierlich im Wert gestiegen ist. Die steigende Linie bei den Tiefs weist darauf hin. Einen erneuten Absturz unter 6000 Punkte halte ich daher für sehr unwahrscheinlich.

Auch in einem fair bewerteten Index wie dem DAX lassen sich noch einzelne unterbewertete Titel finden. Die Aktienmärkte unserer Nachbarn Österreich, Holland und Belgien sind allerdings alle deutlich unterbewertet. Das war auch im ersten Makroreport zu sehen, den wir Ihnen vor einiger Zeit als zusätzlichen Service gesandt haben.

Wir sind für Sie in diesen Märkten dabei: voestalpine, PostNL, Nutreco, Wienerberger, Verbund, Mobistar, KPN und TNT Express sind nur einige der vielen Möglichkeiten, die sich bieten.

3 PRODUKTE UND PRAKTIKEN – VOR ALLEM NEGATIVE UND BETRÜGERISCHE PRAKTIKEN DER BRANCHE

Einleitung

Mir könnte die Galle platzen, wenn ich sehe, wie gutgläubigen Privatanlegern Tag für Tag das Fell über die Ohren gezogen wird. Immer neue exotische Produkte erfindet die Branche, um Kunden mit guten Storys zu ködern, Intransparenz zu schaffen und Gebühren zu schneiden.

Bevor wir also in das Geschäft des Investierens einsteigen, dieses Kapitel zur Warnung. Ich habe nur einige markante Beispiel gewählt. Die Praktiken der Branche könnten ganze Bücher füllen – und tun dies auch, so zum Beispiel Die Gier war grenzenlos von Anne T. aus dem Jahr 2010 oder Schluss mit dem Betrug – eine Bankangestellte packt aus von Maria Eder von 2011. Ich habe Depots gesehen, die mit Schrottpapieren vollgestopft waren, und »seriöse« Banken, die sich mit Gesamtkostenquoten von, 2 %, 3 %, 4 % bereichern, nur weil sie dem Anleger irgendwelche Produkte ins Depot stopfen – und der mangels besseren Wissens nichts dagegen unternimmt.

Ich behaupte zum Beispiel, dass 99,9 % aller Anleger nicht den Wert eines einfachen Bonus- oder Discountzertifikats berechnen können. Das ist auch gar nicht gewollt, denn dann könnte die Branche diese Produkte nicht so gut verkaufen und nicht so viel verdienen. Aber die Storys hinter diesen Produkten klingen erst einmal gut. Und dabei sind Discount- und Bonuszertifikate noch die harmlosen Produkte.

Und so sind Scharen von Finanzingenieuren damit beschäftigt, immer neue Produkte zu erfinden, um leichter an das Geld der Anleger zu kommen. Multi-Barrier-Zertifikate. Aktienanleihen. Synthetische ETFs (Exchange Traded Funds), bei denen man die Rendite eines Indexes versprochen bekommt, aber im Fonds oft ganz andere Wertpapiere, zum Beispiel auch viele Derivate, liegen.

Auch innerhalb der Fondsbranche gibt es so manche Übervorteilung der Kunden. Wussten Sie, dass in der Gesamtkostenquote (GKQ oder auch Total Expense Ratio, TER) gar nicht alle Kosten des Produkts enthalten sind? Dass sich viele Riester-Verträge erst ab einem Lebensalter von 90 Jahren und mehr rentieren?

Die Politik hat das Thema entdeckt und setzt nun auf Aufklärung und Verbraucherschutz. Jetzt müssen Sie einen vielseitigen Fragebogen unterschreiben, in dem in verklausulierter Form steht, dass Sie darüber aufgeklärt wurden, dass Sie Schrott halten. Mit den eigentlichen Inhalten sind sowohl Anlageberater als auch Verbraucher überfordert. Zumal die Berater oft strikte Umsatzvorgaben haben und das Kundeninteresse ganz weit hinten steht.

Richtig wäre es, viele Produkte gar nicht erst zuzulassen und zu regulieren. Jeder Rasenmäher muss durch den TÜV, also warum nicht auch Finanzprodukte? Aber Heerscharen von Lobbyisten sind damit beschäftigt, dass genau das nicht passiert. Und wenn die Verbraucherschutzzentrale eine einfache Ampelkennzeichnung für Finanzprodukte einführen will, wird ihr das flugs per Gerichtsverfahren verboten (siehe 3.9 Sommertelegramm vom 21.08.2009 Verbraucherzentrale unterliegt).

Unsere Politiker können sich weiter mit Verbraucherschutzthemen profilieren, die nur ihrer eigenen Bekanntheit nützen und von den eigentlichen Problemen bei Finanzprodukten ablenken. Fast möchte man meinen, es sei Teil des Theaters.

Es hilft also nichts: Sie selbst müssen die Sache in die Hand nehmen und die Fallen und schädlichen Produkte der Branche vermeiden. Gut ist, wenn Sie nach dem Reinheitsgebot investieren, nur Aktien und einfache Aktienfonds, Anleihen und einfache Anleihefonds, Festgeld und Gold. Keine Derivate. Keine Neuemissionen. Keine sonstigen neuen Produkte. Keine geschlossenen Fonds.

Damit Sie einige – aber bei Weitem nicht alle – Praktiken, mit denen die Branche Ihnen das Geld aus der Tasche zieht, erkennen können, erhalten Sie in diesem Kapitel eine kleine Auswahl vorgesetzt.

3.1 Finger weg von Hedgefonds
Ausgabe 50/2003 vom 19.12.2003

Vor gut einem Jahr sprachen mich wiederholt Anleger auf Hedgefonds an, der neuen Wunderwaffe im Kampf für bessere Depot-Performance. Mittlerweile hat sogar Hans Eichel dieser Anlageform eine beschränkte Erlaubnis erteilt. Sie können sicher sein: Sobald ein Thema so populär wird, dass sich alle dafür interessieren, ist es eine Lizenz zum Gelddrucken. Allerdings nicht für Sie, geehrte Anleger, sondern für diejenigen, die solche Finanzprodukte erstellen.

Hedge steht eigentlich für Absicherung, heißt aber im Zusammenhang mit Hedgefonds Spekulation. Sonst wären keine höheren Renditen zu erwirtschaften als auf dem Markt.

Ich habe schon damals vor Hedgefonds gewarnt, insbesondere vor den vollmundigen Versprechungen der in Österreich ansässigen Quadriga-Fonds. Der Computer von Quadriga sitzt in Grenada und soll über Tradingprogramme die Renditen für Kleinanleger erwirtschaften. Schon mit 100 Euro pro Monat können Sie mit einem Sparplan bei Quadriga einsteigen. Im Prospekt werden Sie vor einem Totalverlust gewarnt. Eine Milliarde hat Quadriga-Initiator und Ex-Streifenpolizist Baha schon von gutgläubigen Kleinanlegern eingesammelt. Es ist nur noch eine Frage der Zeit, wann diese Luftnummer kollabiert. Und glauben Sie, auch nur ein Kleinanleger würde dann seine Anlagen wieder herausbekommen?

Erinnern Sie sich an den Boom bei Aktienanleihen vor zweieinhalb Jahren? Das waren im Prinzip hochverzinsliche Anleihen auf Bluechips (Daimler, Nokia etc.), bei denen der Emittent ein Recht hatte, Ihnen die zugrundeliegenden Aktien anzudienen, wenn der Kurs der Aktie unter eine bestimmte Marke fiel. Angeblich eine todsichere Sache, denn die Kursschwellen waren ziemlich niedrig angesetzt. Was passierte: Die Aktienkurse fielen so tief, wie wir es uns nicht vorstellen konnten. Viele Anleger sitzen nun auf den Aktien, die sie gerade nicht wollten und müssen Verluste wettmachen.

Ab 2004 dürfen Hedgefonds nun auch in Deutschland angeboten werden. Öffentlich vertrieben werden dürfen nur Hedge-Dachfonds. Diese Sicherheitsüberlegung des Finanzministers ist paradox: Auf der einen Seite soll mit Hedgefonds eine höhere Rendite durch ein höheres Risiko erzielt werden, auf der anderen Seite soll dieses Risiko (und die Rendite) dann wieder wegdiversifiziert werden. Die Finanzdienstleister verdienen dreifach und reiben sich die Hände.

Der Ruf der Hedgefonds-Branche ist durch Spekulationsprofis wie George Soros begründet worden. Auch heute noch gibt es einige Top-Hedgefonds-Manager, Louis Bacon von Moore Capital zum Beispiel. Spekulationen kann man aber nur mit einem bestimmten Anlagevolumen durchführen, weil man mit zu großen Summen die Märkte selbst beeinflussen würde. Bacon kann sich schon in den USA kaum vor Kapital retten und hat kein Interesse, nach Deutschland zu kommen.

Wir deutschen Anleger werden also nur die angestellten Manager unserer Hausbanken bekommen, die nun auf einmal zum Hedgefonds-Profi mutiert sind. Das sind dann dieselben Manager, die uns vor drei Jahren noch eifrig Aktienfonds verkauft haben.

Unter diesen Voraussetzungen kann ich nur raten: Finger weg von Hedgefonds! Ich kaufe jedenfalls keinen. Und wenn ich einen Fonds finden sollte, der mich doch interessiert, werde ich es Sie wissen lassen.

3.2 Aktienanleihen und Discountzertifikate – ein riskantes Spiel

Ausgabe 02/2004 vom 09.01.2004

Seit dem Herbst 2003 steigt der Optimismus an den Börsen. Privatanleger greifen auch zunehmend wieder nach Finanzderivaten (wörtlich: abgeleiteten Finanzprodukten) wie Aktienanleihen und Discountzertifikaten. Damit erweisen sie sich in den meisten Fällen keinen Gefallen.

In einer Studie stellte das Deutsche Aktieninstitut fest, dass sich das Verhältnis von Kauf- zu Verkaufswetten bei Optionsscheinen und Hebelzertifikaten auf 89 zu 11 gestellt habe. Dies gibt eine sehr optimistische Erwartungshaltung wieder, wie sie zuletzt in der Hausse Ende der 90er-Jahre beobachtet wurde. Damals waren vor allem spekulative Optionsscheine gefragt, mit denen Anleger ihre Gewinnchancen vervielfachen wollten.

Heute sind es eher die Aktienanleihen und Discountzertifikate, die sich großer Beliebtheit erfreuen. Diese Papiere gaukeln dem Anleger Sicherheit bei einer akzeptablen Rendite vor. Denken Sie daran: Aktienanleihen und Discountzertifikate verschaffen der Bank oder dem Emittenten Sicherheit, nicht dem Anleger!

Bei Discountzertifikaten gibt der Emittent ein Zertifikat auf eine Aktie (oder mehrere Aktien) mit einem gewissen Kursabschlag aus. Daher kommt das Wort Discount. Nach Ablauf der Laufzeit hat der Emittent das Recht, dem Inhaber des Zertifikats entweder einen bestimmten Betrag zu zahlen (der über dem Ausgabekurs liegt) oder ihm die Aktie anzudienen. Die Gewinnchance des Anlegers ist also begrenzt, der Verlust kann bis zum Totalverlust gehen. (Das wird bei Bluechips natürlich selten der Fall sein, denn dafür müsste der Kurs auf null sinken.)

Beispiel: Adidas-Discountzertifikat der HSBC vom 25.08.2003

HSBC verpflichtet sich, zum Fälligkeitstag dem Inhaber des Discountzertifikats entweder 70 Euro zu zahlen oder eine Aktie der Adidas Salomon AG zu übertragen. Der Emissionskurs des Zertifikats betrug 63,49 Euro, der Kurs der Aktie zum Emissionstag 72 Euro. Die Käufer haben also die Chance (=Wette), ca. 10 % Gewinn bis zum Fälligkeitstag am 23.12.2004 zu machen, das ist eine Rendite von ca. 7,6 % p. a. Das sind die maximalen Kosten des Emittenten. Gleichzeitig profitiert der Emittent von steigenden Kursen und ist nach unten abgesichert, da er unter einem Aktienkurs von 70 Euro dem Privatanleger die Aktie andienen kann. Heute steht die Aktie von Adidas bei 91,79 Euro.

Aktienanleihen funktionieren ähnlich. Der Anleger erhält am Ende der Laufzeit einen relativ hohen Zinssatz von, sagen wir, 11 %. Daneben erhält er den Nennbetrag seiner Anleihe oder eine bestimmte Anzahl der entsprechenden Aktie zurück. Es sind also drei Fälle möglich: 1. Die Aktie steigt stark, dann wird der Anleger seinen Nennbetrag zurückerhalten. Der Anleger erhält seinen steuerpflichtigen Zins und den Nennbetrag, profitiert aber nicht von dem (steuerfreien) Anstieg der Aktie. 2. Die Aktie fällt stark. Auch dann erhält der Anleger seinen steuerpflichtigen Zins, dazu aber nur einen geringeren Gegenwert von Aktien, als es dem Nennbetrag entspräche. 3. Besser als die Bank stellt sich der Privatanleger nur, wenn die Aktie stagniert oder nur leicht steigt.

In volatilen Märkten, wie wir sie derzeit haben, ist aber genau dies seltener der Fall. Während der Aktienbaisse bekamen viele meiner Kunden zum Ende der Laufzeit die Aktien ausgeliefert. Zum Verlust auf das Papier kamen dann noch die weiter fallenden Kurse hinzu. Derzeit zahlen die Finanzinstitute die Anleger hingegen gerne mit dem Nennwert aus, da sie selbst von den steigenden Kursen profitieren wollen.

Ich kann daher nur raten: Finger weg von Aktienanleihen. Die nominal hohen Zinssätze wirken zunächst einmal verlockend. Aber letztlich spielen Sie, wie beim Roulette, gegen die Bank. Aktien oder Anleihen, also eben keine Derivate, sind letztlich die besseren Anlagen. (…)

3.3 Rollierende Discountzertifikate – eine sinnvolle Anlage?
Ausgabe 13/2004 vom 26.03.2004

Rollierende Discountzertifikate sind die neuesten Finanzderivate und erfreuen sich großen Interesses. Wie funktionieren sie?

Zunächst einmal handelt es sich um ein Discountzertifikat. Der Käufer eines solchen Produkts kann einen Index oder einen Korb von Wertpapieren mit einem gewissen Abschlag (Discount) erwerben und hat damit bei Abwärtsbewegungen der entsprechenden Indizes ein gewisses Sicherheitspolster nach unten.

Bei einem rollierenden Zertifikat wird in Zertifikate mit einer bestimmten Restlaufzeit – meistens ein Monat – investiert. Einmal im Monat schichtet der Emittent um. (Dann fallen schon einmal Bankgebühren an!) Die Obergrenze des rollierenden Zertifikats wird in Höhe des aktuellen Stands des Index oder in Höhe eines Stands relativ zum aktuellen Indexstand fixiert. Der Käufer eines rollierenden Zertifikats kann also maximal die Höhe des Discounts verdienen. Gleichzeitig spekuliert er auf steigende oder zumindest gleichbleibende Kurse.

Für die Bank ist ein rollierendes Zertifikat eine gute Absicherung. Fallen die Indizes stark, hat man einen Gewinn gemacht. Steigen die Indizes stark, ist der Verlust begrenzt. Die Bank wird also Discountzertifikate herausgeben, wenn sie mit einer großen Volatilität der Börsen rechnet.

Börse Online schreibt: »Abhängig von der Markterwartung und der Risikoneigung kann der Anleger ein zu ihm passendes Papier wählen.« Das ist Augenwischerei: Wenn ich eine Markterwartung habe, spekuliere ich schon, ich kann also keine Risikoneigung mehr einbringen.

Auch ich äußere gelegentlich vorsichtig Markterwartungen. Sie sollten das aber immer als das ansehen, was es ist: eine Spekulation auf die Zukunft. Wenn Sie sich gegen Kursrückgänge absichern wollen, erhöhen Sie Ihren Cashanteil. *Börse Online* schreibt weiterhin: »Die rollierenden Zertifikate eignen sich vor allem für konservative, langfristig orientierte Anleger. Vom Chance-Risiko-Verhältnis her sind sie zwischen einer Aktienanlage und einem Engagement in Rentenpapieren anzuordnen.«

Das stimmt nicht ganz, denn wenn die Märkte stark fallen, hat der Anleger ein ähnliches Risiko wie bei Aktien. Außerdem: Die Gebühren bei rollierenden Zertifikaten betragen normalerweise zwischen 0,7 % und 0,9 %, der Spread liegt zwischen 0,5 % und 1,0 %. Warum also nicht gleich in eine Mischung aus Aktien und Rentenpapieren investieren?

Buffett bezeichnet in seinem neuen Aktionärsbrief Derivate als »finanzielle Massenvernichtungswaffen«. Bei rollierenden Zertifikaten ist dieser starke Ausdruck vielleicht nicht angebracht. Aber man benötigt diese Papiere ebenso wenig wie viele andere Neuerungen der Finanzbranche.

3.4 Strukturierte Produkte

Ausgabe 02/2005 vom 14.01.2005

Immer wieder werde ich auf strukturierte Produkte der Banken angesprochen. Mittlerweile ist die Palette unüberschaubar: Zertifikate, Bonuszertifikate, Discountzertifikate, Rolling-Discountzertifikate, Sprint-Zertifikate, Reverse Convertibles, Hebelprodukte und Garantiezertifikate. Wenn Sie meine Kolumnen lesen, ist Ihnen meine Meinung zum Thema bekannt: Diese Produkte, einschließlich der derzeit so stark beworbenen Hedgefonds, sind vor allem dazu da, Privatanlegern das Geld aus der Tasche zu ziehen.

Gestern war ich bei einer kleineren Privatbank in der Schweiz und hatte die Gelegenheit, mit einigen Veteranen des Schweizer Bankgeschäfts zu sprechen. Ein Banker, der das Geschäft schon fast drei Jahrzehnte kennt, packte über die Praktiken seiner Kollegen bei den größeren Banken aus. Mittlerweile haben viele Mitarbeiter bei den größeren Banken eindeutige Verkaufsquoten für die strukturierten Produkte der jeweiligen Bank vorgeschrieben bekommen. Diese Mitarbeiter müssen also strukturierte Produkte in die Kundendepots drücken, egal, ob es gut für die Kunden ist oder nicht. Es gibt kaum einen Mitarbeiter, der sich diesem Druck entziehen kann.

Vor einigen Monaten sprach ich zudem mit einem meiner ehemaligen Studenten, der jetzt bei einer deutschen Großbank arbeitet. Für ihn war die Sache ganz klar: Zertifikate sind derzeit die Gelddruckmaschinen der Großbanken. Die Ideen, die dahinter stehen, hören sich oft gut an. Allerdings rechnet kaum ein Privatkunde genau nach, so dass die Banken durchaus überhöhte Gebühren nehmen können.

Zeitweilig waren jetzt Rohstoffzertifikate in Mode. Lassen Sie es. Die Rohstoffmärkte sind sehr schwer zu verstehen. Ich bezweifele, dass Ihre Bank das besser kann als Sie. Was Ihre Bank aber im Zweifelsfalle kann, ist Ihnen das Geld aus der Tasche zu ziehen. Kaufen

Sie bestenfalls Öl- oder Stahlaktien, wenn Sie im Rohstoffbereich engagiert sein wollen.

Nicht alle Zertifikate und Fonds sind schlecht. Wenn die Gebühren transparent und niedrig sind und es darum geht, einen breiten Markt abzudecken, kann es schon einmal Sinn machen. Dies ist zum Beispiel bei einem Indexfonds oder -zertifikat der Fall. Bei Spezialprodukten und komplexen Produkten werden Sie aber fast immer zu viel bezahlen. Die als finanzielle Wunderwaffe gepriesenen Hedgefonds haben im letzten Jahr im Schnitt gerade mal 4 % für ihre Investoren erzielt. Verdient haben nur die Initiatoren – im ersten Jahr bleiben bis zu 10 % und mehr in den Maschen der Finanzbranche hängen.

Streuen Sie Ihre Investments und bilden Sie sich in ein bis zwei Bereichen weiter. Auch Warren Buffett versteht nur drei Branchen wirklich gut. Und verschonen Sie mich mit Anfragen zu komplexen Bankprodukten. Ich beantworte gerne Ihre Fragen. Ich möchte mir aber die Freiheit behalten, Ihnen kurz und knapp zu sagen, dass ich die derzeit in Masse auf den Markt geworfenen Produkte für schädlich halte.

Und außerdem möchte ich meine Zeit darauf verwenden, lohnende Investments für Sie zu finden.

3.5 Hedgefonds: Ich habe es Ihnen gesagt!
Ausgabe 25/2005 vom 24.06.2005

In den Jahren 2003 und 2004 sprachen mich viele Privatanleger auf die neue Wunderwaffe Hedgefonds an. Ich habe Ihnen immer gesagt: Finger weg!, auch wenn mir das nicht nur Freunde einbrachte.

Die Branche verzeichnete enorme Mittelzuflüsse. Mittlerweile gibt es schätzungsweise 8000 Hedgefonds. Niemand kennt die Zahl genau, denn die staatliche Aufsicht über diese Fonds ist ziemlich lückenhaft. Sie verwalten weltweit ein Vermögen von schätzungsweise einer Billion Dollar, das ist rund ein Viertel der Wirtschaftsleistung der Bundesrepublik Deutschland.

Was ist ein Hedgefonds? Letztlich ist es ein Pool von Kapital (ein Fonds eben), der mit speziellem Know-how für riskante Transaktionen eingesetzt wird. Manche Hedgefonds kaufen bestimmte Aktiva und shorten andere Aktiva (zum Beispiel kaufen sie Aktien, die nach ihrem Modell unterbewertet sind, und verkaufen geliehene Aktien, die nach ihrem Modell unterbewertet sind). Das ist klassische Finanzmarktspekulation, die auf überlegenem Know-how beruhen kann, dies aber nicht muss. Andere Hedgefonds verhalten sich zunehmend wie Buyout-Fonds oder aktive Investoren, indem sie Einfluss auf das Management nehmen wollen. Fast alle Hedgefonds leihen sich zusätzlich zu ihrem Kapitalpool noch Gelder. Die ursprüngliche Bedeutung des Wortes Hedge, nämlich Risikoabsicherung durch ein Gegengeschäft, verliert dabei zunehmend an Gewicht.

Die Finanzbranche versucht, Hedgefonds als weitere Anlageklasse für Privatanleger-Portfolios populär zu machen, und anscheinend ist dies auch zum Teil gelungen. Davon halte ich nichts. Letztlich gibt es nur fünf Anlageklassen: Aktien, Anleihen und Bargeld, Währungen und Rohstoffe (inklusive Öl und Gold) sowie Immobilien. Diese – und keine anderen – Anlageklassen gehören in ein Privatanleger-Portfolio. Bei Hedgefonds setzen Sie auf ein System.
Damit gibt es vor allem die folgenden Probleme und Warnsignale:

1. Hohe Gebühren, mangelnde Transparenz und Kontrolle. Bei vielen Hedgefonds fressen die Gebühren 20 % vom Gewinn und zusätzlich eine laufende Verwaltungsgebühr auf. Die Verluste tragen die Anleger alleine.
2. Schlechtes Management. Es gibt Finanzgenies wie George Soros und Nick Adams. Die sind aber selten. Wenn ein Wort so populär wird, werden auf einmal viele Angestellte der Banken zu »Hedgefonds-Managern«. Es darf bezweifelt werden, dass sie geniale Renditen erzielen.

3. Je größer ein Fonds wird, desto schwerer wird es, attraktive Investmentmöglichkeiten zu finden. Oberhalb einer Fondsgröße von 300 bis 400 Millionen Dollar sinken die Renditen normalerweise schnell. Wenn ein Manager zu sehr an Privatanleger herantritt, wie zum Beispiel Christian Baha von Quadriga Superfund, ist dies ein Warnsignal.

Gute Hedgefonds-Manager wie Nick Adams von der Wellington Group werden mit Kapital zugeschüttet und arbeiten eher im Verborgenen. Warum sollten sie sich die Mühe machen, Gelder kleckerweise einzusammeln?

Mittlerweile sieht es gar nicht mehr so gut aus um die Finanzwunderwaffen. Insgesamt legte der S&P 500 um 3,2 % zu, die Hedgefonds nur um 0,9 %. Seit Anfang 2004 können Hedgefonds in Deutschland vertrieben werden. Das Ganze wurde mit einem hohen Werbeaufwand der Finanzbranche initiiert. Von 2004 bis heute liegen nach einer Untersuchung von Euro am Sonntag nur 9 von 35 untersuchten Produkten im Plus. Im selben Zeitraum konnten Sie mit Aktien des DAX 15 % Kurssteigerung zuzüglich Dividende erzielen.

Ich bin davon überzeugt, dass Qualitätsaktien auch in Zukunft die bessere Anlage sind.

3.6 Zu Tisch mit einer Heuschrecke
Ausgabe 01/2006 vom 06.01.2006

Am Tag vor Weihnachten war ich zum Mittagessen mit einem langjährigen Freund verabredet, mit dem ich seit 2001 kein längeres persönliches Gespräch geführt hatte. Zwar hatten wir uns bei zwei größeren Vorträgen getroffen und uns regelmäßig per E-Mail ausgetauscht, aber für mehr hatte es nicht gereicht.

Der Grund: Mein Freund, dessen Name ich hier nicht nennen will, ist zwischenzeitlich eine Heuschrecke geworden. Genauer gesagt, er ist jetzt der Deutschland-Chef einer der größten und hungrigsten Heuschrecken-Organisationen überhaupt. In den ersten 15 Monaten seiner Tätigkeit sah er sogar seine Familie so gut wie nie, da er mittlerweile ständig mit den ganz Großen der Welt unterwegs ist.

Für uns beide wurde es ein nettes und anregendes Gespräch. Für Sie als Privatanleger konnte ich einige Erkenntnisse gewinnen, die ich durchaus wiedergeben darf:

1. DAX-Unternehmen sind weiterhin billig. Die großen Heuschrecken würden sich mit Vergnügen an vielen etablierten DAX-Unternehmen beteiligen, wenn sie nur könnten. Dazu müssten sie aber Aktien von mindestens einer Milliarde Euro kaufen. So etwas kann man vor dem Markt nicht verstecken. Sobald also ein Private-Equity-Fonds anfangen wollte, ein DAX-Unternehmen zu schlucken, würden sofort die Kurse in die Höhe gehen. Damit sind die Gewinnmöglichkeiten weg.

2. Dieses Unternehmen hat bereits eine Wohnungsbaugesellschaft geschluckt und damit gutes Geld verdient. Auch an der von mir empfohlenen GAG Immobilien AG ist man sehr interessiert. Allerdings will die Stadt Köln noch nicht verkaufen. Ich habe GAG Immobilien immer als eine nach unten abgesicherte Spekulation auf die Substanz angesehen. Meine Gedanken halte ich nach wie vor für gültig. Allerdings kann ich Ihnen nicht sagen, ob und wann die Stadt Köln verkaufen wird.

Nebenbei habe ich auch gelernt, wie der andere Immobiliendeal dieser Gesellschaft gelaufen ist. Der Kaufpreis wurde über Eigenkapital finanziert. Innerhalb weniger Monate konnten die Experten der Gesellschaft aber den Wert der Immobiliengesellschaft so darstellen, dass die Banken die komplette Kaufsumme per Kredit finanzierten. Wie das geht: Sie müssen nachweisen, dass der Wert der Gesellschaft deutlich über dem Kaufpreis liegt, so dass die Banken nur 70 % des Wertes beleihen müssen. Der Private-Equity-Fonds konnte damit sein ganzes Eigenkapital wieder herausziehen.

Ich kann mir durchaus vorstellen, dass die kreditgebenden Banken das sorgfältig geprüft haben. Portfolios von zehntausenden von Wohnungen sind recht gut zu bewerten, da sie einen relativ stabilen Cashflow haben. Allerdings könnte natürlich die Holdinggesellschaft im Falle einer sehr negativen gesamtwirtschaftlichen Entwicklung Insolvenz erklären (das Eigenkapital der Heuschrecke ist ja abgezogen) und die Banken müssten hohe Abschreibungen vornehmen. So einfach geht das, wenn man das nötige Kleingeld hat.

3.7 Kommen Sie mir nicht noch einmal mit Dach-Hedgefonds!
Ausgabe 02/2006 vom 13.01.2006

Diejenigen von Ihnen, die schon länger Mitglied bei uns sind, wissen, dass ich bei jeglicher Art von komplexen Finanzprodukten sehr, sehr skeptisch bin. Meistens haben sich viele kluge Experten der Banken überlegt, wie sie Ihnen, sehr geehrte Privatanleger, das Geld aus der Tasche ziehen wollen.

Dazu gehören für mich Dach-Hedgefonds, Dachfonds, Bonuszertifikate, Sprint-Zertifikate und Garantiezertifikate, ebenso wie die früher in Deutschland so beliebten offenen Immobilienfonds. Im PRIVATINVESTOR 12/2003 warnte ich vor Dach-Hedgefonds, die ab 2004 erstmals in Deutschland zum Vertrieb zugelassen werden sollten. Meine Kolumne an dieser Stelle hatte den Titel: »Finger weg von Hedgefonds!« (siehe 3.1. vom 19.12.2013) Deutlicher ging es wohl nicht. Ich kenne keinen anderen Finanzanalysten, der es so formuliert hat.

Jetzt legte DIE WELT die erschreckende Bilanz – und damit auch die Rechnung für die Privatanleger – vor. Von allen 15 Dach-Hedgefonds schaffte nur einer im Jahr 2005 eine zweistellige Rendite, die meisten dümpeln bei 1 bis 5 % dahin. Vier Fonds sind sogar im Minus. Der DAX schaffte satte 27 %.

Die meisten dieser Hedgefonds tragen tolle Namen, und alle haben englischsprachige Bezeichnungen. (Warum eigentlich?) Der Top-Performer Sauren schafft mit 11,2 % nur 40 % der Performance des DAX. Und Cominvest Hedge Conservative zerrupft es mit minus 1,5 %. Aber viele Anleger interessiert leider nicht die Vergangenheit, sondern die nächste Anlagemode: Bonuszertifikate, sogenannte Garantiezertifikate, die neueste Perversion der Finanzbranche, und was es sonst noch so gibt. Lassen Sie mich bloß in Zukunft mit Hedge-Dachfonds in Ruhe! Und am besten auch gleich mit Bonus- und Garantiezertifikaten, Sprintern und was auch sonst der Finanzbranche noch einfallen mag. Meine Zeit ist einfach zu knapp, um mich mit diesem Müll zu beschäftigen.

3.8 Expresszertifikate – und warum Sie die Finger davon lassen sollten
Ausgabe 11/2008 vom 14.03.2008

Zertifikate gehören zur Gruppe der Schuldverschreibungen beziehungsweise Anleihen. Zudem handelt es sich um eine Zweitverbriefung eines Basiswertes (Aktie oder Index) und zählt deshalb auch zur Gruppe der Derivate und strukturierten Produkte. Anders als bei Aktien sind Sie also nicht direkt an einem Unternehmen beteiligt, sondern Ihr Kapital findet Zufluss in das Vermögen des Emittenten, bei dem Sie dieses Produkt gekauft haben. Dies und die Gebühren sind die Hauptgründe, warum diese Produkte so massiv von den Banken beworben werden, als gäbe es nichts Besseres.

Mit dem Kauf eines Zertifikates knüpfen Sie Ihr Risiko an ein Institut. Sollte dieses in Schwierigkeiten geraten, ist Ihre Anlage deshalb auch bedroht, und es besteht die Möglichkeit des Totalverlustes – siehe Bear Stearns.

Kaufen Sie hingegen Aktien oder Fonds (Kostenfaktor), handelt es sich um Sondervermögen, welches getrennt von dem der Bank aufbewahrt wird. Dieses wäre nur dann bedroht, wenn alle Unternehmen, die Sie halten, in Schwierigkeiten gerieten. Selbst wenn Ihre Bank in Probleme geraten sollte, bleibt dieses Vermögen davon unbeeinflusst. An den Börsen gibt es Auf- und Abschwünge. Einen Totalausfall hätten Sie dagegen mit einer Direktanlage in Aktien in der Börsenhistorie nie erlebt.

Zertifikate werden unterschieden in:

Partizipationszertifikate: Diese entwickeln sich in der Regel wie der entsprechende Basiswert (zum Beispiel eine Aktie oder ein Index) und besitzen eine endlose Laufzeit.

Zertifikate mit definiertem Rückzahlungsprofil: Diese Zertifikate besitzen eine fest definierte Laufzeit und nehmen zum Rückzahlungstermin einen Wert an, der vorab in den Bedingungen festgelegt wurde (zum Beispiel Discount- oder Expresszertifikat).

Das **Expresszertifikat** bietet dem Investor die Möglichkeit einer vorzeitigen Rückzahlung. Wenn an dem jeweiligen Bewertungstag sämtliche Aktien über ihrer Rückzahlungsschwelle liegen, erfolgt eine vorzeitige Rückzahlung zu dem dann gültigen Rückzahlungsbetrag. Sofern diese vorzeitige Rückzahlung nicht stattgefunden hat, bestehen bei Fälligkeit die folgenden Möglichkeiten:

1. Wenn alle Aktien über ihrer Rückzahlungsschwelle liegen, erfolgt eine Zahlung zu dem dann gültigen Rückzahlungsbetrag.

2. Wenn die erste Bedingung nicht erfüllt ist, aber keine der Aktien unter ihrer Sicherheitsschwelle notiert, erfolgt eine Rückzahlung zum Nominalbetrag.

3. Wenn beide genannten Bedingungen nicht erfüllt sind, berechnet sich der Zahlungsbetrag nach folgender Formel: Nominalbetrag mal (Schlusskurs der Aktie mit der schlechtesten Performance geteilt durch den Startkurs der Aktie mit der schlechtesten Performance).

Fazit: Bleiben Sie bei Ihrer Vermögensanlage bei den Anlageklassen, die schon seit sehr langer Zeit existieren und Ihr Kapital gegen viele Gefahren der Wirtschaft schützen. Dazu gehören vor allem Aktien, Immobilien und Gold (Realvermögen) und in Maßen Anleihen sowie Geldmarktanlagen. Fonds sollten Sie nur dann wählen, wenn die anfallenden Kosten niedrig sind.

3.9 Verbraucherzentrale unterliegt
Sommertelegramm 34/2009 vom 21.08.2009

Die Verbraucherzentrale wird durch eine einstweilige Verfügung daran gehindert, ihren Ampelcheck Geldanlage zu verbreiten. Das Landgericht Berlin untersagte der Zentrale unter anderem, Kapitallebensversicherungen oder Rentenversicherungen als weniger sicher als andere Anlageprodukte, wie zum Beispiel Aktienfonds, darzustellen. Die Produkte dürfen auch nicht mehr mit Achtung – Gefahr! oder Ein Risiko oder Nachteil ist vorhanden bewertet werden. Betreiber des Verfahrens ist der Koblenzer Versicherungskonzern Debeka.

Nach einem Ampelsystem hatte die Verbraucherzentrale Sicherheit, Rendite, Liquidität und Transparenz mit Grün, Gelb und Rot bewertet, an sich eine sinnvolle Sache. Der Debeka-Vorstandsvorsitzende kritisierte, dass komplexe Sachverhalte unzureichend vereinfacht würden. Das Gericht ist ihm zunächst gefolgt.

Nur: Die Komplexität nutzt den Konzernen, um satt abzukassieren. Wer blickt denn heute noch bei den Versorgungsprodukten durch? In meinem neuen Buch *Informationscrash* analysiere ich genau diese Zusammenhänge: Die Vielfalt im Finanzwesen (und in vielen anderen Wirtschaftsbereichen) lässt einen total überforderten Bürger zurück, der dann leichte Beute der Anbieter wird. Genau hier wollte die Verbraucherzentrale ein Gegengewicht schaffen und ist vorerst gescheitert.

Es wäre die Aufgabe der Politik, einfache und klare Regeln zu schaffen. Letztlich könnte es ganz klare Gesetze geben, was erlaubt ist und was nicht. Oder ganz einfach: Das Kleingedruckte dürfte eine maximale Länge von einer halben Seite haben und nichts enthalten, was der Werbung widerspricht. Die Anbieter von Finanzprodukten sind Unternehmer. Sie dürften sich nicht gegen alles absichern. Wenn sie Mist anbieten, müssten sie auch das Risiko eingehen, verklagt zu werden. Aber unsere Ministerien, die ihre Gesetzesentwürfe mittlerweile oft von Anwaltskanzleien schreiben lassen, weil sich in den Ministerien keiner mehr traut, Gesetze zu entwerfen, gehen das Thema nur sehr unvollständig an.

Sogar Riester- und Rürup-Renten seien als ungeeignet dargestellt worden, kritisiert der Debeka-Vorstandsvorsitzende. Ich sage es Ihnen hier noch mal: Riester- und Rürup-Renten sind zumeist eine große Geldbeschaffungsmaschine für die Finanzkonzerne. Ja, es gibt staatliche Förderung. Aber diese Förderung wandert in den ersten Jahren direkt zu den Finanzkonzernen.

Neben der Politik hat auch die Wissenschaft nicht geholfen.

Der Mannheimer Versicherungsprofessor Peter Albrecht kritisiert die Verbraucherzentrale fundamental. Nun, die meisten BWL-Professoren haben Gutachter- oder sonstige Jobs in der Finanzindustrie: »Wes Brot ich ess, des Lied ich sing.« Ich will damit nicht sagen, dass die Kollegen von der Industrie direkt für bestimmte Aussagen bezahlt würden. Aber je eher man Meinungen vertritt, die den Konzernen genehm sind, desto mehr Jobs kann man bekommen. Es wäre schon ein Wunder, wenn die Kollegen ihren Brötchengebern gegenüber besonders kritisch auftreten würden.

Es ist leider so: Sie müssen sich selbst um Ihr Geld kümmern. Dabei ist es wichtig, dass Kapitalanlagen einfach und transparent sind. Mit einem Portfolio aus Qualitätsaktien, Festgeldern und Anleihen sowie Gold nach dem Reinheitsgebot ist das der Fall, bei einigen Aktien- oder Mischfonds auch. Aber schon Indexzertifikate enthalten nicht immer nur den Index, sondern teilweise ganz andere Aktien oder sogar Derivate!

Ich versuche, Ihnen offen meine Meinung zu sagen. Und die lautet: Kapitallebensversicherungen, Riester- oder Rürup-Produkte, viele Zertifikate, Hedgefonds oder Private Equity sind meistens Mist! Ich wünsche der Verbraucherzentrale, dass sie sich im Hauptverfahren durchsetzt.

Aber meine Hoffnungen sind gering. In Talksendungen dürfen Politiker mehr Regulierung fordern, aber wenn es an den Geldbeutel geht, dann schlagen die Finanzkonzerne mit aller Macht zurück.

Sehr geehrtes Prof.-Otte-Team!

Ich musste mir heute (»gefreiwilligt«) einen Vortrag über Derivate anhören. Ich persönlich halte grundsätzlich nichts von diesen Produkten und deren »Verwandtschaft«, da man nicht Substanz, sondern nur ein Recht erwirbt und außerdem den mächtigsten Verbündeten, die Zeit, zum Gegner hat. Außerdem liebe ich »Kiss« (Keep it simple, stupid). Das sagt mir allerdings nur mein gesunder »Menschenverstand«, ich bin kein Experte auf diesem Spezialgebiet. W. Buffett, der diese Produkte einmal als »Massenvernichtungswaffen« bezeichnet hat, besitzt allerdings, laut Vortragendem, selbst welche.

a) Wenn ja, warum?

b) Liege ich mit meiner Ansicht falsch, oder lohnt es sich, mehr über diese Anlageform zu wissen?

Liebe Grüße aus Wien
GM

Sehr geehrter Herr M.,

Ihren Gründen zum Nichtbesitz von Derivaten ist nichts hinzuzufügen:

1. Sie wetten.
2. Sie spielen gegen die Bank.
3. Sie spielen gegen die Zeit.

Im Übrigen hat Buffetts Partner Charlie Munger die Stillhaltergeschäfte bei Derivaten, die Buffett getätigt hat, scharf kritisiert. Man habe auch eine Verantwortung gegenüber der Gesellschaft.

Wahrscheinlich war der Preis so gut, dass ein Mann wie Buffett nicht widerstehen konnte. Für ihn kommt – bei aller Gradlinigkeit – eben doch das Geldverdienen zuerst.

Beste Grüße
Ihr
Max Otte

3.10 Peinlich, peinlich (aber zu erwarten)

Ausgabe 29/2010 vom 23.07.2010

Die Ergebnisse eines großen Tests der Qualität von Bankberatung durch die Zeitschrift Finanztest sind extrem blamabel für die Banken, waren leider aber zu erwarten. Mit 146 Beratungsgesprächen wurden 21 Banken getestet. Das Ergebnis fiel noch schlechter aus als vor einem Dreivierteljahr, als Finanztest schon einmal Banken testete.

Keine der getesteten Banken erhielt das Urteil gut oder sehr gut. Dafür wurde sechsmal die Note mangelhaft und zwölfmal ausreichend verteilt. Nur drei Sparkassen erhielten befriedigend.

Nur die Berater einer einzigen Bank – der Berliner Sparkasse – erkundigten sich in jedem Fall nach Anlagezielen, finanziellen und persönlichen Verhältnissen des Kunden sowie Kenntnissen und Erfahrungen mit Anlagen. Jeder dritte Testkunde wurde überhaupt nicht danach gefragt. Dabei ist das mittlerweile vorgeschrieben und für eine solide Finanzberatung auch absolut unerlässlich. Sonst könnte es sein, dass Sie, bei einem Anlagehorizont von zum Beispiel zwei Jahren, riskante Anlagen bekommen, die sie dann nur mit Verlust veräußern können.

Die Privatinvestor Vermögensmanagement GmbH und ich nehmen zum Beispiel nur Kunden an, die einen Anlagehorizont von mindestens fünf Jahren haben. Sonst hat die Aktienanlage keinen Sinn. Auch müssen meine Investoren Kursschwankungen aushalten können, und zwar erhebliche! Aber wenn diese Dinge nicht erfragt werden, dann können Sie nicht solide beraten.

Keine der getesteten Banken händigte immer die vorgeschriebenen Beratungsprotokolle aus.

Alles in allem: peinlich, aber zu erwarten.

Das Abzockersystem geht weiter. Deutsche Privatanleger sind im internationalen Vergleich immer noch sehr vermögend, Deutschland ist ein Kapitalexportland. Gleichzeitig sind sie aber auch oftmals relativ unwissend. Die Banken haben nach der Finanzkrise Bedarf, schnell wieder Geld zu verdienen. Und die Politik hat den Finanzmärkten immer noch keine vernünftigen Regeln gegeben. Wen wundert es da, wenn die Banken im Großen und Ganzen weitermachen wie bisher. (Kleiner Lichtblick: Die Qualität der Anlageempfehlungen ist leicht gestiegen.)

Aber nun haben wir es schwarz auf weiß, was wir eigentlich schon wussten: Die Bankberatung taugt oftmals immer noch nichts.

3.11 Es geht schon wieder los
Ausgabe 13/2011 vom 01.04.2011

Ich könnte die Beherrschung verlieren. In einer seriösen Zeitung sah ich folgende Produktbeschreibung einer Bank, die sich sicher selbst als seriös bezeichnen würde:

»Multi D. XYZ in CHF, EUR und USD. Multi D. XYZ bieten Ihnen einen interessanten Coupon. Der Kurs der einzelnen Basiswerte kann bis zum definierten Barrierepreis sinken, ohne dass Sie den bedingten Kapitalschutz verlieren. Sollte mindestens einer der Basiswerte während der Laufzeit die Barriere berühren und schließt mindestens einer der Basiswerte per Verfall unter dem jeweiligen Ausübungspreis, erfolgt die Lieferung des Basiswerts mit der schlechtesten Wertentwicklung (...) Der Coupon wird auf jeden Fall ausbezahlt.«

Das Produkt ist ein sogenanntes Barrier-Reverse-Convertible. In dem Aktienkorb sind sieben Aktien enthalten. Sie wetten also GEGEN DEN PRODUZENTEN dieses Produkts darauf, dass ALLE SIEBEN nicht unter die Barriere fallen – sonst bekommen Sie den Basiswert mit der schlechtesten Wertentwicklung – und damit einen gesalzenen Verlust. Dafür erhalten Sie einmalig circa 10 % Coupon über ein Jahr.

Die Bank wirbt mit Vertrauen. Aber dieses Produkt kann ich Ihnen finanzmathematisch nicht berechnen. Es ist extrem komplex und schwierig. Eine Wette gehe ich mit Ihnen ein: Kein normaler Privatanleger kann dieses Produkt berechnen. Es ist geschaffen worden, um Ihre Gier und Ihren Wetttrieb zu wecken und Intransparenz zu schaffen. Warum verbieten wir so etwas nicht, mit dem viele Privatanleger mit großer Wahrscheinlichkeit viel Geld verlieren werden?

Sie kennen die Antwort: Weil die Finanzbranche extrem mächtig ist und sich auch im Jahr drei nach der Finanzkrise sehr erfolgreich gegen wirklich effektive Regulierung wehrt.

Kapitalanlagen sollten nach dem Reinheitsgebot erfolgen: 1. Termingelder und Anleihen, 2. Aktien, 3. Immobilien und 4. Gold und Edelmetalle. Hier die richtigen Entscheidungen zu treffen, ist schwierig genug. Sie müssen nicht auch noch gegen die Banken wetten.

Aber es trifft nicht nur Privatanleger. In einem Interview in der nicht gerade bankenfeindlichen Frankfurter Allgemeinen Zeitung erklärte Paul Woolley vom Zentrum für das Studium des Versagens von Kapitalmärkten (Centre for the study of capital markets dysfunctionality), dass auch die Treuhänder großer Vermögen systematisch über den Tisch gezogen würden.

Dann doch lieber Nestlé mit 3,5 % inflationsgeschützter Dividende oder Novartis mit 4 % oder Total mit fast 6 %. Und wenn Sie wetten wollen, dann kaufen Sie eine kleine Position einer südeuropäischen Bank, zum Beispiel Banco Espírito Santo oder Banco Popolare. Vorsicht – das ist ein Zock! Aber ein sehr viel aussichtsreicherer als oben beschriebenes Barrier-Reverse-Convertible-Produkt.

3.12 Börsengänge: Produkte, um Anlegern das Geld aus der Tasche zu ziehen

Ausgabe 46/2011 vom 18.11.2011

Vor Kurzem sah ich eine Statistik der jüngsten heißen Börsengänge in den USA. Nur fünf der 25 größten Börsengänge der letzten beiden Jahre stehen heute im Plus. In Summe sind die Verluste bei den anderen 20 zum Teil extrem.

Das bestätigt, was ich immer wieder schreibe: Lassen Sie die Finger von Börsengängen! Dort haben sich das Management des Unternehmens, die Investmentbank, die PR-Agentur und die Wirtschaftsprüfungsgesellschaft zusammengesetzt, um Ihnen die Aktie zu einem Zeitpunkt zu verkaufen, der für den Verkäufer gut ist.

So geht es Ihnen mit vielen Produkten der Finanzbranche, seien es Derivate oder sogenannte synthetische ETFs (Exchange Traded Funds), die ganze Indizes mit Hilfe von Derivaten abbilden. Immer soll eine Story dazu dienen, Geld vom Anleger einzusammeln oder Gebühren zu verdienen. Und je besser die Story oder je komplexer das Produkt, desto weniger rechnet der Privatkunde nach.

Aber die Kapitalanlage ist schwer. Sehr schwer. Wenn Sie unter Abwägung aller Fakten eine Entscheidung getroffen haben, zerren oft sehr starke Kräfte 4an Ihnen und machen es Ihnen unmöglich, das durchzuhalten. Als ich zum Beispiel im Frühjahr die Entscheidung traf, meine Aktienengagements durchzuhalten, musste ich ab August deutliche Kursverluste hinnehmen. Das kann an den Nerven zerren. Aber meine Entscheidungsgründe hatten sich nicht geändert. Also nehme ich das in Kauf.

Die Kunden, die Neuemissionen gezeichnet haben, verzeichnen vielleicht am Anfang einen Verlust und ärgern sich. Dann ist das Spiel aber vorbei. Ebenso geht es den Käufern vieler synthetischer Produkte. Und dann lassen Sie sich auf das nächste Spiel ein und verlieren wieder Geld.

Ich halte mich lieber an meine Strategie. Auch wenn zwischenzeitlich Kursrückgänge zu Buche stehen, weiß ich am Ende, dass ich mein Kapital und meine Aktien erhalten werde.

3.13 Warum ich Goldman Sachs verlasse

Ausgabe 11/2012 vom 16.03.2012

Am Mittwoch veröffentlichte Greg Smith einen Meinungsartikel in der New York Times: Warum ich Goldman Sachs verlasse.

Greg Smith war Exekutivdirektor und Leiter des Aktienderivategeschäfts in Europa, im Nahen Osten und in Asien. Er hat zwei der größten Hedgefonds des Planeten beraten, fünf der größten Vermögensverwalter in den USA und drei der größten Staatsfonds im Nahen Osten und Asien. Seine Mandanten hatten insgesamt ein Vermögen von mehr als einer Billion Dollar.

Smith nennt die Momente die stolzesten in seinem Leben, als er in Südafrika ein volles Stipendium für die Stanford University in Kalifornien bekam, als er die nationale Endausscheidung für die Rhodes-Stipendien erreichte und als er eine Bronzemedaille im Tischtennis bei den Maccabiah Games, der jüdischen Olympiade gewann. Alle diese Erfolge habe er durch harte Arbeit erreicht, nicht durch Mogeleien oder Abkürzungen.

Als Smith vor zwölf Jahren bei Goldman Sachs anfing, fand er in eigenen Worten eine Kultur von Teamwork, Integrität und Dienst am Mandanten vor. Heute sei das Klima so »toxisch und zerstörerisch wie nie zuvor in seiner Zeit«.

Die Mitarbeiter würden kaltherzig darüber sprechen, wie sie ihre Mandanten über den Tisch ziehen. Im letzten Jahr habe er fünf Exekutivdirektoren über ihre Mandanten als Muppets sprechen hören. »Ich weiß von keinem illegalen Verhalten, aber werden von Mitarbeitern Grenzen überschritten und Mandanten komplizierte und profitable Produkte aufgeschwatzt, selbst wenn es einfachere gäbe, oder welche, die den Interessen des Mandanten besser dienen würden? Absolut! Jeden Tag sogar.«

Die einfachsten Wege, im Unternehmen aufzusteigen seien: a) Mandanten Produkte oder Wertpapiere aufschwatzen, die Goldman im Eigenbestand habe, die aber als zu riskant oder zu wenig profitabel angesehen werden. b) Elefanten jagen – Mandanten davon zu überzeugen, das zu handeln, was den größten Profit für Goldman bringt. Smith: »Nennt mich altmodisch, aber ich mag es nicht, meinen Mandaten ein Produkt zu verkaufen, das falsch für sie ist.« c) Illiquide Produkte mit einer Drei-Buchstaben-Abkürzung handeln (CDO, CDS ...).

Greg Smith beendet seinen kurzen Artikel mit einem Aufruf an den Aufsichtsrat, die moralisch bankrotten Leute auszumerzen, denn ohne Mandanten würde die Firma auf Dauer kein Geld verdienen. Sie würde nicht einmal existieren.

Lieber Greg Smith: Ich glaube Ihnen jedes Wort. Sie haben richtig gehandelt. Aber der Aufsichtsrat wird nichts tun. Ich sehe keinen Wandel in der Kultur der Unehrlichkeit und der Gier auf den Finanzmärkten. Und die Politik ist fest in der Hand von Goldman Sachs & Co. Viele Finanzminister der Vereinigten Staaten waren bei Goldman Sachs. Mario Draghi, der neue Präsident der Europäischen Zentralbank, war bei Goldman Sachs. Professor Otmar Issing hat nach seiner Amtszeit als Chefvolkswirt bei der EZB angeheuert – und dann die Finanzmarktreformkommission der Deutschen Bundesregierung geleitet. Der griechische Ex-Premier Papandreou hatte ebenfalls beste Beziehungen zu Goldman.

Wir sind auf uns alleine gestellt. Die Finanzoligarchie ist so stark wie noch nie.

Wohl dem, der noch einen ehrlichen Gesprächspartner und Berater hat!

4 INVESTIEREN, DIE GRUNDLAGEN

Einleitung

Nun geht es ans Eingemachte. Kapitel 4.1 *Grundlagenwissen* ist teilweise trockene Kost. Sie ist größtenteils der »Investorenakademie« entnommen, die wir als Sonderteil in unserer großen Jahresausgabe bringen. Dieses Wissen ist sehr wichtig. Wenn Ihnen das Unterkapitel bei der ersten Lektüre noch zu schwierig scheint, überspringen Sie Kapitel 4.1 und lesen Sie es am Ende. Es ist absolut kein Problem, erst die folgenden Unterkapitel oder sogar das ganze Buch zu lesen, bevor Sie zu Kapitel 4.1 zurückkehren.

Hier finden Sie aber die theoretischen Grundlagen zur Vermögensaufteilung, zum Value Investing und auch zum Investieren in Seitwärtsmärkten. Darin befinden wir uns seit Ende der 90er-Jahre. Zwar schwanken die Märkte enorm – teilweise mehr als 50 % Verluste und mehr als 100 % Gewinne –, aber sie bewegen sich nicht wirklich vom Fleck. Die Korrekturen an der Börse erfolgen also über einen Zeitraum von vielen Jahren, in denen sich die Kurse in Summe nicht vom Fleck bewegen. In dieser Zeitspanne wachsen Unternehmen und Wirtschaft aber weiter, so dass am Ende die Aktien doch wieder fair bewertet sind.

Meinem Freund Vitaliy Katsenelson, Chief Investment Officer von Investment Management Associates in Denver/Colorado, der auch mit einer Gastkolumne vertreten ist, gebührt der Verdienst, zum ersten Mal auf dieses Phänomen hingewiesen zu haben.

Leichter zu lesen sind die Abschnitte 4.2 *Börsenstrategien und 4.3 Anlegerfallen und Börsenpsychologie*. Lernen Sie meinen Bruder, den Superinvestor kennen (siehe 4.2.1 vom 26.08.2005). Lesen Sie, warum nicht jeder Tag ein Kauftag ist (siehe 4.2.3 vom 28.04.2006). Mit dem Spruch »Bei 5-Sterne-Aktien ist jeder Tag ein Kauftag« trat der Stuttgarter Aktienclub um die Jahrtausendwende auf – und ist damit nach dem Platzen der Technologieblase massiv auf die Nase gefallen, weil auch Werte wie Nokia um 95 % und mehr abgestürzt sind und die Zukunft des Unternehmens mittlerweile sehr ungewiss ist.

Auch mein Reinheitsgebot der Kapitalanlage lernen Sie in Abschnitt 4.2 kennen.

Im nächsten Unterkapitel kehre ich zum Panoptikum des Schreckens für Privatanleger zurück und stelle weitere Anlegerfallen vor, zum Beispiel die seit 2011 sehr beliebten Mittelstandsanleihen. Hierbei handelt es sich eigentlich um Junkbonds – Schrottanleihen. Oftmals sind zwar traditionelle Namen damit verknüpft, aber es sind Unternehmen, die durch eine Insolvenz oder Reorganisation gegangen sind oder am Markt eine sehr schwache Stellung haben. Oder es sind junge Unternehmen mit wenig Eigenkapital, bevorzugt im Bereich erneuerbare Energien, die auf dieser Welle reiten und sich das Kapital nicht durch Aktien, sondern durch Anleihen besorgen. Ich kann nur sagen: Finger weg von Mittelstandsanleihen! (siehe 4.3.9 vom 15.04.2011 und 4.3.13 vom 30.11.2012).

Aber selbst wenn Sie die Fallen der Branche vermeiden, spielt Ihnen Ihr eigener Kopf so manchen Streich. Manchmal sind Sie selbst Ihr größter Feind an der Börse. Verfallen Sie zum Beispiel nicht in eine Schockstarre (siehe 4.3.5 vom 12.12.2008). Oder Kämpfen Sie nicht den letzten Kampf (siehe 4.3.6 vom 06.02.2009). Die dort gegebenen Ratschläge erwiesen sich als goldrichtig, denn im März 2009 setzte eine phänomenale und fulminante Erholung an der Börse ein.

Und wenn die Börse wieder einmal nicht mitspielt, genehmigen Sie sich die Psychotherapie für Bärenmärkte von Vitaliy Katsenelson (siehe 4.3.11 vom 07.10.2011).

4.1 Grundlagenwissen/Akademie

4.1.1 Value Investing
Ausgabe 7/2004 vom 13.02.2004

Im Prinzip gibt es zwei Arten des Value Investing: Value Investing nach Benjamin Graham, dem Lehrmeister von Warren Buffett, und Value Investing nach Warren Buffet selbst.

Das klassische Value Investing nach Benjamin Graham, dem Begründer der Wertpapieranalyse, besteht darin, dass man Aktien von Unternehmen kauft, deren Buchwert (bzw. Substanzwert) höher ist als der Börsenwert. Das heißt: Die Summe aller Vermögensgegenstände dieses Unternehmens ist höher als die Börsenkapitalisierung. Natürlich sollte das Unternehmen auch einen angemessenen Gewinn erzielen (also zum Beispiel eine Dividendenrendite über dem Marktzins ausschütten), aber für die Investitionsentscheidung nach Graham ist die zukünftige Entwicklung des Unternehmens eher sekundär.

Beim Value Investing nach Warren Buffett spielt die Ertragskraft des Unternehmens eine wesentlich bedeutendere Rolle. Buffett berechnet sehr wohl die erwarteten zukünftigen Erträge. Er sucht dabei allerdings Unternehmen mit sehr konstanten Gewinnen und kontinuierlichen Gewinnsteigerungen aus.

Die Königsanalyse beruht auf dem Value Investing nach Warren Buffett. Durch die Königskriterien wird letztlich die Gewinnsicherheit geprüft. Bei Unternehmen mit einer hohen Gewinnsicherheit kann man dann wagen, auch die zukünftigen Gewinne in die Prognose einfließen zu lassen.

Ich halte das Investieren nach Buffett für die geeignetere Vorgehensweise. Unternehmen wie eBay, Microsoft und Web.de, aber auch Bijou Brigitte, AWD und MLP könnte man nach Graham nie finden. Das liegt daran, dass wir in einer Dienstleistungsgesellschaft leben. 60 % bis 70 % des Bruttosozialproduktes werden mittlerweile im tertiären Sektor erwirtschaftet. Alle Unternehmen, die ich oben aufgeführt habe, sind Unternehmen aus diesem Dienstleistungsbereich. Und bei solchen gibt es oft keinen nennenswerten Substanzwert, da das Kapital allein in den Köpfen der Mitarbeiter, den Geschäftsprozessen und der Organisation des Unternehmens steckt.

Insgesamt gibt es nicht allzu viele Unternehmen, bei denen der Buchwert über dem Marktwert liegt. Im März 2003, als der DAX seinen Tiefpunkt erreicht hatte, war das aber bei einigen deutschen Standardwerten der Fall. So lag der bereinigte Buchwert der Bayer AG bei 22,65 Euro je Aktie, der Aktienkurs jedoch nur bei 10 Euro. Da hätte man auch nach der Methode von Benjamin Graham zuschlagen und mehr als 100 % Gewinn machen können. Ich werde dennoch weiter vor allem nach Unternehmen suchen, die nicht nur zeitweilig unterbewertet sind und die Chance auf einen Kursgewinn von 100 % eröffnen, sondern nach Unternehmen, welche die Chance auf eine langfristige Kursentwicklung von mehreren 100 % durch kontinuierliche Gewinnsteigerungen eröffnen.

4.1.2 Was ist Value Investing? Großes Interview mit Bruce Greenwald
Ausgabe 12/2004 vom 19.03.2004

Prof. Dr. Bruce Greenwald ist Inhaber des Graham-and-Dodd-Lehrstuhls an der Columbia University und der führende akademische Experte für Value Investing in den Vereinigten Staaten. Fondsmanager zahlen 2000 Dollar je Tag, um in seinen Seminaren das Value Investing zu lernen. Im Gespräch mit Prof. Dr. Max Otte äußert er sich über seine Philosophie des Value Investing.

Professor Greenwald, was hat Ihr Interesse am Value Investing geweckt?

Es war ein echter Zufall. Ich war vorher an der Harvard University und wollte vielleicht dorthin zurückkehren. Daraufhin bot mir mein Dekan einen »großen« Lehrstuhl an, um mich zu halten. Zusätzlich wollte er mich dabei unterstützen, meine Tochter in einem Top-Kindergarten unterzubringen. (Anmerkung: Das ist in New York extrem schwierig.) Ich sagte, dass er das mit dem Lehrstuhl vergessen sollte, wenn er es nur mit dem Kindergarten schafft. Es kam genau anders herum: Auch mein Dekan konnte meiner Tochter nicht den gewünschten Kindergarten besorgen, dafür bekam ich den Lehrstuhl.

Ich bin studierter Ökonom. Als solcher wird man ja darin indoktriniert, an effiziente Märkte und damit eben nicht an das Value Investing zu glauben. Als ich den Lehrstuhl angeboten bekam, ging ich zu einigen Vorlesungen des Vorgängers. Seitdem bin ich vom Value Investing fasziniert. Wenn intelligente Menschen die Macht, die Möglichkeiten und das Potenzial des Value Investing sehen, ist es fast unvermeidlich, dass sie davon überzeugt werden.

In Ihrem Handbuch *Value Investing* schreiben Sie über drei Ansätze des Value Investing: Basic Value, Value of the Franchise / Earnings Power und Value of Growth.

Es sind nicht wirklich drei unterschiedliche Ansätze. Value Investing ist vielmehr ein Prozess, in dem man alle drei Methoden angemessen einsetzt. Sie fangen damit an, mit einem disziplinierten Prozess nach »Schnäppchen« zu suchen. Es ist kein Zufall, gute Aktien zu finden. Wenn Sie meinen, dass Sie ein Schnäppchen gefunden haben, sollten Sie sich jedes Mal fragen, warum Gott so gnädig gewesen ist und ausgerechnet Ihnen diese Möglichkeit offenbart hat. Und auf diese Frage sollten Sie besser eine Antwort haben.

Wenn Sie eine Aktie verkaufen, muss ein anderer Investor diese kaufen. Einer von beiden liegt falsch – jedes Mal. Deswegen müssen Sie immer darüber nachdenken, ob und warum Sie auf der richtigen Seite stehen. Und deswegen müssen Sie mit einer systematischen Suchstrategie starten, und eben nicht mit dem Zufall.

Im Markt existieren psychologische Verzerrungen. Aktien, die nicht in Mode sind, fallen noch weiter im Kurs, und Aktien, die in Mode sind, will jeder haben. (…)

Coca-Cola ist um 40 % gefallen und bekommt derzeit viel schlechte Publicity. Viele Leute haben vielleicht automatisch verkauft, und es sind derzeit nicht viele enthusiastische Käufer da draußen. Man wäre nicht überrascht, wenn Coca-Cola eine Value-Gelegenheit wäre.

Wenn Sie einen Kandidaten haben, müssen Sie im zweiten Schritt wissen, was Sie wofür bezahlen. Sie benötigen eine Bewertungsmethode, um das Unternehmen zu bewerten. Und da fangen Sie zunächst, wie auch Ben Graham, mit den Vermögensgegenständen des Unternehmens an.

Ist der Buchwert heutzutage noch eine Orientierungsgröße? Viele unserer Leser fragen, ob man angesichts der erheblichen Manipulationen in der Buchführung damit überhaupt noch rechnen kann.

Auch heute noch ist der Buchwert eine hervorragende Orientierungsgröße. Wenn Sie einfach die Unternehmen mit dem geringsten Markt- zu Buchwert nehmen, würden Sie den Markt je nach Branche und Land um 3 % bis 5 % schlagen. Das schafft kaum ein Fondsmanager. Bernstein, eine tolle Value-Investing-Firma, benutzt sehr komplizierte Modelle und schlägt den Markt um 3 %. Die Firma hat dann ihren eigenen Return an einfachen Markt-zu-Buchwert-Modellen gemessen und festgestellt, dass die einfachen Modelle den Markt sogar um 3,9 % schlagen.

Markt- zu Buchwert ist also eine sehr gute Suchstrategie für den Beginn des Prozesses. Es ist aber nur der Startpunkt für das Value Investing. Wenn es mit mechanischen Strategien getan wäre, könnte ein Computer die Arbeit machen. Sie würden keinen Analysten benötigen. Sie müssen also effektiv Wissen hinzufügen, wenn Value Investing Sinn machen soll. Sie machen mit der Bilanz weiter und überlegen, ob die Vermögensgegenstände korrekt wiedergegeben worden sind.

Das ist aber nicht etwas, was der gewöhnliche Investor machen kann.

Lassen Sie mich ehrlich sein – Sie haben recht. Wenn Sie feststellen, wie schwierig das ist, dann überlassen Sie es besser einem professionellen Investor. Sie können aber herausfinden, ob dieser professionelle Investor nach den Prinzipien des Value Investing vorgeht. Solche Manager sollten Sie wählen.

Wenn die Branche schrumpft, nehmen Sie den Liquidationswert. Wenn die Branche stabil ist, wollen Sie wissen, was es kosten würde, das Geschäft neu wieder aufzubauen.

Wie Sie sehen, ist es eine sehr schwierige Sache. Und daher sind wirklich gute Value Investoren normalerweise auch nur in wenigen Branchen Experten. Im Fall von Warren Buffett sind dies kurzlebige Konsumgüter und Markenartikel, Medien und Versicherungen.

Nehmen Sie Coca-Cola. Das Unternehmen hat einen Marktwert von 100 Milliarden, aber der Buchwert ist nur 10 Milliarden. Im Falle von Coca-Cola kaufen Sie also nicht den Buchwert, sondern das Einkommen. Den jetzigen Jahresgewinn kennen Sie. Diesen sollten Sie um außergewöhnliche Einflüsse bereinigen. Dann bleiben derzeit etwa 5 bis 7 Milliarden Dollar übrig. Dies müssen Sie nur noch in einen Unternehmenswert umrechnen.

Dazu müssen Sie wiederum wissen, welche Rendite Sie von einem Investment wie Coca-Cola erwarten können, derzeit vielleicht 9 %. Jetzt nehmen Sie $1/0{,}09 * 5{,}5 = 60$ (Formel für die Bewertung eines ewigen Einkommensstroms von 5,5 Mrd. bei 9 % Diskontierungszinssatz). Damit haben Sie einen Wert auf Basis des jetzigen Einkommens von rund

60 Milliarden. *Das ist immer noch weniger als der Marktwert. Selbst zu diesem Zeitpunkt versuchen also viele Investoren, eine Scheibe vom Kuchen abzubekommen, weil* das Geschäft unglaublich lukrativ ist. Wenn es so einfach wäre, könnten Sie einfach 10 Milliarden investieren und 60 Milliarden Wert durch Einkommen schaffen. Da es nicht so einfach ist, gibt es immer noch eine hohe Nachfrage für die Cola-Aktie.

Jetzt müssen Sie sich fragen, ob das Franchise nachhaltig ist. Hier muss der Analyst ein Urteil fällen.

Eine andere Möglichkeit: Wenn die Vermögensgegenstände des Unternehmens 8 Milliarden wert sind, der Wert des Einkommens aber nur 4 Milliarden, dann vernichtet das Management Unternehmenswert. Die Frage hier ist: Kann das Management besser werden?

Normalerweise sollten aber der Wert der Vermögensgegenstände und der Wert der Gewinne ungefähr gleich sein, wenn es keine Eintrittsbarrieren gibt. Wie Sie sehen, sollten Sie die verschiedenen Ansätze gleichzeitig verwenden, um mehrere Perspektiven zu erhalten.

Was wir noch nicht behandelt haben, ist der Wert des Wachstums. Und das ist extrem schwierig. Aber Earnings Power und Basic Value zeigen Ihnen fast alles, was Sie benötigen.

Wenn zum Beispiel der Wert der Earnings geringer ist als der Wert der Vermögensgegenstände, wird Wachstum, Wert vernichtet. Wachstum hätte also einen negativen Wert. Sie bekommen weniger heraus, als Sie reinstecken.

Wenn beide gleich hoch sind, und es keine Eintrittsbarrieren gibt, kennen Sie den Wert des Unternehmens. Sie kennen ebenso den Wert des Wachstums: Der ist null. Wenn Sie mehr investieren, bekommen Sie gerade ihre Kapitalkosten heraus. Damit wird kein zusätzlicher Wert geschaffen.

Nur im dritten Fall, zum Beispiel bei Coca-Cola, hat Wachstum einen Wert. Hier sollten Sie sehr konservative Annahmen machen. Sie können die Kurssteigerung der Aktie und das Einkommen von Coca-Cola auf relativ einfache Weise einschätzen. Gestern hat Coca-Cola bekannt gegeben, dass die Prognose für die langfristige Wachstumsrate von 5 % bis auf 3 % bis 4 % gesenkt wird. Also haben Sie vielleicht ein Volumenwachstum von 4 %. Coca-Cola hat Preismacht. Wenn also die globale Inflation 1 % bis 2 % beträgt, kann Coca-Cola dies an seine Kunden weitergeben oder sogar die Preise um 3 % p. a. anheben. Das wäre schon eine Rendite von 7 %.

Zudem kostet es nicht viel, das Wachstum des Unternehmens zu finanzieren. Wenn das Unternehmen 5 % auf dem Marktwert (etwa 5 Milliarden auf 100 Milliarden) erwirtschaftet, kann es wahrscheinlich 4 % als Dividenden ausschütten.

Jetzt haben Sie 4 % Volumenwachstum, 3 % Preisanstieg und 4 % in Form von Dividenden – zusammen also immerhin 11 %. Im Aktienmarkt insgesamt haben Sie vielleicht eine Dividendenrendite von 2 %. Die Gewinne des Aktienmarktes steigen mit dem Welt-Bruttosozialprodukt, also um etwa 4,5 % bis 5 %. Der Aktienmarkt insgesamt bringt Ihnen also 6,5 % bis 7 %.

Wenn Sie auf diese Weise nach allen drei Methoden den Wert von Coca-Cola berechnen, kommen Sie zu dem Schluss, dass Coca-Cola Ihnen wahrscheinlich überdurchschnittli*che Renditen erwirtschaften wird.*

In perfekten Märkten müsste man sich natürlich fragen, wie das der Fall sein kann.

Genau. Wenn Sie sich das jetzige Umfeld anschauen, werden Sie feststellen, dass alle Geschichten ziemlich negativ sind. Und das ist genau das psychologische Umfeld, in dem Sie suchen. Investoren werden da leicht entmutigt und vielleicht eine Aktie eher verkaufen. Aber Sie sehen, wenn Sie alle Stücke des Puzzles zusammenfügen, können Sie mit einer relativ großen Gewissheit sagen, dass die Aktie unterbewertet ist.

Lassen Sie mich versuchen, einen sehr speziellen Kommentar von Ihnen zu bekommen. Eine meiner Branchen ist das Internet, ich habe dort viele Unternehmen kommen und gehen sehen. Seit Jahren habe ich unseren Lesern eBay empfohlen, weil es nach meiner Ansicht das mächtigste Franchise der Welt darstellt.

Sie haben recht, dass es ein ungewöhnlich mächtiges Franchise ist. Der beste Beweis dafür ist die Tatsache, dass in Japan Yahoo! den Auktionsmarkt dominiert und dass eBay keine Chance hat, da reinzukommen. Das Problem ist, dass der jetzige Cash Return (Gewinne pro Marktwert) ungefähr 1 % beträgt. Wir wissen nicht, wie schnell eBay wachsen wird, weil wir wenig historische Daten haben. Coca-Cola hat 4 %.

Das Wachstum von eBay könnte 15 % betragen, oder es könnte schnell zu Ende sein, weil Auktionsmärkte sehr spezielle Märkte sind. Das Wachstum könnte auch 5 % bis 6 % sein. Wenn das Wachstum nur 5 bis 6 % betragen würde, dann bekämen Sie insgesamt nur die 6 % bis 7 % durchschnittliche Marktrendite.

eBay ist für mich in der Kategorie **zu schwer zu bewerten**! eBay hat niemals jemanden enttäuscht. Der Aktienwert ist immer weiter gestiegen. Damit erscheint es für viele Leute immer noch als eine attraktive Möglichkeit, reich zu werden. Wir wissen aus vielen Studien, dass die Leute für Lotterietickets systematisch mehr bezahlen, als diese wert sind.

Wie ermitteln Sie die Kapitalkosten?

*Es gibt zwe*i Möglichkeiten. Eine wäre eins geteilt durch das KGV des Aktienmarktes (22 in den USA, also 4,5 %). Sie würden dann dazu die

Inflation addieren, also beispielsweise 2 %. Damit lägen Sie bei 6,5 %. Alternativ können Sie die Dividendenrendite (derzeit durchschnittlich 1,8 % in den USA) und das langfristige Wachstum addieren (4,7 %). Das wären auch 6,5 %. Dies sind dann auch die durchschnittlichen Renditeerwartungen. Wenn Sie allerdings mit Investoren sprechen, werden Sie von fast allen hören, dass sie erwarten, 10 % bis 12 % zu machen. Ich würde mit einem Diskontsatz von 8 % rechnen.

Wie beurteilen Sie die Tatsache dass amerikanische Unternehmen systematisch höher bewertet sind als deutsche Unternehmen?

Deutschland hat systematisch enttäuscht – man denkt, dass es zu industrielastig ist, dass der Euro ein Nachteil und das Land unfähig zu Reformen ist. Irgendwann sollten Value Investoren davon profitieren.

Gemessen am Basic Value sind deutsche Großunternehmen billig, aber nicht gemessen am Earnings Power, da diese Unternehmen oft nicht viel verdienen.

Dennoch muss sich irgendwann der Basic Value durchsetzen, da die Vermögensgegenstände nicht ersetzt werden. Die Industrie wandert vielleicht in andere Länder ab, aber Deutschland wird sicher weiter große Dienstleistungsunternehmen haben. Ich habe Deutschland nicht im Detail analysiert, aber eine sorgfältige Value-Analyse würde vielleicht zeigen, dass es viele Schnäppchen gibt.

Der DAX fiel von 8000 im Jahr 2000 auf 2200 im Jahr 2003 und steht jetzt bei 4100. Verhält sich so ein normaler, großer Index?

Lassen Sie mich das korrigieren. Wahrscheinlich hätten Sie unter 3000 schauen sollen. Jetzt ist langsam wieder das Interesse der Investoren geweckt, es könnte also schon zu spät sein. Auf jeden Fall sollten Sie jetzt vorsichtiger sein.

Prof. Greenwald, thank you very much for your insights.

Max, you're doing God's work, but watch out for eBay. *(Prof. Greenwald, haben Sie vielen Dank für diese Einblicke. – Max, Sie machen sehr gute Arbeit, aber geben Sie auf eBay acht.)*

Im Jahr 2008 unterrichtete Max Otte ein Seminar in Value Investing zusammen mit Bruce Greenwald. Max Otte sollte danach das Seminar von Bruce Greenwald bei passenden Gelegenheiten selbstständig in Europa unterrichten.

4.1.3 Investoren-Akademie: Graham-Investing und Buffett-Investing
Ausgabe 40/2008 vom 3.10.2008

Warren Buffett ist Benjamin Grahams bekanntester Schüler. Noch heute spricht Buffett ehrfurchtsvoll von Grahams Großzügigkeit und Intellekt. Beide waren und sind Value Investoren – sie versuchen, Aktien oder Wertpapiere unter ihrem wahren Wert zu kaufen. In ihren Investmentstilen unterscheiden sie sich jedoch massiv.

Zunächst einmal: »Jedes sinnvoll betriebene Investieren ist wertorientiertes Investieren (Value Investing)«. Das hat Charlie Munger, Buffetts Partner, gesagt. Wir würden zustimmen. Studie nach Studie zeigt, dass diejenigen, die unter Wert einkaufen, langfristig erfolgreich sind. Kurzfristig spielt aber Momentum eine Rolle: Beliebte Aktien werden noch teurer, wie wir es zum Beispiel von 2006 bis 2007 bei Stahlaktien, VW oder Solarwerten gesehen haben. Value Investoren würden diese Branchen meiden, wenn die Titel über dem fairen Wert notieren.

Was so einfach klingt, ist in der Praxis nicht ganz so einfach durchzuhalten. Was machen Sie, wenn Ihre Titel erst einmal zwei bis drei Jahre lang fallen? Wenn ein anderer mit Modetiteln (wie zwischen 2004 und 2007 etwa der Solarbranche) viel Geld verdient? Bleiben Sie Ihrem Stil treu oder lassen Sie sich beeinflussen? Die Emotionen, die durch die Börse geweckt werden, sind extrem stark und können nur mit Mühe im Griff gehalten werden.

Worin unterscheiden sich aber Graham-Investing und Buffett-Investing?

Unterbewertete Substanz: Investieren mit Benjamin Graham

Stellen Sie sich den Kauf eines Hauses vor: Graham hätte das Haus gekauft, wenn er es weit unter dem Wert des Landes und der Baukosten hätte erwerben können. Er orientiert sich an der Substanz. Bei einem Unternehmen sind dies für Graham vor allem die Vermögensgegenstände des Umlaufvermögens (Forderungen, Kassenbestand, Vorräte). In seiner reinen Form würde Graham-Investing nach dem Net-Net-Prinzip bedeuten, dass Graham dann die Aktien eines Unternehmens erworben hätte, wenn er weniger bezahlte, als das Umlaufvermögen abzüglich aller lang- und kurzfristigen Schulden wert war. Das ist extrem billig. In einer etwas weniger streng gefassten Version würde man Aktien eines Unternehmens kaufen, wenn die Aktien billiger zu haben sind als das Gesamtvermögen (also auch langfristige Vermögensgegenstände) minus aller Schulden.

In der Weltwirtschaftskrise und auch noch nach dem zweiten Weltkrieg ließen sich selbst durch die strenge Graham-Methode (Net-Net) viele Werte identifizieren. Mit steigenden Bewertungen wurde dies immer schwieriger. Gelegentlich finden sich aber immer noch Aktien, die unter dem Wert ihres Nettoumlaufvermögens notieren. Nach dem Zusammenbruch der New Economy waren zum Beispiel Freenet, SinnerSchrader oder OnVista unter ihrem Kassenbestand zu haben.

Die Graham-Methode zielt also auf billige Substanz ab. Die Qualität des Unternehmens ist Graham ziemlich egal, wenn nur der Preis stimmt. Auf Neudeutsch würde man die Methode als Deep Value bezeichnen.

Eine provisorische Variante der Graham-Methode wäre es, Aktien zu kaufen, deren Kurs-Buchwert-Verhältnis unter eins liegt. Bei uns wäre das zum Beispiel BMW mit einem Kurs-Buchwert-Verhältnis von 0,9. (…)

2008 stürzten Aktien, die nach der Graham-Methode ausgewählt worden waren, erst einmal ab. In der ersten Hälfte des Jahres 2008 fuhren die von Montier identifizierten Aktien Verluste von durchschnittlich 24 % ein.

Richard Pzena von Pzena Investment hat dokumentiert, dass Value-Aktien VOR einer Rezession meistens überproportional abgestraft werden. Sobald die Rezession einsetzt, liefern sie eine massive Outperformance ab. Der naive Investor könnte sagen: »Nun, dann steige ich erst ein, wenn die Rezession da ist.« Aber das funktioniert leider nicht. Erstens wissen wir nicht genau, wann die Rezession kommt. Zweitens können Aktien an wenigen Tagen so stark steigen, dass sich dann ein Einstieg nicht mehr lohnt. Es bleibt Ihnen also nichts anderes übrig, als das ganze Karussell mitzumachen.

Wenn Sie es mitmachen, lohnt sich das: Von 1992 bis 2007 erzielte man mit europäischen Aktien durchschnittlich 13 % Rendite jährlich, mit Graham-Aktien 22 %. In den USA sah es ähnlich aus: 9 % für den Markt und 15 % für Graham-Aktien. Und in Japan stand der Markt fast still, während Graham-Aktien 20 % Rendite pro Jahr abwarfen.

Graham-Investing bedeutet, in unschöne Aktien und Situationen zu investieren, vor denen andere Investoren weglaufen. Das müssen Sie, wie auch die Kaufleute-Strategie, eisern durchhalten. Unsere Investments in BMW (Topmarke, derzeit aber überhaupt nicht »sexy«), Allianz, Norske Skog, McClatchy und Debenhams entsprachen dieser Methode.

Wenn Sie das aushalten, ist es ratsam, außerhalb der ausgetretenen Pfade zu investieren und zumindest einige Unternehmen nach der Graham-Methode ins Depot zu nehmen.

Unterbewerteter Ertrag bei langfristig stabilen Wettbewerbsvorteilen: Investieren mit Warren Buffett

Buffett hat in seinem Leben schon in (fast) alles investiert und war (fast) immer erfolgreich. Am meisten wird er aber mit seinen Investments zum Beispiel in Coca-Cola oder Gillette (heute Teil von Procter & Gamble) identifiziert. Dies sind Unternehmen, die über Jahre hinweg Ertrag und Gewinne steigern können. Buffett nennt solche Unternehmen Franchises, also Unternehmen, die einen Markt gepachtet oder für sich reserviert haben. Das Wort Moat (Burggraben), welches denselben Sachverhalt beschreibt, ist zu einem Modebegriff geworden. Mir gefällt »Franchise« besser, denn Burgen können gestürmt werden.

Anders als Benjamin Graham ist Buffett also bereit, für Unternehmensqualität mehr zu bezahlen, wenn die langfristigen Wachstumsperspektiven stimmen. Und die Idee scheint schön einleuchtend: Einfach Aktien wie Coca-Cola kaufen, liegen lassen, schlafen.

So einfach ist es aber nicht. Es stimmt – wenn Sie mehr als 20 Jahre haben, können Sie das tun. Aber auch solche Aktien können überbewertet sein. Auf der Hauptversammlung von Berkshire Hathaway des Jahres 2006 sagte Buffett: »Coca-Cola hat in den letzten Jahren seine Gewinne (und damit seinen Wert) massiv gesteigert. Gleichzeitig ist der Kurs stark eingebrochen. Jetzt ist das Unternehmen fair bewertet. Sie fragen sich vielleicht, warum ich im Jahr 2000 nicht verkauft habe. Das frage ich mich auch.«

Auch die Entdeckung und Identifizierung von Franchises ist nicht einfach. In den Jahren nach 2000 war ich von eBay sehr überzeugt. Das Unternehmen war als größter Online-Marktplatz quasi unangreifbar. Dann passierten zwei Dinge: Das Management wollte zu schnell wachsen und machte eBay zu einer normalen Verkaufsplattform für Unternehmen, und Google betrat das Spielfeld. Nun konnten auch kleine Webshops leicht gefunden werden, und kleinere Verkäufer mussten nicht mehr den Weg über eBay wählen.

Nach Bruce Greenwald müssen normalerweise zwei Dinge zusammenkommen, damit ein Franchise besteht: Erstens stabile Kundenpräferenzen (Coca-Cola), Wechselbarrieren (Microsoft,

Versicherungen) oder andere Wettbewerbsvorteile sowie zweitens Größen- und Kostenvorteile. Der Markt sollte stabil sein. Bei eBay oder heute bei der Solarbranche wissen wir einfach noch nicht, wo die Reise hingeht. Halten Sie sich also an Unternehmen wie Coca-Cola, Adidas, Procter & Gamble, Beiersdorf oder auch Fuchs Petrolub oder Rhön-Klinikum, denn diese verfügen über stabile Wettbewerbsvorteile.

Charlie Munger sagt hierzu: »Natürlich ist das Entdecken von Franchises sehr schwer. Es mag vielleicht leicht aussehen, aber warum sollte etwas leicht sein, dass Sie zu einem reichen Mann macht, wenn Sie es nur wenige Male in Ihrem Leben erfolgreich anwenden?«

Vereinfachte Formel zur Ermittlung des Ertragswertes:

$$W = DM * U/1+r \qquad \text{sowie} \quad WA = W/N$$

mit:

DM = durchschnittliche Marge der letzten 10 Jahre
U = aktueller Umsatz des Unternehmens
r = anzusetzender Zinssatz
W = Wert des Eigenkapitals
N = Aktienanzahl
WA = fairer Ertragswert der Aktie
g = Gewinnwachstum

Bei Henkel beträgt der normalisierte Aktienwert nach dieser Formel etwa 21 Euro je Aktie. Das wäre also die Wertuntergrenze (wenn nicht der Substanzwert höher liegt).

Nur bei einem Franchise dürfen wir eine Wachstumsrate ansetzen, die oberhalb des Wachstums der Wirtschaft oder des speziellen Sektors liegt. Dann wäre die Formel:

$$W = DM * U/1+ (r - g)$$

Setzen wir für Henkel 3 % Wachstum an, was unter dem Wachstum der Weltwirtschaft liegt, so beträgt der normalisierte Ertragswert 35,00 Euro je Aktie.

Die Greenwald-Synthese

Nach Bruce Greenwald verfügen 95 % aller Unternehmen nicht über Franchises. Diese Franchises zu entdecken und dann durch Analysen zu verifizieren, setzt eine gute Kenntnis des entsprechenden Marktes voraus.

Greenwald schlägt daher vor, Unternehmen nach ihrer Substanz und nach ihrem normalisierten Ertrag OHNE Wachstum zu bewerten. Bei Henkel beträgt der Substanzwert (auch eine Wertuntergrenze) 23,05 Euro je Aktie. Damit können wir die Wertuntergrenze ohne Wachstum von etwa 21 Euro beiseitelegen, denn die Wertuntergrenze wird durch den Substanzwert bestimmt.

Erst wenn ein Franchise besteht (was wir für UHU, Pattex, Persil und etliche andere Konsumgüter aus dem Hause Henkel durchaus annehmen können), dürfen wir Wachstum oberhalb des allgemeinen Wirtschaftswachstums annehmen. Nehmen wir also sehr realistisch ein Wachstum von 3 % pro Jahr an (das liegt nur leicht über dem Wachstum der deutschen Wirtschaft), dann wäre die Henkel-Aktie etwa 35 Euro wert. Das ist auch deshalb eine konservative Annahme, weil Henkel global tätig ist und die Weltwirtschaft schneller wächst als die deutsche Wirtschaft.

Nachtrag 2013:

Zu dem Zeitpunkt dieses Textes notierte die Aktie von Henkel bei knapp über 20 Euro. Nachdem sie 2013 zwischenzeitlich ein Hoch von 77 Euro erreichte, liegt sie im Juli 2013 bei 72 Euro. Unsere Henkel-Position trug erheblich zur Erholung des PI Global Value Fund 2008-2009 bei.

4.1.4 Investoren-Akademie: Growth, Value und Momentum
Ausgabe 41/2005 vom 16.10.2005

Vor einem Jahr schrieb ich an dieser Stelle über die drei Stile des Value Investing, wie sie von Prof. Bruce Greenwald, Inhaber des Graham-and-Dodd-Lehrstuhls für Value Investing an der Columbia University, so klar herausgearbeitet wurden (Basic Value, Earnings Power und Value of Growth). Im Privatinvestor 30/2005 schrieb ich über Growth und Value und die diesbezüglichen Untersuchungen meines Kollegen Prof. Thorsten Hens von der Universität Zürich.

Growth und Value: kein Widerspruch

Ein Unternehmen kann ich prinzipiell auf zweierlei Weise bewerten: aufgrund seiner Vermögensgegenstände abzüglich Schulden oder aufgrund seiner Ertragskraft. Zusammengefasst handelt es sich bei den drei Stilen des Value Investing nach Greenwald darum, im ersten Fall den Substanzwert zu ermitteln und zu schauen, ob der Börsenwert deutlich darunter liegt. Im zweiten Fall wird der Ertragswert bei normalisierten Gewinnen ermittelt. Nur im dritten Fall fließt zukünftiges Wachstum ein.

Value Investing ist immer dann gegeben, wenn der Börsenwert des Unternehmens unter dem wie auch immer ermittelten ökonomischen Wert liegt. Sie kennen meine Präferenz für die Ertragswertmethode, die auch Basis der Königsanalyse© ist. Unternehmen mit stabilen Erträgen sind wesentlich leichter zu bewerten. Schwierig ist aus meiner Sicht zum einen die Bewertung der Substanz. Hierzu muss man schon fast Wirtschaftsprüfer sein und Detektivarbeit bei den Bilanzen leisten. Wenn man richtig gelegen hat, hat man die Chance auf einmalige gute Gewinne. Eine einfache Methode, die durchaus funktioniert, ist die Identifikation von Aktien mit niedrigem Kurs-Buchwert-Verhältnis. VW hätte man so finden können.

Auch die Bewertung zukünftigen Wachstums ist schwierig, weil hier schnell Wunschdenken einfließen kann. Und das im Übrigen nicht nur bei Investoren, sondern genauso häufig bei dem Management von Unternehmen, die sich Wachstum hinzukaufen und später feststellen müssen, dass sie damit Wert vernichten (Daimler hat dies regelmäßig gemacht). Value Investing heißt also streng genommen:

1. Ermittlung des inneren Wertes mit der in dem speziellen Fall angemessenen Methode
2. Ermittlung der Börsenwerts und Vergleich mit dem wahren ökonomischen Wert
3. Kauf bei einer deutlichen Unterbewertung, Verkauf bei einer deutlichen Überbewertung

Drei Stile beim Value Investing

Basic Value (Substanzwert)	Hässliche Entlein
Earnings Power (normalisierte Erträge ohne Wachstum)	Unternehmen mit vorübergehend geringeren Erträgen
Value of Growth (zukünftiges Wachstum)	Einzelne Unternehmen mit hervorragenden Franchises und monopolartiger Position sowie Wachstumschancen innerhalb des bestehenden Geschäfts

Der eigentliche Widerspruch: Growth und Momentum

Der eigentliche Widerspruch bei den Investmentstilen ist derjenige zwischen Growth und Momentum. Während sich der Value Investor am inneren Wert orientiert, orientiert sich der Momentum-Investor vor allem am Trend – vielleicht führt er noch einen Qualitätscheck bei der Aktie durch. Momentum kann durch verschiedene Faktoren bestimmt werden: lang- oder kurzfristige Trends (zum Beispiel die Charttechnik) oder auch durch die relative Stärke. Mein derzeitiger Kontrahent im Börsenspiel, Rudolf Reill, sagt von sich, dass er ein Trendfreund sei und dem Trend folge. Er ist also das typische Beispiel eines Momentum-Investors. Auch boerse.de bestimmt so langfristige Trends.

Momentum-Märkte können eine große Kraft entwickeln. In der Börseneuphorie von 1995 bis 2000 schienen zum Schluss alle Gesetze des Aktienmarktes außer Kraft gesetzt zu sein. Die Aktien stiegen und stiegen – wenn Sie 1998 glaubten, dass Aktien überbewertet waren, und verkauften, verloren Sie vielleicht viel Geld.

Sie haben es andererseits bestimmt schon selbst erlebt: Wenn Sie fest davon überzeugt waren, dass eine Aktie nicht noch tiefer fallen könne und deswegen kauften, brach die danach noch weiter ein und weiter und weiter. Beispiele von Aktien, die aufgrund dieser Einbrüche und der Kraft des negativen Momentums 2002 bis 2003 weit unter ihrem jeweiligen inneren Wert notierten, waren zum Beispiel MLP, Nokia und so ziemlich alle Titel des DAX.

Oder Sie waren überzeugt, dass eine Aktie viel zu teuer geworden ist und verkauften – nur um danach steigenden Kursen hinterher zu sehen. Uns ist dies im Wachstumsportfolio mit den Teilverkäufen von Salzgitter und Bijou Brigitte so gegangen. In beiden Fällen ist die fundamentale Entwicklung der Werte gut – bei Salzgitter gab es im letzten Jahr geradezu eine Gewinnexplosion. Gleichzeitig haben sich aber auch beide Aktien zu Modeaktien entwickelt, so dass zusätzlich zur sicherlich vorhandenen Erhöhung des inneren Wertes auch das Bewertungsniveau (KGV, KCV, KUV) insgesamt gestiegen ist.

Momentum-Investing (für einzelne Aktien oder ganze Märkte – relative Stärke, Markttrends, Charttechnik)

Märkte und/oder einzelne Aktien fallen:	Momentum-Investoren meistens auf Verkäuferseite. Große Chancen für Value Investing, wenngleich die Nerven in einem weiter fallenden Markt arg strapaziert werden.
Märkte oder Aktien laufen seitwärts:	Momentum-Investoren unentschieden. Große Chancen für Value Investing.
Märkte in guter Stimmung oder euphorisch:	Momentum-Investing schlägt Value Investing. Value Investoren müssen Geduld haben und vorübergehend schlechtere Performance als Momentum-Investoren in Kauf nehmen.

Prof. Thorsten Hens wies nach, dass Value Investing die einzig evolutionär stabile Strategie ist, die sich am Ende immer durchsetzt. (Das ist ja auch logisch, denn es ist die einzig richtige Strategie.) In einem Wachstumsmarkt wird aber eine Momentum-/Wachstumsstrategie vorübergehend die Value-Strategie schlagen, da sich mit der Trendfolge mehr Geld verdienen lässt. Und weil Anleger ein kurzes Gedächtnis haben, liefen 1998 bis 2000 den Value-Fonds die Investoren in Scharen davon.

Value Investoren verkaufen tendenziell in steigenden Märkten und kaufen in fallenden Märkten zu früh. Das ist in Ordnung, denn zum Tiefpunkt kaufen nur Lügner, zum Hochpunkt verkaufen diese Leute dann wieder. Leider ist die Finanzbranche voll von Lügnern.

Praxis: Die IFVE-Datenbank, Value und Momentum

Bei IFVE verfolgen wir die Methode der inneren Werte. Es wäre auch vermessen, zwischen den Stilen Value und Momentum hin- und herspringen zu wollen, um die eigene Performance zu verbessern. Eine Mischung derartig gegensätzlicher Stile verbessert nicht Ihre Performance, sondern schafft bestenfalls Verwirrung und verschlechtert Ihr Resultat. (Sie können sich natürlich Substanz- und Wachstumswerte ins Depot legen, das ist aber eine andere Sache.)

Derzeit scheinen wir schon fast wieder in einen Momentum-Markt einzutreten. Sie sehen das daran, dass viele Werte aus der IFVE-Datenbank aus unserer Sicht fair bewertet sind, aber dennoch weiter steigen. In der IFVE-Datenbank geben wir den inneren Wert von Unternehmen an. Notiert eine Aktie deutlich unter ihrem inneren Wert, ist sie prinzipiell interessant, notiert die Aktie erheblich darüber, käme ein Verkauf in Betracht.

Befindet sich ein Unternehmen im Aufwärtstrend, können Sie überlegen, nicht zu verkaufen, auch wenn der innere Wert deutlich überschritten ist. In diesem Fall – und nur in diesem Fall – empfehle ich, gegebenenfalls einen Stop-Loss in Erwägung zu ziehen. Damit können Sie bei überbewerteten Unternehmen Ihre Gewinne absichern, aber dennoch am Trend teilhaben.

Unternehmen im Abwärtstrend behalten diesen Trend oft eine Weile bei. Einen Kauf sollte man sich daher ebenfalls gut überlegen. Hier können Sie eine Stop-Buy-Marke unterhalb des inneren Wertes setzen und diese nach unten nachziehen. Damit kaufen Sie nicht zu früh, sondern könnten die Abwärtsbewegung eines Kurses weiter ausnutzen.

Aber denken Sie daran: Die besten Investmententscheidungen sind meistens klare und einfache Entscheidungen und keine technischen Spielereien. Und da gibt es nur drei Entscheidungen: kaufen, halten oder verkaufen.

4.1.5 Aktienstrategien, die funktionieren
Ausgabe 20/2004 vom 14.05.2004

(…) Oftmals erlebe ich es, dass Mitglieder nervös werden: Nach einem hohen Kursgewinn verkaufen sie erfolgreiche Aktien, obwohl das Potenzial des Unternehmens noch lange nicht ausgereizt ist. Gerade bei eBay, Puma und Bijou Brigitte ist das einige Male vorgekommen. Ich kann verstehen, dass Ihnen nach den drei Baissejahren 2000 bis 2003 der Spatz in der Hand lieber ist als die Taube auf dem Dach. Dennoch benötigen Sie Geduld und Durchhaltevermögen, wenn Sie an der Börse Erfolg haben wollen.

Es gibt viele Aktienstrategien, die funktionieren. Auf dem Treffen der deutschen Investoren anlässlich der Hauptversammlung von Berkshire Hathaway in Omaha haben wir die wichtigsten davon diskutiert.

Vorab: Eine Strategie, die jedes Jahr gute Renditen abwirft, gibt es nicht. Der Aktienmarkt schwankt. Zwar überwiegt die Anzahl der guten Jahre, aber in einem ausgesprochenen Bärenmarkt werden auch die besten Investoren Verluste hinnehmen müssen. (…) Seriöse Anlagestrategien lassen sich an der Überrendite messen, die sie im Vergleich zu einem Index erzielen. Im Horror-Bärenmarkt vom März 2000 bis zum März 2003 waren keine Gewinne zu machen. Da hieß es nur, die Verluste zu minimieren. Als Investor benötigen Sie Geduld – manchmal fünf Jahre und mehr! Es ist völlig normal, dass Sie erst 2005, 2006 oder 2007 wieder beim alten Hoch Ihres Portfolios aus dem Jahr 2000 ankommen. Das gilt nur für ein GUTES Portfolio. Der DAX wird wohl länger brauchen. (…)

Folgende Strategien funktionieren, wenn Sie die notwendige Geduld und Konsequenz mitbringen:

1. Dividendenstrategien nach Michael O'Higgins. Nach dieser Strategie wählen Sie aus den zehn dividendenstärksten Werten eines Index die fünf Werte mit den niedrigsten Kursen aus. Ich habe diese Strategie zusammen mit Stefan Kotkamp auch für den DAX getestet (Kaufleute-Strategie) und komme auf eine historische Überrendite von 3 % bis 4 % p. a. gegenüber dem DAX. Mein am 3.12.1999 nach diesen Prinzipien aufgebautes Kaufleute-Portfolio weist einen Verlust von 18 % auf, der DAX einen Verlust von 38 %.

2. Die Loser-Strategie weist einige Ähnlichkeiten mit der Dividendenstrategie auf und war in den letzten Jahren die beste systematische Strategie überhaupt. Wenn Sie ein Portfolio der fünf Werte mit der schlechtesten Kursentwicklung zusammenstellen, hat dies in den letzten Jahren eine Überrendite von 7 % bis 8 % erzielt. Das funktioniert! Allerdings müssen Sie die Werte nach einem Jahr auch verkaufen, sonst ist der Erholungseffekt dahin.

3. Kurs zu Nettoumlaufvermögen nach Benjamin Graham: Graham, der Lehrmeister von Warren Buffett, setzt den Wert des Unternehmens in Relation zum Nettoumlaufvermögen. Wenn Sie die nach dieser Methode billigsten Werte aussuchen, können Sie ebenfalls langfristig deutliche Überrenditen erzielen.

4. Marktwert unter Bargeldbestand: Wenn Sie Aktien kaufen können, deren Kurs unter dem Bargeldbestand pro Aktie notiert, werden Sie, statistisch gesehen, besser als der Index abschneiden. Sie müssen verkaufen, wenn das Unternehmen wieder 10 % und mehr über

dem Bargeldbestand notiert. Von Ende 2002 bis Mitte 2003 war das auch im Neuen Markt möglich. (...)

5. Owner´s Earnings nach Warren Buffett: Zunächst einmal macht sich Buffett Gedanken über die allgemeine Unternehmensqualität. Dann untersucht er, wie viel zusätzliche Gewinne durch die über die Abschreibungen hinausgehenden Investitionen geschaffen werden. Nur wenn deutlich mehr zusätzliche Gewinne geschaffen werden, kauft Buffett. Diesen »Buffett-Test« wenden wir in der vorliegenden Ausgabe auf unsere Werte an (wir haben zwar einen ähnlichen Test schon in unserem Königskriterium 8, aber wir wollen es noch einmal genauso machen wie der Großmeister).

6. Der Institutionelle-Investoren-Effekt: Dieser Einmaleffekt mit durchschnittlich 7 % bis 10 % Kurssteigerung findet dann statt, wenn eine Aktie in größerem Stil von den institutionellen Investoren entdeckt wird. Wenn solche Investoren anfangen, sich einzudecken, treiben sie den Kurs nach oben. Bei Puma konnte man das in diesem Jahr beobachten – jetzt ist das Unternehmen an der Börse mit drei Milliarden Euro bewertet. Bijou Brigitte ist mit 400 Millionen Euro immer noch ein kleines Unternehmen. Wenn das Wachstum weitergeht, kann es auch hier zu einem Institutionellen-Effekt kommen. Die Bijou-Story ist noch nicht zu Ende.

7. Unternehmen mit hohem Börsenwert (Large Caps) versus Unternehmen mit kleinem Börsenwert (Small Caps). In den letzten siebzig Jahren haben Unternehmen mit großem Börsenwert in den USA im Schnitt 13,7 % (inflationsbereinigt 9,7 %) und kleine Unternehmen 17,3 % (bereinigt 13,8 %) Rendite erzielt. Das Königsportfolio (Large Caps) habe ich Ende 1999 bewusst als »Gegenportfolio« zur New Economy ge-

startet. Heute wende ich die Königskriterien im Wachstumsportfolio bevorzugt auf kleinere Unternehmen an.

Diese Börsenstrategien funktionieren – aber nur dann, wenn Sie die Ansätze konsequent anwenden und durchhalten. Der größte Feind langfristiger Renditen ist immer noch die eigene Ungeduld.

> **Anmerkung:**
> Der Value Investor würde diese Strategien noch nicht als wirkliche Aktienstrategien bezeichnen, da sie auf einer rein mechanischen Auswahl der Aktien beruhen, auf einem sogenannten »Backtesting«. Dabei schaut man, ob bei einem Aktienportfolio, das zum Beispiel einmal pro Jahr nach einer dieser Strategien ausgewählt wird, eine Überrendite entsteht. Die sogenannten »quantitativen Strategien« funktionieren ähnlich.

4.1.6 Warum Indexinvesting nicht das Gelbe vom Ei ist
Ausgabe 36/2010 vom 10.09.2010

Seitdem Burton Malkiel, bei dem ich in Princeton Vorlesungen hörte, und John Bogle in den 70er-Jahren das Indexinvesting bekannt machten, gewinnt es zunehmend an Popularität. Selbst Warren Buffett sagt, dass es sehr schwer ist, zu investieren, und dass Laien besser Indexinvesting betreiben sollen.

Die Grundidee: Eben weil das Investieren so schwer ist, sollte man besser in einen Aktienindex investieren. Über alle Aufs und Abs würden Sie dann zumindest die Rendite des Aktienmarkts von 8 % bis 12 % mit relativ großer Wahrscheinlichkeit erreichen. Außerdem würden die Kosten der Geldanlage minimiert.

Das Argument stimmt. Aber bitte Vorsicht. In der heutigen Desinformationswirtschaft hat die Finanzbranche Tausende von Indizes geschaffen, um Sie zu verwirren und um Themen spielen zu können.

Investieren Sie also NICHT in einen Rohstoffindex, die Emerging Markets, BRICs, einen Sektor oder sonst etwas. Wenn Sie Index-investing betreiben, dann mit DAX, Dow Jones, Eurostoxx, S&P oder anderen Klassikern. Viele andere Indizes spiegeln die Themen des Tages wider und sind massiv manipulierbar.

Die zweite Falle: Viele der heute so beliebten ETFs (Exchange Traded Funds) haben nicht den Index als Bestandteil, sondern beliebige Wertpapiere und Derivate. Sie garantieren lediglich die Renditen des Index. Das ist eine Riesenmogelpackung. Ich habe eine Weile gebraucht, bis ich gemerkt habe, warum die ETFs derzeit überall so gepusht werden. Finger weg! (Es sei denn, der ETF enthält wirklich die Werte des Index. Das ist aber schwer nachzuprüfen.)

Aber selbst wenn Sie nun mit einem guten Vehikel, zum Beispiel einen 1:1-Fonds, in den S&P 500 investieren, haben Sie ein Problem. Der Index beinhaltet die einzelnen Titel nach Marktwert. Wenn die Technologie- und Telekomtitel besonders teuer sind (wie um das Jahr 2000 herum), kauft man also so einen besonders hohen Anteil davon. Und nach dem Jahr 2000 fielen diese Titel, wie auch zum Beispiel die Deutsche Telekom oder Intel, um teilweise 90 % und mehr. Im März 2000 erreichte das KGV der Titel aus der Technologie- und Telekommunikationsbranche sagenhafte 116. Da wäre es sicher besser gewesen, die Finger davon zu lassen. Auch solche Betrügereien wie Enron und WorldCom kann Indexinvesting nicht entdecken.

Fazit: Investieren Sie langfristig und mit Augenmaß. Gewisse Entscheidungen müssen Sie aber treffen. Hierbei wollen wir Ihnen helfen.

4.1.7 Festverzinsliche Wertpapiere
Ausgabe 50/2008 vom 12.12.2008

Bisher waren wir in unserer Beratung relativ stark auf Aktien fokussiert. Um Ihnen ein breiteres Auswahlspektrum zu bieten, nehmen wir nun auch Anleihen in die Analyse auf. Aktien sind nicht für jedermann die richtige Wahl.

Anleihen weisen in der Regel eine geringere Schwankungsbreite als Aktien auf. Daher kommt der Glaube, Anleihen seien sicherer als Aktien. Was die Volatilität anbelangt, stimmt dies auch, aber es gibt auch Nachteile. Anleihen sind ein Zahlungsversprechen des Emittenten, also stellen sie Geldvermögen dar. Sie bieten dem Anleger keinen Schutz vor Inflation oder Währungsreformen. Zudem existieren ein Emittenten(Ausfall)-, Kurs(Zinsänderungs)-, Liquiditäts-, Kündigungs- und ein Währungsrisiko, wenn die Anleihe in einer Fremdwährung notiert.

Für den Emittenten stellten die Anleihe Fremdkapital dar. Er verpflichtet sich zur Rückzahlung des Betrages und zu einer zusätzlichen Zinszahlung für ihre Laufzeit. Die Verzinsung hängt vom Kupon, der Restlaufzeit und dem aktuellen Kurs der Anleihe ab. Je kürzer die Restlaufzeit, umso höher der Kupon, und je niedriger der aktuelle Kurs, desto höher wird die Verzinsung der Anleihe sein.

Es wird nach verschiedenen Arten von festverzinslichen Papieren unterschieden:

1. Nach Emittent unterscheidet man zwischen Unternehmensanleihen (zum Beispiel Anleihen von Nestlé), Staatsanleihen (etwa Bundeswertpapieren, Kommunalanleihen) und Bankanleihen (zum Beispiel Pfandbriefen).

2. Nach der Form der Rückzahlung: Hier gibt es Standardanleihen (Zahlung einer festen Verzinsung während der Laufzeit) und Nullkuponanleihen. Bei Nullkuponanleihen erfolgt keine Zinszahlung während der Laufzeit; sie wird vielmehr während der Laufzeit in den Kurs eingerechnet und am Laufzeitende mit dem Anlagebetrag ausgezahlt – daraus ergibt sich ein Steuerspareffekt. Daneben existieren noch Annuitätenanleihen (fester Rückzahlungsbetrag, bestehend aus Zins und Tilgung

bis zum Laufzeitende) und Tilgungsanleihen (fester Kupon, aber der Nennwert wird nicht am Fälligkeitstag, sondern über eine bestimmte Laufzeit zurückgezahlt).

3. Nach der Art der Verzinsung wird unterschieden zwischen Perpetuals (Anleihen ohne Laufzeitbegrenzung, der Anleger profitiert nur von der festen Verzinsung, sie werden in Deutschland nicht emittiert.), Anleihen mit variabler Verzinsung (Anpassen der Verzinsung an Geldmarktsätzen, so dass diese schwanken kann, auch »Floater« oder »Floating Rate Note« genannt), Stufenzinsanleihen (hier steigt oder fällt die Verzinsung während der Laufzeit in Stufen) und inflationsgebundenen Anleihen (die Nominale wird während der Laufzeit dem Verbraucherpreisindex angepasst).

4. Zudem existiert die Unterscheidung nach Optionsrecht. Wandelanleihen verbriefen das Recht, die Anleihe während der Laufzeit in Aktien des Emittenten zu tauschen. Aktienanleihen verbriefen das Recht, bei Fälligkeit statt des Nennwertes Aktien des Emittenten zu erhalten.

Anleihen weisen verschiedene Risiken auf:

* Zinsänderungsrisiko: Während der Laufzeit kann der Kurs einer Anleihe schwanken. Unter normalen Marktbedingungen wirkt folgender Mechanismus: Steigen die Leitzinsen, sinkt der Kurs, sinken die Leitzinsen, dann steigt der Kurs der Anleihe. Auf diesen Mechanismus reagieren Anleihen mit langer Laufzeit stärker als jene mit einer kurzen Laufzeit. In der gegenwärtigen Krise kommt zunehmend das Bonitätsrisiko der Emittenten hinzu, weshalb viele Anleihen stärker im Kurs fallen. Wenn Sie als Anleger eine An-

leihe bis zum Laufzeitende halten, ist das Kursrisiko für Sie irrelevant, weil Sie dann den eingezahlten Betrag zurückerhalten, zuzüglich der Zinsen während oder am Ende der Laufzeit.

- Beispiel: Von Februar bis November 1994 erhöhte Alan Greenspan die Zinsen in den USA, um die Inflation zu dämpfen. In der Folge sanken die Anleihenkurse sehr stark, und die Rendite langlaufender Anleihen stieg auf 8 %.

- *Ausfallrisiko:* Je schlechter die Bonität eines Emittenten, desto höher ist die Ausfallwahrscheinlichkeit. Meist besitzen derartige Anleihen einen sehr hohen Kupon oder notieren sehr niedrig im Kurs. Wenn Sie Anleihen verschiedener Emittenten kaufen, können Sie das Ausfallrisiko streuen. Deshalb ist der Kauf von verschiedenen Fonds eine sehr sichere Form der Anlage im Anleihensegment.

- Beispiel: Anleihen (dazu zählen auch Zertifikate) von Lehman Brothers wurden nach deren Pleite wertlos. Gleiches droht jetzt für ecuadorianische Staatsanleihen.

- Währungsrisiko: Notiert eine Anleihe in Fremdwährung, so besteht während der gesamten Laufzeit und für die Kuponzahlung ein Währungsrisiko. Dieses kann für Sie in Verluste oder zusätzliche Gewinne münden.

- Beispiel: Wenn Sie in den letzten drei Jahren Staatsanleihen in Dollar gehalten haben, haben die Anleihen allein durch die Abschwächung des Dollars an Wert verloren.

- Inflationsrisiko: Da Anleihen ein Zahlungsversprechen und keinen Realwert darstellen, besteht während der Laufzeit ein Inflationsrisiko, falls es sich nicht um eine inflationsgeschützte Anleihe handelt. Dies ist bei den meisten Anleihen nicht der Fall.

- Beispiel: Beträgt die Verzinsung einer Anleihe 5 % und das aktuelle Inflationsniveau 3 %, dann erwirtschaftet die Anleihe real nur 2 % Rendite. Bei einer Inflation, die höher ist als die Verzinsung, verlieren Sie real Geld.
- Kündigungsrisiko: Anleihen können mit einem vorzeitigen Kündigungsrecht ausgestattet sein. So sichert sich der Emittent vor stark fallenden Marktzinsen. Tritt dieser Fall ein, kündigt der Emittent die Anleihe. Dies kann zu einer Abweichung von der erwarteten Rendite führen.
- Beispiel: Oft sind länger laufende Rentenpapiere am Eurobond-Markt mit diesem Recht ausgestattet. Deshalb besitzen sie häufig von vornherein höhere Renditeaufschläge als Anleihen ohne Kündigungsrecht.
- Liquiditätsrisiko: Anleihen, die in geringer Stückzahl begeben oder gehandelt werden, können unerwarteten Preisschwankungen unterliegen. Wenn Sie sie bis zur Endfälligkeit halten, ist dies unproblematisch. Bei vorzeitigem Verkauf kann es aber zu Preisabweichungen kommen.

Auf was Sie achten sollten

Zur Beurteilung der Sicherheit einer Anleihe ist es wichtig, ähnlich wie bei der Unternehmensanalyse auf die Finanzierung des Emittenten zu achten. Bei Staatsanleihen ist deshalb auf die Verschuldung des Staates, bei Unternehmen auf die Eigenkapitalquote und die Geschäftsentwicklung zu achten.

Ein Beispiel sind hier Staatsanleihen der BRD. Die Staatsschulden betragen 70 % des Bruttosozialproduktes, so dass eine gute Bonität gegeben ist. BMW besitzt unter den Autobauern mit 24,4 % Eigenkapitalquote eine gute Bonität, während General Motors kein Eigenkapital besitzt und vollkommen überschuldet ist.

Zudem sollten Sie immer nur eine Laufzeit wählen, die der Dauer entspricht, die Sie bereit sind, das Geld zu investieren.

Bei sehr langen Laufzeiten können Sie Verluste erleiden, wenn Sie vorzeitig aussteigen möchten und die Anleihe gerade im Kurs gesunken ist.

4.1.8 Investoren-Akademie: Asset Allocation: Liquidität (Termingeld, Anleihen) oder Aktien? Wie teuer sind die Märkte? Wann raus?

Sonderausgabe 42/2009 vom 17.10.2009

Den fortgeschrittenen Investor erkennen Sie daran, ob er die schwierigsten Fragen des Investierens auch als solche erkennt. Und die allerschwierigste Frage beim Investieren für mich ist: wann Aktien halten, wann Anleihen? Die richtige Antwort auf diese Frage hat massive Auswirkungen auf Ihre Performance. Wenn Sie nur zu den richtigen Zeiten jeweils voll in Aktien gehen oder in Liquidität, können Sie massiv outperformen und in 10 bis 15 Jahren quasi aus dem Nichts ein Vermögen aufbauen.

Die einzige Person, die ich kenne und die das konsequent richtig gemacht hat, ist Warren Buffett. Ende der 60er-Jahre löste er die Buffett-Partnership auf, weil die Märkte aus seiner Sicht zu teuer waren. Im Jahr 1974 ging Buffett dann massiv in billige Aktien, als keiner diese haben wollte, obwohl die Indizes sich bis 1983 nicht mehr so richtig erholen wollten. 1987 ging Buffett wieder verstärkt raus. Dreimal die richtige Timing-Entscheidung in Folge! Aber auch nur drei Entscheidungen für das Markt-Timing in 20 Jahren! Buffett handelt nur, wenn es wirklich eindeutig ist, was es zum Beispiel im Jahr 2007 nicht war.

Seit Mitte der 90er-Jahre beteiligt sich Buffett mit Vorliebe direkt an Unternehmen (Private Equity), weil Berkshire für börsennotierte Beteiligungen etwas groß geworden ist.

Etliche fortgeschrittene Value Investoren umgehen die Frage des Markt-Timings, indem sie immer voll investiert sind (Long-Only), Versicherungen kaufen (Put-Optionen) oder fahren eine Long-Short-Strategie.

Wenn Ihnen jemand erzählt, dass er mit Markt-Timing gute Gewinne einfährt, ist es sehr wahrscheinlich, dass Sie jemanden vor sich haben, der sich selbst maßlos überschätzt und immer noch nicht verstanden hat, wie unsicher die Entscheidungen an der Börse wirklich sind. Oder Sie haben ein Genie wie Buffett vor sich. Der traf genau die richtigen Timing-Entscheidungen – das allerdings wie gesagt in 20 Jahren nur drei Mal! Also wartete auch Buffett darauf, bis die Anzeichen jeweils eindeutig waren.

Wie teuer sind die Märkte? Wann raus?

Ich habe aus der Finanzkrise vor allem eine Lehre gezogen: Beschränke Dich noch mehr auf das, was Du verstehst, und vereinfache Deine Investmententscheidungen noch mehr. Riskiere es, Leser und Kunden zu verlieren, die komplexe und schnelle Lösungen haben wollen. Beim Investing zählt vor allem eines: robuste Bewertungsprinzipien. Und da ist es besser, ungefähr richtig als präzise falsch zu liegen. Bei den Investmententscheidungen werden wir die folgenden Prinzipien besonders berücksichtigen:

1. Franchises und erstklassige Unternehmen kaufe ich ab 20 % Unterbewertung und halte sie bis 30 % Überbewertung. Wir werden in Zukunft noch größeres Augenmerk auf diese erstklassigen Unternehmen legen, denn sie eignen sich für Privatinvestoren einfach am besten.

2. Zykliker (BMW, BASF, MAN) kaufe ich ab 40 % Unterbewertung und verkaufe sie beim fairen Wert, maximal bei 10 % Überbewertung.

3. Turnarounds – in Zukunft nur noch in kleinsten Dosierungen und wenn mindestens Verfünffachungspotenzial da ist (80 % Abschlag zum fairen Wert).

4. Markt-Timing: Wir werden die Bewertungskennziffern für die Märkte insgesamt sehr genau beobachten.

Benjamin Graham verglich die Gewinnrendite des Marktes mit der Umlaufrendite für 10-jährige Staatsanleihen (...). Liegt die Gewinnrendite des Aktienmarktes um mehr als der Faktor zwei über der Rendite für Anleihen, ist der Aktienmarkt billig (= weist deutlich höhere Renditen als der Anleihenmarkt auf). Liegt die Gewinnrendite deutlich unter dem Zweifachen der Anleihenrendite, dann ist der Aktienmarkt teuer. (...)

KGV-10

Benjamin Graham berechnete bei seiner Graham-Formel das KGV-10. (KGV-10 = aktuelle Marktkapitalisierung ./. durchschnittliche Gewinne über die letzten zehn Jahre). Macht man dies für den S&P 500, den breitesten Marktindex der USA, dann kommt man bei einem KGV-10 von 19,1 heraus. Das ist nicht billig. Im Tiefpunkt des Marktes 2008 lag das KGV-10 bei 13,4. Glücklicherweise stellt die Seite http://www.shadowstats.com/ die Zahlen bereit.

Bewertung des US-Marktes:

(nominale) Gewinnrendite = 1/KGV + Inflation = 1/19,1 + 3 = 5,2 + 3 % = 8,2 %

10-jährige Staatsanleihe = 3,32 % (x 2 = 6,64 %)

Der amerikanische Aktienmarkt ist unterbewertet, wenn man die Inflation einbezieht. Würde man diese nicht einbeziehen, ist er leicht überbewertet. Die Inflation ist also der Unsicherheitsfaktor: Kommt eine massive Inflation, lohnen sich Aktien allemal; kommt sie nicht, würde man nicht allzu teuer einsteigen. Wir halten uns in den USA zurück. Natürlich gibt es auch hier unterbewertete Aktien. Zum Glück sind das derzeit die Langfristklassiker, die wir sowieso bevorzugen.

Wir haben uns die Mühe gemacht und das aktuelle KGV-10 für Deutschland per Hand ausgerechnet. Dazu haben wir sämtliche Gewinne der DAX-Unternehmen der letzten zehn Jahre herausgesucht, die Gewinne jedes Jahres addiert und dann den Durchschnitt gebildet.

Die DAX-Unternehmen verdienten in den letzten 10 Jahren durchschnittlich 38,2 Milliarden Euro pro Jahr. Das Spitzenjahr war 2007 mit 74,3 Milliarden, das schlechteste Jahr 2002 mit 132 Millionen (für ALLE DAX-Unternehmen). Die aktuelle Marktkapitalisierung des DAX beträgt 630.600 Milliarden Euro, was ein KGV-10 für den DAX von 16,5, mithin eine Gewinnrendite von 6,1 % beinhaltet.

Die zehnjährige Bundesanleihe bringt derzeit eine Rendite von 3,16 %.

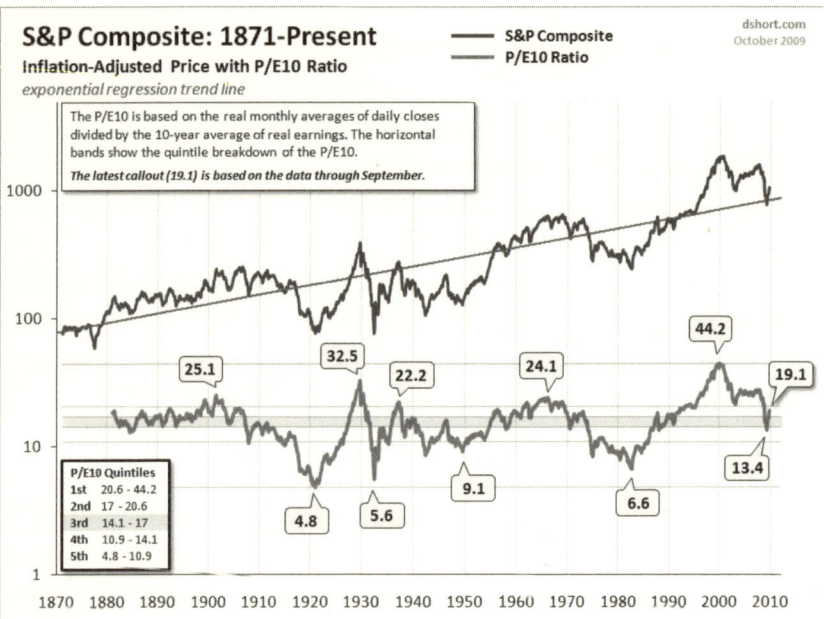

Abb. 2: KGV-10 in Deutschland

Bewertung des deutschen Marktes

(nominale) Gewinnrendite = 1/KGV + Inflation = 1/16,2 + 2 = 6,1 + 2 % = 8,1 %

10-jährige Staatsanleihe = 3,16 % (x 2 = 6,32 %)

Ohne Einbezug der Inflation wären Aktien also in etwa fair bewertet. Kommt aber nur eine leichte Inflation, dann sind Aktien günstig. Angesichts der massiven Überschussliquidität und der Anstrengungen der Staaten dieser Welt, Inflation zu produzieren, scheint es also eine gute Wahl zu sein, in deutsche Aktien zu investieren.

Nachtrag 2013:

Diese Zeilen wurden Ende 2009 geschrieben, als viele Investoren nach einem fulminanten Kursanstieg schon wieder nervös wurden. Die Berechnungen gaben mir und unseren Lesern eine nachvollziehbare Methode an die Hand, um festzustellen, dass die Aktienmärkte noch nicht überbewertet waren. Unsere Portfolios haben es uns gedankt.

4.1.9 Investoren-Akademie: Investieren in Seitwärtsmärkten
Sonderausgabe 40/2010 vom 9.10.2010

Börsianer kennen vor allem zwei Tiere: den Bullen und den Bären. Also beschäftigen sie sich auch vor allem mit Bullen- und Bärenmärkten. Viel wahrscheinlicher als die große Krise ist aber eine lange Stagnation. Und dann wären wir in einem Seitwärtsmarkt.

Mein Freund Vitaliy Katsenelson, ein gebürtiger Russe, der nun als Investor und Finanzpublizist in Denver lebt, weist darauf hin, dass es seit 1900 nur einen echten Bärenmarkt gegeben hat. Alle anderen Korrekturphasen der Märkte waren Seitwärtsmärkte, so auch die lange, quälende Agonie der Märkte von 1966 bis 1982. In diesen Zeiten steigen die Unternehmensgewinne in Summe weiter! Aber die Bewertung des Aktienmarktes gemessen am Kurs-Gewinn-Verhältnis (KGV) sinkt, weil immer mehr Menschen Aktien meiden. So sind die Aktien am Ende einer solchen Phase sehr billig.

Vitaliy Katsenelson geht davon aus, dass der aktuelle Seitwärtsmarkt bis 2020 anhalten wird, weil wir im Jahr 2000 bei extrem hohen Bewertungsniveaus standen. Somit haben wir noch einen Teil der Überbewertung abzubauen.

Innerhalb eines Seitwärtsmarktes gibt es allerdings schon extreme Schwankungen, welche die Anleger auch massiv verunsichern. Schauen Sie sich zum Beispiel den Markt von 1966 bis 1982 an. In den 70er-Jahren gab es zwei Ölschocks. Nach dem Schock von 1973/74, als die großen Indizes zum Teil um 50 % einbrachen, erklärte Warren Buffett, dass er sich wie ein testosterongetriebener Teenager im Harem fühle – überall seien tolle Aktien für nichts zu haben.

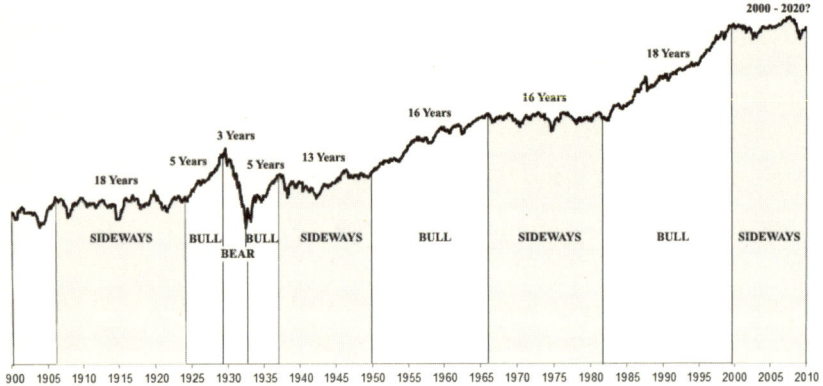

Abb. 3: Dow-Jones-Index seit 1900

Quelle: Vitaliy Katsenelson, Das kleine Buch der Seitwärtsmärkte, FinanzBuch Verlag 2012

Man sollte allerdings auch bedenken, dass der Dollar zwischen 1966 und 1982 massiv an Wert einbüßte, dass also der »Stillstand« des US-Aktienmarktes in der Realität einen massiven Wertverlust beinhaltete.

Was genau passiert in einem Seitwärtsmarkt?

Dazu müssen wir uns die Faktoren anschauen, die einen Markt treiben. Das sind erstens die Gewinne und zweitens das Kurs-Gewinn-Verhältnis. Und dann ist es ganz einfach:

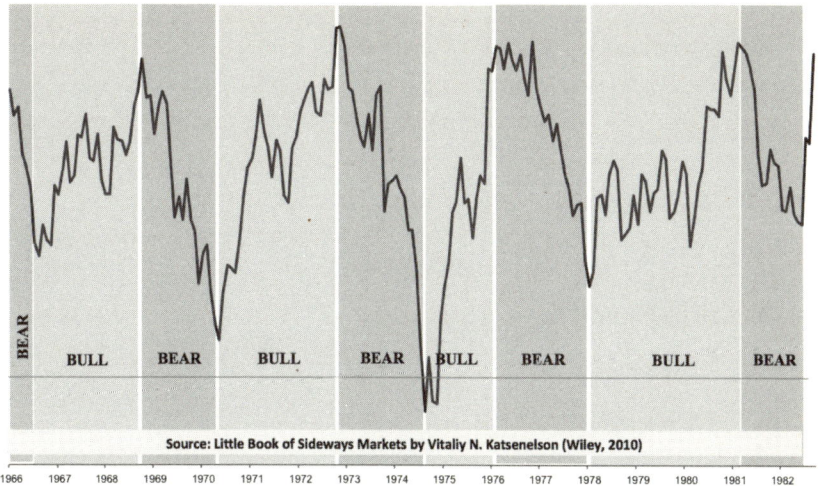

Abb. 4: Dow-Jones-Index 1966 – 1982

Quelle: Vitaliy Katsenelson, Das kleine Buch der Seitwärtsmärkte, FinanzBuch Verlag 2012

Marktniveau = durchschnittliche Gewinne der Unternehmen eines Index multipliziert mit dem Kurs-Gewinn-Verhältnis

Wenn sich also Indexstände bewegen, kann das zwei Ursachen haben: erstens ein Gewinnwachstum oder -rückgang und zweitens eine Veränderung der Bewertung (Kurs-Gewinn-Verhältnis).

Beim Dow Jones sehen Sie zum Beispiel Anfang der 8oer-Jahre einen Tiefpunkt für das KGV von 10. Dann geht es bis auf 30 im Jahr 2000 hoch. In derselben Zeit stiegen auch die Gewinne massiv an, so dass der Dow Jones sich nicht nur verdreifacht hat, sondern von 820 im Jahr 1981 auf 11.500 Punkte im Jahr 2000 anstieg. Also stiegen in unserer Gleichung sowohl Gewinne als auch Bewertungsniveau.

Die schlechten Nachrichten:

Je höher die Bewertung eines Index war, auf ein desto höheres Niveau war die Euphorie der Anleger langfristig gestiegen. Und je länger und stärker der Aufstieg anhielt, desto stärker war der Fall. Nach 1966 ging es in den USA von einem KGV von 18 auf 10 herunter. Im Jahr 2000 waren die Bewertungen extrem hoch. (…) Außerdem ist die Weltwirtschaft keinesfalls gesund.

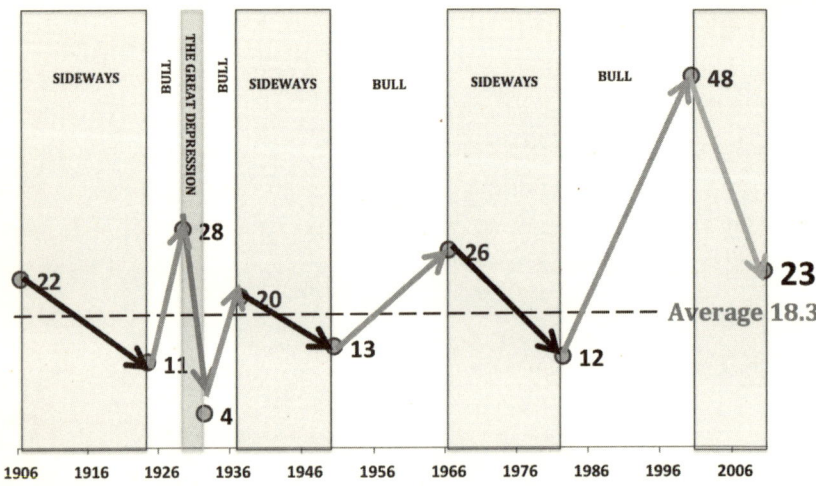

Abb. 5: Die Rückkehr der KGVs zum gleitenden 10-Jahres-Durchschnitt

Quelle: Vitaliy Katsenelson, Das kleine Buch der Seitwärtsmärkte, FinanzBuch Verlag 2012)

Die guten Nachrichten:

Erstens haben wir schon zehn Jahre Seitwärtsmarkt hinter uns und zweitens sind viele Aktien schon ziemlich billig. Die Überbewertung des Aktienmarktes war in Europa weniger stark ausgeprägt als in den USA. Vor allem in Europa gibt es einige Schnäppchen mit KGV von 10 oder weniger wie zum Beispiel E.ON oder RWE. Selbst in den USA gibt es vereinzelt solche Unternehmen, wie zum Beispiel Intel oder Medtronic. Parmalat notiert zum Buchwert, BP plc. hat ein KGV von 6.

Die Konsequenzen:

Das Konzept der Sicherheitsmarge ist in Seitwärtsmärkten (und natürlich in Bärenmärkten) besonders wichtig. Kaufen Sie billige Aktien. Hier sollten Sie mit einer besonders hohen Sicherheitsmarge einkaufen und gelegentlich auch verkaufen, wenn der Innere Wert erreicht oder, bei I-a-Unternehmen, überschritten wird. Nestlé ist zum Beispiel ein solches I-a-Unternehmen. Die Aktie hat jetzt ihren fairen Wert erreicht, wirft aber noch 3 % Dividende ab. Noch würde ich halten. Wenn die Aktie aber weitere 20 % bis 25 % steigt, dann wäre ein Verkauf zu überlegen.

Etliche US-Bluechips befinden sich schon lange in einer Seitwärtsbewegung. In der ganzen Zeit sind aber die Gewinne dieser Unternehmen fast jedes Jahr gewachsen, so dass sie jetzt sehr billig oder zumindest günstig sind.

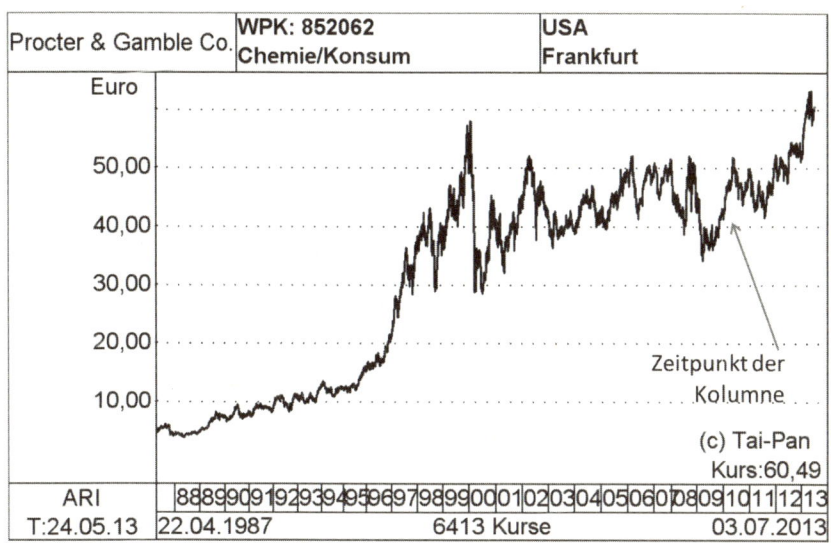

Abb. 6: Beispiel: Seitwärtsbewegung bei Procter & Gamble

Vergessen Sie die Dividende nicht! Die Gesamtrendite eines Aktieninvestments berechnet sich aus dem erwarteten langfristigen Gewinnwachstum, der Veränderung des KGV und der Dividende.

Erwartete Gesamtrendite   Erwartetes langfristiges
eines Aktieninvestments = Gewinnwachstum +/- Veränderung
                           des KGV + Dividende

Zum Glück werfen viele sichere Unternehmen bereits 3 % und mehr ab und etliche Zykliker auch 4 %, 5 %, 6 % oder 7 %. Damit können Sie auch mal in einem Seitwärtsmarkt abwarten.

4.1.10 Manager und Eigentümer
Ausgabe 13/2013 vom 30.03.2013

Ich erlebe es immer wieder, dass sich angestellte Manager auf Kosten der Eigentümer selbst bereichern, und zwar völlig legal im Rahmen der gesetzlichen Möglichkeiten. In Großkonzernen ist es mittlerweile eher die Regel als die Ausnahme.

Auch in Deutschland ist das Verhältnis der Vergütung eines CEO zu der eines durchschnittlichen Mitarbeiters inzwischen in etlichen Fällen auf 200 bis 300 gestiegen. Noch vor 25 Jahren galt ein Verhältnis von 20 bis 30 als angemessen. Wir erleben dieselbe Debatte, die ich Anfang der 90er-Jahre in den USA miterlebte. Da ist mir die Aussage von Martin Winterkorn sehr sympathisch, dass er sich zu hoch bezahlt findet. Allerdings hat auch er nicht den Schritt gemacht, sein Gehalt auf 20 % zu reduzieren – was immer noch drei Millionen Euro gewesen wären. Höchst angemessen, finde ich.

Ich persönlich finde die Selbstbereicherung der angestellten Manager widerlich, denn es geht ja nur um wenige Spitzenverdiener. Manager sind eben keine Unternehmer; es sind Funktionäre, die sich nach den Regeln des Systems richten. Wie bescheiden muten dagegen die Häuschen der ehemaligen DDR-Führung in Wandlitz an! Die Regeln des Systems begünstigen angestellte Manager und benachteiligen die Aktionäre, wie Aswath Damodaran, Finanzprofessor an der Stern School of Business in New York, schreibt. Er fährt fort: »Ich begrüße aktivistische Aktionäre. Sie helfen, die Machtbalance zu verbessern (wenn auch nur ein wenig). Bei Abwesenheit von aktivistischen Aktionären kann ich Ihnen versichern, dass Aufsichtsräte weiter die oft gegen die Aktionäre gerichteten Pläne von CEOs abnicken werden. Ganze Ökosysteme von Rechtsanwälten, Bankern und

Unternehmensberatern helfen dem Management, weil sie vom Status Quo profitieren. Und der Status Quo stinkt in vielen Unternehmen.« Deswegen mögen wir auch Unternehmen besonders, in denen Eigentümer eine besondere Rolle spielen, zum Beispiel BMW, Fielmann, CTS Eventim, United Internet. Solche Unternehmen gibt es auch in Italien und Spanien, wobei ich nicht unbedingt an Silvio Berlusconis Mediaset denke. Die halten wir zwar auch, aber vor allem, weil sie so billig ist. In Italien gibt es CIR und Fiat, in Spanien zum Beispiel Inditex (nach unseren Berechnungen etwas teuer) oder Almirall. Mit dem Einstieg von Carlos Slim bei KPN und Telekom Austria kann man hoffen, dass auch dort mehr Eigentümergeist einzieht.

Eigentlich wäre es ja schon genug, wenn das Management das von Unternehmen freigesetzte Kapital sorgfältig behandelt und nur dort investiert, wo es auch sinnvoll ist. Aber angestellte Manager neigen dazu, systematisch überzuinvestieren. Mehr Investitionen = mehr Mitarbeiter = mehr Macht = mehr Gehalt. So lautet die einfache Rechnung. Und sie funktioniert meistens, auch bei den schlimmsten Managern. Buffett sagt hierzu: »Investieren Sie nur in Unternehmen, die auch von einem Idioten geleitet werden können. Denn genau dies wird eines Tages der Fall sein.« Natürlich muss man diese, wie alle Bonmots von Buffett, mit einer Prise Hintergrundwissen nehmen. Er hat auch in andere Unternehmen investiert, sich dann aber detailliert darum gekümmert.

4.2 Börsenstrategien

4.2.1 Mein Bruder, der Superinvestor
Sommertelegramm 34/2005 vom 26.08.2005

Heute möchte ich Ihnen einen Superinvestor vorstellen, den Sie wahrscheinlich noch nicht kennen: meinen Bruder. Aber zunächst zwei aktuelle Meldungen aus der Presse.

Vor einigen Tagen las ich in einer Tageszeitung eine Aussage des kanadischen Sängers und Songwriters Leonard Cohen (»First, we take Manhattan, then we take Berlin ...«). Cohen, 70, gab zum Besten: »Die 4,8 Millionen Dollar, die ich mir für das Alter bereitgelegt hatte, sind aufgrund falscher Investments fast weg. Ich muss weiter arbeiten.«

Wenige Tage später fiel mir dann in einem Klatschblatt in der Auslage einer Tankstelle die folgende Titelzeile auf: »Steht Eddi Arent bald auf der Straße?« Das weckte mein Interesse. Nach Angaben der Illustrierten musste der 80-jährige deutsche Schauspieler (Winnetou, Edgar Wallace) für das Hotel, das er mit seiner Frau als Altersversorgung gekauft hatte, Insolvenz anmelden. Für das Objekt, in dem sein ganzes Vermögen steckte, hatte sich bislang kein Käufer gefunden. Noch wohne Arent dort mietfrei, hieß es, und lebe von der Sozialhilfe. Wenn er allerdings noch Miete bezahlen müsse, werde es sehr eng.

Jetzt rätseln Sie vielleicht, was diese Beispiele mit meinem Bruder, 39, zu tun haben. Wie Cohen und Arent ist mein Bruder im weitesten Sinne Künstler – als Discjockey gestaltet er Unternehmensfeiern und private Feste wie zum Beispiel Hochzeiten. Als Freiberufler wird er über eine Agentur vermittelt. Insofern hat auch er kurzfristig relativ hohe Einnahmen, die er über einen langen Zeitraum verteilen muss.

Nach dem Abitur und dem Zivildienst machte er erst einmal eine Krankenpflegerlehre in Köln. Danach arbeitete er Teilzeit als Krankenpfleger und begann ein Studium der Regionalwissenschaften Lateinamerika an der Universität Köln, bevor er sich entschied, DJ zu werden. Stellen Sie sich den Job nicht zu einfach vor: Nach Kundenwünschen ein Programm gestalten, bis in die entferntesten Winkel der Republik zu reisen und dann bis vier oder fünf Uhr morgens ein Programm zu gestalten, ist Schwerstarbeit. Dennoch hat mein Bruder zwischen seinen Jobs viel freie Zeit, die er auch zur Regeneration benötigt.

Mein Bruder lebt sehr sparsam. Nie würde es ihm einfallen, einen Euro, den er nicht ausgeben muss, auszugeben. Dennoch genießt er das Leben, reist ausgiebig und isst gut. In Lateinamerika war er schon einmal ein ganzes Jahr als Rucksacktourist unterwegs. Künstler sind in Deutschland durch die Künstlersozialkasse versichert. Für sehr günstige Beiträge genießt mein Bruder einen angemessenen Versicherungsschutz. Auf die staatliche Altersversicherung hat er sich – wie ich auch – schon vor über zehn Jahren nicht mehr verlassen.

Er lebt in einer Zweizimmerwohnung, die er nach zehn Jahren als DJ fast vollständig abbezahlt hat. Eine weitere Wohnung hat er zum größten Teil selbst renoviert und vermietet. Sie wird in zehn Jahren getilgt sein. Zudem hat er wieder gewisse Barmittel angesammelt. Diese Leistungen konnte er nur mit äußerster Sparsamkeit erreichen. Dennoch glaube ich nicht, dass die Lebensqualität meines Bruders auch nur einen Jota darunter gelitten hat.

Aller Voraussicht nach hat mein Bruder schon jetzt angemessen für seinen Ruhestand vorgesorgt. Die zweite Wohnung und die Künstlersozialkasse sorgen für die Rente, außerdem wohnt er mietfrei. Zudem ist er gerade 39 Jahre alt, so dass ihm noch 10 bis 15 Jahre bleiben, um weiteres Vermögen aufzubauen. Das DJ-Geschäft kann man nicht ewig betreiben. Ich kann mir gut vorstellen, dass in wenigen Jahren Schluss damit ist. Aber um meinen Bruder müssen Sie sich – im Gegensatz zu Eddi Arent und Leonard Cohen – aller Voraussicht nach keine Sorgen machen. Für mich ist er einer der besten Investoren, die ich kenne.

Was bedeutet das alles für Sie, geehrte Privatinvestoren? Zunächst einmal ist der Vermögensaufbau eine äußerst individuelle Veranstaltung. Sie müssen IHRE Ziele kennen und diese realisieren. Es bringt gar nichts und ist sogar meistens schädlich, sich mit anderen zu vergleichen. Zudem sollten Sie sich Gedanken darüber machen, was Sie wirklich für Ihr Leben benötigen. Geldausgeben ist kein Ersatz für eine richtige Lebensplanung.

4.2.2 Warum »Halteempfehlungen« gute Empfehlungen sind!
Ausgabe 21/2004 vom 21.05.2004

In meinem ersten Buch zu Aktien »Investieren statt Sparen« habe ich darauf hingewiesen, dass Analystenempfehlungen oftmals nicht das Papier wert sind, auf dem sie gedruckt sind.

Damals wurden die Analysten noch als Götter und Reichmacher verehrt. Im Dezember 1998 wurde zum Beispiel Henry Blodget von Merrill Lynch mit seinem 12-Monats-Kursziel für Amazon.com von 400 Dollar berühmt. Die Aktie notierte damals bei 200 Dollar und erreichte das Kursziel von Blodget innerhalb von zwölf Tagen. Sie stieg (splitbereinigt) bis auf 600 Dollar.

Zwei Jahre später folgte die Ernüchterung: Was ich schon zum Höhepunkt der Euphorie geschrieben hatte, setzte sich als allgemeine Erkenntnis durch. Analysten schreiben, um sich selbst und ihre Arbeitgeber – die Finanzdienstleister – reich zu machen. Als Privatanleger haben Sie das Nachsehen. Börsenstar Henry Blodget bezeichnete zum Beispiel Internetfirmen, die er öffentlich zum Verkauf anbot, in internen E-Mails als »Piece of Shit«. Jack Grubman von Salomon Smith Barney empfahl WorldCom noch kurz vor der Insolvenz. Beide wurden aufgrund ihrer offensichtlich unseriösen Aktivitäten hart bestraft: Blodget zahlte 4 Millionen Dollar Strafe, Grubman sogar 15 Millionen Dollar. Beide erhielten zudem ein lebenslanges Berufsverbot.

Das Grundproblem bleibt aber dasselbe: Kaum jemand ist bereit, für bankenunabhängiges Research zu bezahlen. Nach wie vor werden die Analysten der Geldhäuser letztlich aus den getätigten Wertpapierumsätzen finanziert. Damit ist klar: Sie müssen ihre Investoren zum häufigen Umschichten verleiten, damit ihre Arbeitgeber an den Handelsprovisionen verdienen.

Halteempfehlungen sind also ein Zeichen für Seriosität, auch wenn sie manchmal langweilig sind. Ich glaube, dass kein Analyst oder Investor mehr als ein bis drei wirklich gute Investmentideen pro Jahr haben kann. Auch eine Halteempfehlung kann wichtige Informationen liefern; immerhin heißt halten ja, dass ich mit dieser Aktie mindestens die langfristigen Kapitalkosten, also derzeit mindestens 5 %, verdiene. Auch das geht an der Praxis der Banken vorbei: Goldman Sachs hat die routinemäßige Beobachtung vieler Unternehmen anhand der Quartalszahlen eingestellt. Man will lieber gezielt Studien präsentieren.

Der Handel mit einer Aktie sollte mindestens 250.000 Euro pro Jahr an Provisionen für das Wertpapierhaus abwerfen, sonst wird diese Aktie von den Analysten nicht angefasst. Damit ist auch klar, warum die Bankanalysten Werte wie Bijou Brigitte übersehen und Puma erst in den letzten Monaten richtig entdeckt haben: Die Marktkapitalisierung dieser Unternehmen war einfach zu klein.

Noch vor den Privatanlegern sind Fondsmanager die wichtigsten Kunden der Banken. Neben den kostenlosen Research-Reports der Banken erhalten sie viele weitere Dienstleistungen kostenlos. Sie werden zu Unternehmenspräsentationen eingeladen, manchmal bezahlen Banken ihnen sogar die Computersysteme, mit denen sie den Aktienmarkt beobachten. Bislang ist das für die Banken eine clevere Strategie. Würden die Fondsmanager ihr Research selbst betreiben und ihre Orders über Direktbanken platzieren, so könnte das Volumen der Gebühreneinnahmen aus dem Aktienhandel um über drei Viertel sinken.

Also ist auch klar, warum unabhängig denkende Fondsmanager so selten sind: Die meisten machen es sich einfach und nutzen die Research-Berichte ihrer Hausbank. Im Falle des Misserfolgs kann der Fondsmanager die Bank verantwortlich machen; gleichzeitig kann er oder sie den ganzen Komfort des Full Service der Bank – inklusive Reisen und sonstigen Extras – nutzen.

Nicht zuletzt machen die Banken nach wie vor gezielt Stimmung für ihre Kunden – vielleicht nicht ganz so plump wie Grubman und Blodget, aber vom Prinzip her läuft noch heute derselbe Schwindel. Im Oktober 2003 stuften sowohl Merrill Lynch als auch UBS und Lehman die HVB Group in neuen Studien herauf. Wenige Monate später durften alle drei Institute bei der 3 Milliarden Euro schweren Kapitalerhöhung der HVB kräftig mitverdienen. Am 01.04.2004 wurde die Kapitalerhöhung bei einem Kurs von 16 Euro durchgeführt. Heute steht der Kurs bei 13,85 Euro. Wer auf die Analysten der drei renommierten Häuser vertraute, verlor 13,5 %. Meine Meinung kennen Sie: Nach den Erholungen vom absoluten Tief halte ich sowohl die HVB Group als auch die Commerzbank nach wie vor für Sanierungskandidaten, die bestenfalls bei einem Fusionspoker interessant sind. (…)

4.2.3 Nicht jeder Tag ist Kauftag!
Ausgabe 17/2006 vom 28.04.2006

Bei guten Aktien ist jeder Tag ein Kauftag – so hat es uns die Werbung eines bekannten Aktienclubs lange erzählt. Nach dieser Theorie können Sie gute Aktien immer kaufen, denn sie werden mit den Jahren immer besser. Das müsste dann auch mit Königsaktien funktionieren. Aber nicht jeder Tag ist ein Kauftag. Aktienkurse können so weit steigen, dass ein Kauf finanzieller Selbstmord wäre.

Die Börse kann deutlich nach oben oder unten übertreiben. Manchmal merkt man das in einer Hausse nicht, da zunächst die Gewinne mitsteigen und sich das KGV deswegen gar nicht vergrößert. In der Technologieblase war das zum Beispiel bei den großen Werten wie Cisco, Sun Microsystems, Nokia und Lucent der Fall. Dann veränderte sich die Branche schlagartig, und bei Sun und Lucent stand zeitweilig sogar die Existenz in Frage.

Erst in den späteren Stufen einer Hausse beginnen dann neben den Gewinnen auch die KGVs, also die Preise der Aktien, zu steigen. Die Anleger sind bereit, in Erwartung immer höherer Gewinnsteigerungen höhere Preise zu zahlen. Irgendwann erleben sie eine böse Überraschung. Die Aktionäre von Cisco verloren von Platzen der Technologieblase bis heute 80 % des Wertes ihrer Aktien, die Aktionäre von Cisco 72 %. (Zwischendurch waren die Verluste auch mal deutlich größer.) Dabei ist die Aktie von Nokia bei einem Kurs von 18,30 Euro und einem fairen Wert von 15,30 Euro schon wieder überbewertet. Sie müsste aber noch einmal um mehr als 250 % steigen, um wieder ihre alten Höchststände zu erreichen.

Letztlich kann man sich mit zwei Konzepten gegen diese Überraschungen wappnen, die bereits auf den Vater der Value-Analyse Benjamin Graham zurückgehen: den Average Future Conditions (durchschnittliche zukünftige Bedingungen) und der Margin of Safety (»Sicherheitsmarge«).

Die durchschnittlichen zukünftigen Bedingungen geben an, wie viel ein Unternehmen normalerweise in der Zukunft verdienen sollte. Hier muss man zum Beispiel bedenken, ob sich das Unternehmen in einem Wachstumsmarkt oder einer gesättigten Branche bewegt oder ob das Geschäft eher konjunkturabhängig (zyklisch) oder konjunkturunabhängig (nicht zyklisch) ist. So wird es bei Salzgitter nach Kurssteigerungen von mehr als 680 % in drei Jahren auch einmal wieder schlechtere Jahre geben, weil der Gewinn eben teilweise zyklisch ist. Derzeit beträgt das KGV trotz der hohen Kurssteigerung auf 66 Euro aber nur 10! Den inneren Wert der Salzgitter-Aktie schätze ich daher auf 41,00 Euro.

Bei einem Highflyer wie Bijou Brigitte beträgt das KGV mittlerweile über 20. Das ist für ein Handelsunternehmen zu viel. Hier müssen Sie sich fragen, wie lange das Wachstum noch anhalten kann (noch eine Weile!) und wie lange Bijou Brigitte seine außergewöhnlich hohen Gewinnmargen verteidigen kann (auch noch eine Weile).

Für diese beiden Unternehmen dürften die zukünftigen Bedingungen insgesamt etwas schlechter aussehen. Bei Salzgitter können die Gewinne komplett zurückgehen, bei Bijou Brigitte wird sich zumindest das Gewinnwachstum verlangsamen. Für einen Wert wie Yahoo! sind die durchschnittlichen zukünftigen Bedingungen derzeit wahrscheinlich besser, als sie der Markt einschätzt.

Die Sicherheitsmarge sollte nach Ben Graham bei einem Aktienkauf auf jeden Fall vorhanden sein. Graham kaufte ein Unternehmen nur dann, wenn sein Wert deutlich unter dem Wert lag, den er aufgrund der durchschnittlichen zukünftigen Bedingungen ermittelte.

Die Methode des inneren Wertes funktioniert auch heute noch. Bei dem sehr berechenbaren Unternehmen Altria nahm ich zum Beispiel im Oktober 2005 ein moderates Wachstum von 4 % an und kam bei durchschnittlichen zukünftigen Bedingungen auf einen inneren Wert von 52,52 Euro. Schlägt man hier 20 % auf, um zu einem Verkaufssignal zu kommen, wäre die Aktie über 63,02 Euro ein Verkauf. Im November und Dezember durchstieß der Kurs der Aktie zweimal die 63,00 Euro nach oben. Und tatsächlich – seit Dezember fällt der Kurs der Aktie, zwischenzeitlich auf 55 Euro. Mittlerweile ist Altria wieder eine Halteposition.

Für die Aktienmärkte insgesamt gilt: Noch haben wir kaum Übertreibungen nach oben. Aber die Gewinne brummen so sehr, dass sie irgendwann auch wieder einmal zurückgehen müssen. Ein Beispiel ist E.ON. Wenn die Behörden die Strompreise per Verordnung wirklich kürzen würden, müsste das die Gewinne in Mitleidenschaft ziehen.

So weit sind wir aber noch nicht. Lassen Sie uns nach Unternehmen suchen, die auch in dieser Situation Potenzial haben und ansonsten die erfreuliche Entwicklung der Aktienmärkte genießen. Chancen lassen sich (fast) immer finden. Wenn zum Beispiel eBay die 26,40 Euro nach unten durchstoßen sollte, wäre ein deutlicher Nachkauf angesagt. Auch jetzt ist der Wert, gemessen an den »Average Future Conditions«, billig.

4.2.4 Stop! Im Namen des Loss!
Ausgabe 45/2006 vom 11.11.2006

Auf der sehr guten Website des Motley Fool aus den USA, mit denen ich zu Zeiten der New Economy kooperierte, fand ich die obige Überschrift. (Auf Englisch natürlich, da hieß sie: »Stop – in the name of loss!«) Da gerade im letzten Jahr viele Privatanleger neu an die Börse zurückgekehrt sind, möchte ich Sie alle noch einmal sehr eindringlich vor der sogenannten Stop-Loss-Strategie warnen.

Warren Buffett sagte einmal: »Es gibt nichts Dümmeres, als eine Aktie zu kaufen, WEIL sie steigt, und sie zu verkaufen, WEIL sie fällt.« In beiden Fällen laufen Sie dem Markt hinterher und haben keinen blassen Schimmer, was die Aktie eigentlich wert ist. Wenn Sie nicht völlig im Dunkeln tappen würden, sondern eine halbwegs fundierte Meinung zu einer Aktie hätten, würden Sie diese kaufen, wenn sie fällt.

Oberflächlich betrachtet sieht Stop-Loss wie eine sehr gute und einfach auszuführende Idee aus: Wenn die Aktie unter eine bestimmte Kursmarke fällt, wird automatisch eine Verkaufsorder ausgeführt. Jim Mueller von Motley Fool führt aus: »Wenn Sie die folgenden Unternehmen am 2. Januar 2003 gekauft hätten und einen Stop-Loss nach 15 % Kursverlust gesetzt hätten, wäre Altria nach vier Wochen verkauft worden. Wenn Sie gehalten hätten, hätten Sie bis August 2006 einen Gewinn von 107,6 % gemacht.«

In diesem Fall klingt das nicht nach einer Strategie, Verluste zu stoppen, sondern eher nach einer Strategie, Gewinne zu begrenzen. Meistens höre ich dann das Argument: »Ja, ich gehe dann natürlich wieder rein, wenn die Aktie zu steigen beginnt.« Aber wie wissen Sie, wann eine Aktie dauerhaft zu steigen beginnt? Sie machen genau das, was Buffett als Riesendummheit bezeichnet. Zudem: Wenn Sie jedes Mal eine Stop-Loss-Marke gesetzt hätten, wäre Ihre Altria-Aktie im Jahr 2003 noch drei weitere Male verkauft worden.

Das kann ganz schön teuer werden: Sie zahlen Kauf- und Verkaufsgebühren und dazu gegebenenfalls Gebühren für die Stop-Loss-Order. So sind schnell einige zusätzliche Prozent weg. Daran verdienen nur die Banken. Zudem: Oftmals spielen die Broker ein ganz durchtriebenes Spiel. Die Kurse sinken an einem Tag magisch unter eine sehr tiefe Marke, was viele Stop-Loss-Verkäufe auslöst. Danach steigen die Kurse schnell wieder an. Viele Privatanleger, die auf Nummer sicher gehen wollten, sind ihre Aktien los, und die Broker haben sich billig eingedeckt.

Und noch dazu: Ein Stop-Loss ist gerade in Krisensituationen und bei marktengen Werten keinerlei Garantie, dass die Aktie auch in der Nähe Ihres Stop-Loss-Kurses verkauft wird. Die Aktie wird zu dem Preis verkauft, zu dem sich der erste Käufer findet. Das kann gerade in solchen Situationen auch 10 %, 20 % oder 30 % unter Ihrer Stop-Loss-Marke sein. (…)

Sehr geehrter Herr Professor Otte,

Sie haben sich vor Kurzem sehr kritisch zu Stop-Loss-Orders (S/L) geäußert. Meine eigenen Erfahrungen sind auch schlecht: Vielfach wurde ich ausgestoppt und kam dann später nur zu höheren Kursen wieder rein.

Aber wie soll man es denn machen? Man möchte sich ja zumindest gegen einen großen Crash und gegen nachhaltige Baissen schützen. Also zum Beispiel sehr niedrige S/Ls setzen, so dass man nicht bei jedem kleinen bis mittleren Dip rausfliegt. Ich verwende S/Ls auch bei Aktienfonds, und da ist die Effizienz der Börsen manchmal besonders stark verbesserungsbedürftig.

Mit besten Grüßen
Ihr Dr. T.

Sehr geehrter Herr Dr. T.,

der einzige Schutz gegen einen nachhaltigen Kursverlust ist die Investition in unterbewertete Aktien mit einer möglichst hohen Investmentqualität. Ein großer Kursverlust tritt immer nur dann ein, wenn die Bewertungen an den

Börsen vorher sehr hoch waren. Dies ist symptomatisch für jeden großen Abschwung. Ist die Bewertung leicht über den historischen Durchschnitten (wie gegenwärtig der Fall), führt dies zu einer entsprechenden Korrektur.

Deshalb sind die Richtschnüre an der Börse immer die Bewertung und die Investmentqualität. Die Schwankungen während der Entwicklung sind höher als bei Anleihen, weshalb Sie immer einen mehrjährigen Anlagehorizont mitbringen oder nie verkaufen sollten. Wenn Sie sich daran halten, wird sich der Erfolg einstellen.

Um die Bewertung von Aktienfonds festzustellen, müssten Sie entweder alle Aktien in Fonds bewerten, um dann ein Gesamturteil zu fällen, oder den Anlagestil analysieren und prüfen, wie der Fonds in schlechten Zeiten und insgesamt abgeschnitten hat. Wenn er diese Kriterien gut erfüllt und die Kosten nicht zu hoch sind, könnten Sie kaufen und für immer halten. Wichtig ist die ausführliche Analyse vor der Investition. Wenn Sie einmal gekauft haben, nützt auch kein Stop-Loss oder ständiges Aufpassen vor Kursverlusten.

Die erfolgreichsten Investoren, wie Warren Buffett oder Peter Lynch, halten es genauso und verwenden ebenfalls keine Stop-Losses. Deshalb wollen wir es auch so halten.

Mit besten Grüßen
Ihr Max Otte

4.2.5 Gewinner- und Verliererspiele
Ausgabe 15/2007 vom 15.04.2007

Der von mir sehr geschätzte Investmentberater Charles Ellis spricht von Gewinner- und Verliererspielen. Er benutzt zur Illustration das Beispiel der Sportart Tennis. Wer gewinnt, wenn zwei Amateure miteinander spielen? Nicht derjenige, dem die brillantesten Schläge gelingen, sondern derjenige, der am gleichmäßigsten spielt und die wenigsten Fehler macht. Anders ist es bei einem Profi-Match: Hier sind beide Seiten ziemlich frei von elementaren Fehlern. Ein Spieler kann und muss seinen Stil und besondere Spielzüge ausbilden, um den Gegner zu schlagen.

Das Amateurspiel ist ein Verliererspiel im Sinne von Ellis, das Profispiel ein Gewinnerspiel. Mit Verliererspiel meint Ellis, dass das Vermeiden von Fehlern, die Defensive, das eigentlich Entscheidende ist. Beim Gewinnerspiel ist es die Brillanz, also die Offensive.

Was meinen Sie, was für ein Spiel das Investieren ist, wenn SIE es betreiben?

Nach den vorgestellten Ausführungen werden Sie es erraten: Es ist ein Verliererspiel. Kontinuität und Vermeidung grober Fehler sind für Sie das Allerwichtigste. Erinnern Sie sich noch an die Zeit des NEMAX? Wie war Ihre Gesamtperformance 1998 bis 2003? Und waren es letzlich die besonders guten Investments, die Ihre Gesamtperformance prägten, oder die besonders schlechten? Ich glaube, die Antwort zu kennen.

Ein neuer Mandant von mir, durchaus vermögend, hat die Börse in den letzten Jahren für sich entdeckt. Er hat sehr viele strukturierte Produkte und Optionsscheine im Depot. Damit spielt er im wahrsten Sinne gegen die Bank. Zudem versucht er, die Börse wie ein Gewinnerspiel aufzuziehen, ist immer auf der Suche nach neuen brillanten Ideen, die kurzfristig Erfolg haben. Damit ist er nicht alleine, die meisten Privatanleger agieren so. Es ist ja auch viel interessanter, tolle Ideen zu suchen, als Fehler zu vermeiden.

Hinzu kommt ein Phänomen, das die Verhaltensforscher kognitive Dissonanz nennen: An Erfolge erinnert man sich gerne, Misserfolge werden verdrängt. Haben Sie noch Erfolge aus der Zeit des Neuen Marktes im Gedächtnis? Kennen Sie Ihre Misserfolge?

Sie, unsere langjährigen Mitglieder, haben in den letzten Jahren sehr gut verdient. Je nach Börsenlage werde ich bald oder in einigen Monaten wahrscheinlich raten, Cash aufzubauen. Es kann sein, dass dann die Börse verrücktspielt und munter weiter steigt. Das darf Sie nicht irritieren. Sie wollen in einem Verliererspiel gewinnen.

4.2.6 Zwei Arten von Unsicherheit
Ausgabe 17/2012 vom 27.04.2012

Ich bin immer wieder überrascht, wie viel Privatanleger oder Laien an der Börse wissen oder zu wissen glauben. Value Investoren hingegen wissen, wie wenig sie wissen. Und sie überlegen ständig, was sie alles nicht wissen (können).

Heute gab Fresenius bekannt, dass man Rhön-Klinikum übernehmen und mit dem eigenen Klinikbetreiber Helios Kliniken fusionieren wolle. Die Aktie machte einen Kurssprung um 50 %.

Wir haben Rhön-Klinikum in den letzten Jahren immer als gutes Investment empfohlen, auch als der Kurs in den letzten Jahren stagnierte. Einige Kunden wurden unsicher, weil der Gesundheitssektor ja nicht der einfachste ist. Bei uns bestand aber nie der geringste Zweifel am sehr guten Geschäftsmodell von Rhön-Klinikum. Bei Rhön-Klinikum bestand für uns nie ein Zweifel, dass die Aktie deutlich an Wert steigen würde. Die Unsicherheit bestand nur darin, wann. Im PI Global Value Fund machte die Aktie eine große Position aus. Auch diejenigen von Ihnen, die die Aktie halten, werden sich nun darüber freuen.

Jetzt können Sie sich ruhig vom Titel trennen – die letzten 5 % oder 10 % können Sie den Tradern überlassen. Das Geld können Sie woanders investieren.

Bei Titeln wie Telefónica, Salzgitter, Italmobiliare, E.ON, RWE sind wir zuversichtlich, dass diese Aktien massiv an Wert gewinnen werden. Allerdings bestehen bei all diesen Unternehmen leichte (Rest)Risiken im Geschäftsmodell. Anders herum: Es besteht eine kleine Wahrscheinlichkeit, dass die Titel nicht an Wert gewinnen oder sogar verlieren werden.

Wir empfehlen diese Titel, weil sie sehr billig sind und weil die Grundsicherheit hoch ist. Aber eben nicht nahezu 100 % wie bei Rhön-Klinikum oder Buffett-Unternehmen.

Dies sind also zwei Arten von Unsicherheit, die wir bei Aktieninvestments haben. Im PI Global haben wir beide Sorten von Aktien. Für Privatanleger sollte die Basis auf jeden Fall aus Buffett-Unternehmen wie Rhön-Klinikum bestehen.

4.2.7 Auf dem Weg nach unten kaufen, auf dem Weg nach oben verkaufen!
Ausgabe 32/2007 vom 10.08.2007

Es gibt viele Börsenregeln, die sehr einleuchtend klingen. Zum Beispiel die Börsenregel Nummer eins: Keine Verluste machen!, über die Phil Town einen Bestseller geschrieben hat und mit der er große Seminarhallen füllt. Andere Börsenregeln sind zum Beispiel Sell in May and go away! oder Greife nie in ein fallendes Messer!

So einfach und einleuchtend diese Regeln klingen mögen: Manchmal sind sie schlichtweg falsch. Das ist zum Beispiel bei der Regel von den fallenden Messern der Fall. Solange die Qualität der Unternehmen stimmt, sind fallende Messer hervorragende Einstiegsmöglichkeiten. In anderen Fällen sind die Regeln prinzipiell richtig, aber extrem schwierig zu realisieren. Das trifft zum Beispiel für keine Verluste machen zu.

Wenn Sie wirklich mit einer Aktie keine Verluste machen wollen, müssen Sie die Branche, das Unternehmen und die Bewertung auf das Genaueste kennen und zudem viel Geduld haben, wenn die Börse einmal in die andere Richtung läuft. Ein mir bekannter Value

Investor hat zum Beispiel Agfa-Gevaert gekauft. Mit seiner Position steht er dick im Minus. Dennoch bin ich mir sicher, dass er sein Investment auf das Genaueste durchdacht hat und auf Dauer keine Verluste machen wird. So geht das. Wenn Sie hingegen kopflos traden, womöglich noch mit Stop-Losses agieren, ist es garantiert, dass Sie Verluste machen.

Ich hatte das Privileg, eine Podiumsdiskussion der Bayerischen Landesbank mit Ed Schloss zu ko-moderieren. Ed Schloss ist der Sohn von Walter Schloss. Schloss Associates gehören zu den authentischen Superinvestoren aus Graham- und Doddsville. Walter Schloss war Analyst bei Graham-Newman, als Buffett dort anfing. Da er das junge Genie freundlich empfing und nicht als Konkurrenz sah, entwickelte sich eine Freundschaft, die bis heute anhält.

Ed sprach eine sehr einfache Regel aus: Kaufe auf dem Weg nach unten, verkaufe auf dem Weg nach oben! Diese Regel ist unbedingt richtig. Sie einzuhalten, ist aber sehr schwer. Sie müssen die Aktien, die Sie kaufen, schon sehr gut verstehen. Sonst kann Sie vielleicht doch die Panik ergreifen, wenn die Aktie immer weiter fällt.

Deswegen machen es auch die meisten Privatanleger falsch: Sie versuchen, auf einen fahrenden Zug aufzuspringen, wenn die Kurse steigen, und sie verkaufen, wenn die Kurse fallen. Im Ausspruch von Ed Schloss steckt daher mehr als nur ein bisschen Weisheit. Der Spruch beinhaltet die Erfahrung von sechs Jahrzehnten. Zwei seiner Favoriten sind übrigens Johnson & Johnson und Procter & Gamble. Mit diesen Titeln machen Sie für Ihren Vermögensaufbau sicher nichts falsch.

Ich habe in den letzten Tagen angefangen, zu kaufen!

4.2.8 Take care of the downside …
Ausgabe 42/2007 vom 19.10.2007

Take care of the downside and the upside will take care of itself, ist ein unter Value Investoren beliebter Spruch. So schlüssig, wie der Satz im Englischen daherkommt, lässt er sich nicht ins Deutsche übersetzen. Eine Möglichkeit wäre: Achten Sie darauf, die Verlustrisiken einzugrenzen, und die Gewinne werden von selbst kommen.

In der Korrektur des Sommers hat sich der Sinn des obigen Spruches wieder einmal gezeigt. Bereits seit dem Frühjahr empfehle ich, in besonders solide und sichere Unternehmen umzuschichten. Viele große, solide und billige Unternehmen stehen jetzt schon wieder auf dem Niveau, auf dem sie vor der Subprime-Krise notierten. Manche, wie Nestlé, Procter & Gamble oder Berkshire Hathaway sind sogar gestiegen.

So einfach und einleuchtend, wie der Spruch klingt, ist er nicht. Privatanleger machen zum Beispiel oft das Gegenteil: Sie schielen auf die möglichen Gewinne und vergessen, die potenziellen Verluste zu sehen. Wie sonst wäre es zu erklären, dass sich Solar- und Windenergieunternehmen, zum Beispiel SolarWorld oder Nordex, nach wie vor großer Beliebtheit bei Privatanlegern erfreuen? Bei beiden Unternehmen ist die Upside sehr begrenzt, während die Downside leicht 50 %, 60 % oder 70 % des Kurses ausmachen kann. Beide müssten über etliche Jahre um mehr als 30 % wachsen, um ihre extrem hohen Bewertungen zu rechtfertigen. Das scheint äußerst unwahrscheinlich.

Es gibt aber auch jetzt Unternehmen, die ausgebombt sind. Vor ein bis zwei Jahren waren das die Telekom-Werte. Derzeit notieren Pharma-Aktien, etwa Sanofi-Aventis oder GlaxoSmithKline immer noch auf sehr niedrigen Niveaus. (…)

Wenn Sie die Downside im Griff haben, wird sich die Upside von selbst einstellen. Das funktioniert tatsächlich! Allerdings ist es leichter gesagt, als getan.

4.2.9 Rückenwind oder Gegenwind?
Ausgabe 10/2008 vom 07.03.2008

Schaue ich in mein Depot oder in das Depot etlicher Mandanten, dann sehe ich viel Rot. Das ist unangenehm. Vielleicht geht es Ihnen ähnlich. Aber hier zeigt sich, ob Sie Value-Anleger sind oder nicht.

Zunächst: Die Aktienanlage ist ein Langstreckenlauf. Wenn Sie jetzt den Aktienmarkt verlassen, werden Sie den nächsten Aufschwung fast mit Sicherheit verpassen. Börsen gehen in Kurven und Zacken nach oben. Jeder Moment ist unsicher. Woher wollen Sie also wissen, wann sich das Schicksal wendet?

Einer der dümmsten Sätze, die ich gehört habe, ist: Warten Sie erstmal eine Bodenbildung ab. Wissen Sie, wie Sie einen Boden erkennen? Nur dann, wenn der Kurs schon wieder dauerhaft deutlich höher steht. Ein sehr kluger, aber auch sehr schwer zu befolgender Satz ist: Auf dem Weg nach unten kaufen, auf dem Weg nach oben verkaufen.

Es ist von entscheidender Bedeutung, ob Sie mit Rückenwind oder Gegenwind laufen. Was meine ich damit?

Wenn Sie eine Aktie der Allianz S.E. haben, die im letzten Jahresverlauf um rund ein Drittel gefallen ist, dann laufen Sie mit Rückenwind. Denn Sie bekommen immerhin 5,5 % Dividende. Genauso ist es mit Zurich Financial Services, wo Sie 5,9 % erhalten. (…) Im Pharmabereich sieht es ähnlich aus: GlaxoSmithKline 5,3 %, Pfizer 5,9 % und Sanofi-Aventis 3,8 %.

Das sind sehr hohe Renditen. Steht Ihre Aktie also mit 20 % im Minus, dann sind schon durch die Dividende zwischen einem Viertel und der Hälfte ausgeglichen. Man schaut automatisch auf den Kurs. Der Kurs ist aber nur ein Drittel der Wahrheit. Ebenso muss ich die Dividende und die Entwicklung der Ertragskraft berücksichtigen. Wenn Sie also Rot sehen, denken Sie an die Dividende.

Mit Gegenwind fahren Sie hingegen mit den allermeisten Zertifikaten. Gestern saß ich mit einem angesehenen Wirtschaftsprüfer aus dem Frankfurter Raum zusammen. Er hat schon Zertifikate gesehen, bei denen der Ausgabeaufschlag 8 % betrug. Das wurde im Kurs versteckt. Die Anleger wunderten sich dann, warum die Erstnotiz um 8 % unter dem Kaufpreis lag.

Viele andere Bonus- oder Discountzertifikate (nach Schätzungen mehr als ein Drittel) haben in den letzten Monaten ihre Knock-out-Schwellen erreicht und somit den Bonus oder den Schutz verloren. Auch diese Rechnung ging nicht auf.

Die Rechnung mit dividendenstarken Aktien nach der Königsstrategie wird aber aufgehen.

4.2.10 Garantien gibt Dir keiner!
Ausgabe 17/2008 vom 25.04.2008

»… denn Garantien, die gibt Dir keiner«, so lautet eine Zeile in einem Song von Marius Müller-Westernhagen. Wenn Sie Geld anlegen, sind Sie Kaufmann oder Kauffrau. Und für Kaufleute gilt IMMER das Prinzip der kaufmännischen Vorsicht. Überlegen Sie sich, was schiefgehen könnte. Das ist die erste Pflicht. DANN überlegen Sie sich, was Sie verdienen könnten.

In der letzten Woche sah ich gleich zwei Titelstorys zum Thema Crash. Die *BILD* titelte: »Angst um Ihr Erspartes«. Und die anspruchsvollere *ZEIT*: »Wie rette ich mein Erspartes?« Wenn ein Thema auf den Titelseiten auftaucht, ist es vielleicht schon vorbei. Im Internet-Boom brachte die *ZEIT* eine Titelgeschichte »Reich werden mit Aktien« punktgenau zu dem Zeitpunkt, als die Blase ihren Höhepunkt erreicht hatte.

Nun würde ich aufgrund solcher Zeitungsgeschichte keine Investmententscheidungen treffen. Benjamin Graham sagte einmal: »Ihre Investmententscheidung ist dann richtig, wenn sie mit den Fakten übereinstimmt, nicht, weil Sie gegen oder mit der Masse agieren.« Dennoch lohnt es sich, die Angst um das Ersparte besser unter die Lupe zu nehmen.

Wie also wenden Sie kaufmännische Vorsicht an?

1. Zum Ersten: VORdenken. Wenn alle davon sprechen, ist es meistens schon etwas spät. Ich empfehle Gold seit 2005, als das Thema noch recht exotisch war. Das Vordenken bringt aber auch mit sich, dass man etwas komisch angesehen wird. Wer empfiehlt heute schon Pharmatitel wie GlaxoSmithKline, Novartis oder Sanofi-Aventis? Diese Titel haben sich seit zehn Jahren nicht bewegt oder sind gefallen. Oder Norske Skogindustrier, eine Aktie, deren Kurs sich mal eben gesechstelt hat?

2. Risiken untersuchen. Warren Buffett, zu dessen Hauptversammlung von Berkshire Hathaway ich nächste Woche fahre, sagte letztes Mal, dass er einen Nachfolger als Chief Investment Officer suche, der genetisch programmiert sei, Risiken zu entdecken – sogar solche, die wir jetzt noch nicht kennen. Kein Wort von hervorragenden Renditen. Risiken sind wichtig.

3. Dort suchen, wo es anscheinend langweilig ist. Heute sind Stahl- und Rohstoffunternehmen, wie zum Beispiel Salzgitter, die ich auch einmal hatte, in Mode. Deswegen würde ich dort nicht suchen.

4. Streuen Sie – aber nur in Anlagen, die Sie verstehen: Aktien und einfache Aktienfonds, Gold (physisch), Anleihen und Anleihenfonds (aber echte Anleihen, keine Bankprodukte) und Termingelder. Denken Sie daran: Mit Aktien, Immobilien und Gold haben Sie einen Inflationsschutz, mit Termingeldern und Liquidität einen Deflationsschutz. Sorgen Sie für beides vor, selbst, wenn Sie mit einer der beiden Strategien verlieren werden. Absolute Sicherheit gibt es nicht, und wenn Sie nur auf eine Richtung setzten, spekulieren Sie.

Ja, Garantien gibt Ihnen keiner. Am wenigsten die, die laut davon sprechen.

4.2.11 Halten Sie sich an das Reinheitsgebot!
Ausgabe 08/2009 vom 20.02.2009

Wenn Sie glauben, dass Sie mit Qualitätsaktien schlecht bedient sind, dann denken Sie zweimal nach. Ja, Aktien fallen seit mittlerweile mehr als eineinhalb Jahren. Es kann gut sein, dass sie noch weiter fallen.

Ich fand die Verluste der Deutschen Bank und der Postbank in diesem Zusammenhang beruhigend. Hier haben zwei Institute zwar mit deutlichen Verlusten abgeschlossen, aber diese Verluste bringen Sie zu keinem Zeitpunkt in Schwierigkeiten. Wenn keine weiteren Leichen in der Bilanz sind, ist das ein gutes Signal. Ford verzichtet in Deutschland auf Kurzarbeit – die Auftragslage ist gut.

Die deutschen Sparkassen, Volksbanken, Raiffeisenbanken und Genossenschaftsbanken verzeichnen überwiegend gute Geschäftsabschlüsse. Allerdings stärker der Sparkassensektor, der mehr als 40 % der Kredite an Mittelständler vergibt.

Der beste Schutz gegen dauerhafte Kapitalverluste sind qualitativ hochwertige Anlagen nach meinem Reinheitsgebot der Kapitalanlage (gute Aktien und gute Fonds, hochwertige Anleihen und hochwertige Fonds, gute Immobilien sowie Edelmetalle).

Ich habe schon oft kritisch über Lebensversicherungen geschrieben. Früher investierten Lebensversicherungen genauso, wie ich es Ihnen jetzt empfehle. In den letzten Jahren reichten aber vielen die Renditen nicht mehr und man ging in Finanzderivate. Ich hoffe, Sie haben Ihr Engagement in Lebensversicherungen minimiert. Viele werden massiv abwerten müssen. Zwar müssen Sie dann, als mündige Investoren, mit den (nervenaufreibenden) Schwankungen des Aktienmarktes leben, aber letztlich werden Sie viel besser fahren, wenn Sie Ihre Emotionen im Griff behalten können.

4.2.12 … und wenn alle Leute im Land Wertpapieranalysten würden …

Sommertelegramm 36/2009 vom 04.09.2009

Vor Kurzem las ich ein Zitat des erfolgreichen Value Investors Seth Klarman, das mich beeindruckte und beschäftigte:

»…und wenn alle Leute im Land Wertpapieranalysten würden, Benjamin Grahams Standardwerk *Intelligentes Investieren* auswendig lernen würden und jedes Jahr die Berkshire-Hauptversammlungen mit Warren Buffett besuchen würden, fühlten sich die meisten Leute dennoch unwiderstehlich zu heißen Börsengängen und Neuemissionen, Momentumstrategien und kurzfristigen Investmentmoden hingezogen.

Die Menschen würden immer noch versucht sein, Daytrading, technische und Chartanalyse zu betreiben (was völliger Unfug ist, M. O.). Ein Land voller Wertpapieranalysten würde immer noch überreagieren. Kurz gefasst: Sogar die am besten ausgebildeten Investoren würden dieselben Fehler machen, die Investoren schon immer gemacht haben, und aus denselben unabänderlichen Gründen – dass sie nämlich gar nicht anders können.«

Ich predige seit zehn Jahren die Vorzüge des Value Investing und merke selbst doch, wie schwer es ist, Value Investing konsequent durchzuführen. Seth Klarman bringt es auf den Punkt: »Ein Land voller Wertpapieranalysten würde immer noch überreagieren.« Es kann gar nicht anders. Unsere Finanzentscheidungen treffen wir oft mit dem Kleinhirn, dem Reptilienhirn, wo die Emotionen Gier und Furcht zu Hause sind. Wir können uns hundertmal sagen, dass wir das Kleinhirn ausschalten wollen, und es trickst uns dennoch aus.

Im Frühjahr habe ich das deutlich gemerkt, als einige Investoren, die ich kenne, ziemlich genau zum Tiefpunkt des Marktes aufgegeben haben. Am 7. März, als die Panik am größten war, habe ich in einer Nachrichtensendung darauf hingewiesen, dass Aktien nun extrem billig seien und dass man kaufen solle. Daraufhin sagte mir jemand sinngemäß, dass ich nun völlig durchgedreht sei. Es würde doch nun wirklich langsam Zeit, die Verluste zu begrenzen. Und wir wissen, was seit März passiert ist.

Passend zu diesen emotionalen Wellen haben die Analystenhäuser in den letzten Wochen wieder angefangen, ihre Schätzungen anzuheben – wie fast immer, NACHDEM die Börse schon gut gelaufen ist. Zum Beispiel hob Independent Research SAP auf »Akkumulieren« und BASF auf das Ziel 38 Euro. Wir hingegen hatten BASF schon eine lange Zeit auf dem inneren Wert von 38 Euro und sagen, dass Sie nicht unter 43 Euro verkaufen sollten, es sei denn, eine andere Aktie dränge sich förmlich auf. Zusätzlich hoben »Konjunkturexperten führender Banken und Forschungsinstitute« ihre Wachstumsprognosen für Deutschland aufgrund der leicht positiven Konjunkturdaten an. Die Deutsche Bank rechnet, nach einem Bericht der Frankfurter Rundschau, inzwischen mit einem Wachstum von 1,4 % im kommenden Jahr, nachdem sie zuvor 0,4 % vorhergesagt hatte.

All dies ist ein kurzfristiges Rauschen des Analystenchors aufgrund der aktuellen Zahlen. Wenn man sich die nachhaltigen und durchschnittlichen Zahlen anschauen würde, wäre dieses ganze Anheben und Absenken nicht nötig. Aber es müssen ja aktuelle Finanznachrichten produziert werden.

Für mich nicht! Ich kann keine Kursbewegungen voraussagen. Ich kann aber Wertpapiere und Anlageobjekte identifizieren, die einfach zu durchschauen sind, keine hohen Verwaltungskosten und eine hohe Sicherheit haben und billig sind. Wenn Sie billig genug einkaufen und auf die Sicherheit der Objekte achten, wird der Preis oder Kurs irgendwann steigen.

Solche Wertpapiere sind: Beiersdorf, Henkel, Procter & Gamble und Fielmann. Aktuell sehr billig ist auch die Aktie der Axel Springer AG. Die ist allerdings nicht ganz so sicher. Zwar befinden sich mehr als 80 % der Aktien in den Händen der Springer-

Gesellschaft, Friede Springers oder von Großinvestoren, aber Medienkonzerne haben in den nächsten Jahren mit Gegenwind durch das Internet zu rechnen. Dennoch ist der Preis der Springer-Aktie so attraktiv, dass es vor Kurzem Insiderkäufe gab. Insiderkäufe gab es auch bei Fuchs Petrolub, wo ein Vorstandsmitglied zwar vor einigen Tagen Vorzugsaktien verkaufte, wenig später aber Stammaktien zurückkaufte. Fuchs ist auch für uns ein Favorit.

Und zu guter Letzt: Im Moment spricht kaum einer vom Gold. Dennoch steigt es derzeit massiv. Kursbewegungen kommen meistens dann, wenn man sie nicht erwartet. Haben Sie Ihr Gold gebunkert? Wenn nicht, könnte es Zeit werden.

4.2.13 Wie man sich auch als Value-Anleger etwas selbst vormachen kann

Ausgabe 06/2005 vom 11.02.2005

von Guy Spier, Aquamarine Fund

Ich glaube, dass sich die Welt des Investierens radikal von der Welt unterscheidet, die ich vorfand, als ich vor zehn Jahren mit dem Investieren anfing. Vor zehn Jahren kannte ich niemanden, der Warren Buffett oder Benjamin Graham kannte oder der von sich sagte, ein Value Investor zu sein. Niemand wusste, was eine Investment-Partnership oder ein Net-Net ist. Ich war mir darüber im Klaren, dass ich einen ziemlich unbekannten Weg gewählt hatte.

Heute sagt jeder von sich, er sei ein Value Investor. Die populärsten Bücher über Value Investing führen Warren Buffett im Titel. Geld ist in nie da gewesenen Mengen in alternative Investments geflossen. Ich habe nicht genug Finger und Zehen, um alle professionellen Value Investoren zu zählen, die ich kenne – sogar diejenigen, die denselben Stil pflegen wie ich. Value Investing ist eine große und wachsende Branche geworden – mit eigenen Konferenzen, Publikationen und einer eigenen Begriffswelt. Ich glaube nicht, dass dies nur eine Mode oder eine Blase ist.

Deswegen fühlt sich die Nebenstraße des Value Investing für mich zunehmend wie eine sechsspurige Autobahn zur Hauptverkehrszeit an. Die Frage ist nun, wie man darauf reagieren soll.

Viele Fondsmanager wiederholen es fast refrainartig: »Es war schwer, Schnäppchen zu finden, aber wir konnten unser Kapital dennoch ertragbringend investieren.« Ich glaube, dass viele dieser Manager bewusst oder unbewusst ihr Risiko erhöht haben, indem sie den Preis angehoben haben, zu dem sie bereit waren, zu kaufen, oder ihre Prüfung abgekürzt haben, um zu kaufen, bevor andere Käufer den Preis nach oben getrieben haben.

Man sollte daran denken, dass in einer Umgebung, in der jeder seine Standards in Bezug auf Sicherheitsmargen oder Prüfkriterien reduziert, Wertsteigerungen eine sich selbst erfüllende Prophezeiung sind, weil die nachfolgenden Käufer automatisch die Preise hochtreiben. Niedrigere Standards gleich höhere Nachfrage gleich höhere Preise.

Meine Sorge, wenn die Investorenfinger am Abzug schneller schießen, ist nicht, dass es die ersten Male nicht funktionieren wird – es wird. Mein Problem ist ein anderes: Bevor ich bis zehn zählen kann, sind meine Bewertungs- und Prüfkriterien im Eimer. So etwas macht Sinn, wenn Sie nur eine begrenzte Zeit haben, um sich am Markt zu beweisen. Ein vor Kurzem eingestellter Analyst für spezielle Situationen und Märkte muss seine besten Ideen empfehlen (selbst wenn diese gar nicht so gut sind). Entweder er hat Glück – und steigt im Unternehmen auf – oder er hat Pech – und verlässt das Unternehmen wieder. Wenn er nichts empfiehlt, weil der Markt es im Moment nicht hergibt, ist er auch schnell wieder draußen.

Wenn Sie Ihr Leben damit verbringen wollen, zu investieren – so wie ich es vorhabe –, würde ein solches Verhalten und die schlechten Angewohnheiten, die daraus resultieren, die Gefahr eines Totalverlustes drastisch erhöhen. Das ist eben der Unterschied zwischen einem Analysten und einem aktiven Investor.

• Verdoppeln Sie Ihre Anstrengungen bei bekannten Unternehmen

Eine weitere Möglichkeit ist, bei bekannten und angemessen bewerteten Unternehmen viel Research und Forschung zu betreiben. Wenn eine Person oder Organisation genug Arbeit in ein bestimmtes Investment steckt, wird sie wahrscheinlich früher oder später auch einen Grund finden, dieses Investment zu kaufen. Einer meiner Freunde nannte dies »die Realität foltern«.

Für jede Investmentmöglichkeit, die sich auf diese Weise bietet, gibt es viele andere Unternehmen, die ich prüfe, und bei denen die Sache niemals so klar und einfach wird. Manchmal haben auch Investoren, die ich kenne, eine Investmentidee und wecken in mir den Drang, dieses Investment auch zu besitzen, so dass ich so genauso klug wie die anderen dastehe. Es gibt keinen Zweifel: Jeder Investor, der langfristig erfolgreich sein will und gut dastehen will, muss willens sein, manchmal schlecht dazustehen und dumm auszusehen.

• Ins Ausland gehen

Je weiter Sie sich von bekanntem Gebiet wegbewegen, desto wahrscheinlicher ist es, dass Sie attraktive Investmentmöglichkeiten finden. Einen Investment-Manager, den ich kenne, und dessen Rendite derzeit viel höher ist als meine, hat 50 % seines Vermögens in Südkorea investiert.

Ich war vier Monate lang der einzige Euroamerikaner in einer koreanischen Investmentgesellschaft. Ich kenne das Land also ein bisschen. Eine meiner großen Erkenntnisse war: »Sie wissen nicht, was Sie nicht wissen.« Wir haben die Tendenz, eine Myriade von Annahmen auf Kulturen zu projizieren, die wir nicht wirklich kennen. Ich persönlich befolge eine einfache Regel: Wenn ich nicht die Dokumente und Geschäftsberichte einigermaßen entziffern kann, bin ich außerhalb meiner Kompetenz.

Ich weiß, dass ich mit dieser Regel gut fahre, und staune immer über die Investoren, die frohen Mutes in entfernte Märkte investieren, ohne Dokumente in der Sprache des Landes lesen zu können.

• Put-Optionen kaufen oder Leerverkäufe in überbewerteten Märkten ausführen

Diese Strategie gibt es in verschiedenen Formen. Die einfachste Möglichkeit ist, bei einer bestimmten Aktie oder einem bestimmten Index, von denen man glaubt, dass sie überbewertet sind, Leerverkäufe zu tätigen. (Anmerkung Prof. Otte: Das geht in Deutschland für Privatinvestoren nicht, wir müssten also eine Put-Option kaufen.) Die komplizierteste Möglichkeit, die ich kenne, ist der Kauf von Kreditausfallswaps (CDS) bei Finanzinstitutionen, die sich übernommen haben. CDS sind Anleiheversicherungen, die fällig werden, wenn die Wertpapiere eines bestimmten Kreditinstituts ausfallen.

Ich habe mich früher schon darüber ausgelassen, warum ich mich sträube, Leerverkäufe durchzuführen. Der Kauf dieser CDS schien jedoch äußerst attraktiv mit einem sehr guten Verhältnis von Chancen zu Risiken zu sein – zumindest auf dem Papier. Das Eintreiben von Forderungen wäre aber ein außergewöhnlicher Vorfall, der Personen und Institutionen beinhalten würde, mit denen mein Aquamarine Fund normalerweise kein Geschäft betreibt. Da ich also das Geschäft nicht einschätzen konnte, wusste ich nicht, ob das Eintreiben solcher Forderungen ausreichend sicher oder einfach sein würde. Das heißt nicht, dass es nicht sicher oder einfach war, aber ich musste einfach zu viele Annahmen treffen.

Es ist viel besser, ein Verkäufer als ein Käufer von Versicherungen zu sein. Dies war oft meine bittere Erfahrung, wenn ich eine Forderung bei einer Versicherung eintreiben wollte. (Anmerkung Prof. Otte: Buffett weiß das auch, denn er investiert gerne in Versicherungen. Und wenn die Banken Ihnen Discount-, Bonus- oder Garantiezertifikate verkaufen, sind sie ebenfalls Verkäufer von Versicherungen.)

• Das Vermögen in sichere Anlagen stecken und auf bessere Tage warten

Wenn man einen kurzen Anlagezeitraum hat, sollte man Bargeld, Termingeld oder bargeldähnliche Anlagen halten. Ich kenne auch Fondsmanager, die gut gemanagte Holdingunternehmen oder bestimmte Arbitragesituationen als bargeldäquivalent ansehen. Bei einem langen Anlagezeitraum investiert man in Unternehmen mit hervorragender Qualität, bei denen man davon überzeugt ist, dass diese Unternehmen die Wechselfälle der Zeit überstehen. Dabei sollten Erträge herauskommen, die besser als die von Termingeld sind.

Aquamarine Fund hat vor allem die letzte Strategie gewählt. Der Fonds hat relativ hohe Bargeldbestände sowie viele hervorragende Unternehmen, die ich »80 Cent für einen Dollar mit 10 % Wachstum« nennen würde.

Die anderen Strategien sind nicht notwendigerweise schlechter. Meine Strategie reflektiert meine Fähigkeiten, meine Investmentpersönlichkeit und meine Kompetenzen sowie meine Wahrnehmung dieser Kompetenzen. Meine Strategie ist auch davon beeinflusst, was in der Vergangenheit für mich funktioniert hat. Wenn ich mir meine erfolgreichen Investments anschaue, dann sehe ich, dass die Ideen dahinter einfach waren. Ich habe viel Zeit aufgewendet, um diese Ideen zu finden. Wenn ich etwas gefunden hatte, dann wusste ich meistens auch, dass ich etwas Gutes für den Fonds tat.

4.2.14 Wann aussteigen?
Ausgabe 13/2010 vom 01.04.2010

Wann aussteigen? – das ist nach den Kursentwicklungen in einem der besten Börsenjahre der Geschichte (seit März 2009) sicher eine Frage, die Sie bewegt. Vor einem Jahr sprach ich bei Börse Online davon, dass ich mich »wie ein Junge im Süßwarenladen fühlte, wenn die Verkäuferin und die Eltern nicht da sind«. Man musste einfach nur zugreifen. Leider haben es nicht alle getan.

Die Frage nach dem richtigen Ausstieg ist leider viel schwieriger als der richtige Einstieg, das werden Ihnen alle Value Investoren bestätigen. Oder Sie halten sich vom Markt fern – wie Buffett nach 1998 –, und der Markt steigt rasant weiter. Im Jahr 2000 hatten viele den größten Investor aller Zeiten zum alten Eisen gelegt. Verfrüht.

JETZT ist noch nicht der Zeitpunkt zum Ausstieg (wenn Sie Ihr Gold und eine persönlich angemessene Liquiditätsreserve haben). Die europäischen Märkte sind noch leicht unterbewertet, während die amerikanischen Märkte schon wieder leicht zu teuer sind. Aber was sagt das schon? Bei einer fairen Bewertung können Sie die durchschnittliche Rendite des Aktienmarktes erwarten, nämlich 8 % bis 10 %. Das ist auf jeden Fall besser, als auf niedrigverzinslichen Festgeldern oder Anleihen zu sitzen, die zudem noch latent von der Inflation bedroht sind.

Nehmen Sie Nestlé oder Beiersdorf. Diese Unternehmen sind, nach konventionellen Maßstäben, leicht (aber nicht sehr) überbewertet. Also können Sie vielleicht mit 6 % bis 9 % Rendite rechnen. Aber es sind nach Goldbarren oder Münzen die SICHERSTEN Anlagen, die es gibt. Kommt eine Inflation, werden beide Unternehmen ihre Preise erhöhen, da sie Preissetzungsmacht haben. Kommt die Deflation, wird das Geschäft dennoch weiterlaufen. Zudem gibt es etwas Dividende, auf jeden Fall so viel wie beim Festgeld.

Man kann sich der Frage, ob die Märkte überbewertet sind, auch nähern, indem man schaut, ob sich noch genug unterbewertete Aktien finden lassen. Solange man noch genug findet, muss man nicht raus. Daher bin ich in meinem Fonds auch noch ziemlich voll investiert. Bei großen Qualitätswerten finde ich derzeit kaum noch Unterbewertungen. Das ist auch verständlich: Nach dem Schock von 2008 bis 2009 floss die Liquidität zunächst einmal wieder in sichere Werte und trieb die Kurse an – zum Beispiel eben in Nestlé.

(…) Ich suche nur billige Aktien und kaufe sie, wenn sie mir gefallen. (…) Noch gehen mir die Ideen nicht aus.

4.2.15 Was weiß BlackRock, was die Deutschen nicht wissen?
Ausgabe 03/2011 vom 21.01.2011

Wie Sie sich vielleicht erinnern, habe ich an dieser Stelle mehrfach darüber geschrieben, dass die Deutschen immer noch sehr zurückhaltend mit Aktien sind und sich zurückziehen, ausländische Investoren aber hierzulande kräftig zugreifen. Insbesondere habe ich den Namen des weltgrößten Vermögensverwalters BlackRock erwähnt. Nun hat das *Handelsblatt* in einer Titelgeschichte darüber berichtet. Mit 3,5 Billionen Dollar verwaltetem Vermögen ist BlackRock der mit Abstand größte Vermögensverwalter der Welt. BlackRock wurde 1988 von einem jungen Team gegründet, um Pensionsverpflichtungen zu managen. 1999 ging das Unternehmen an die Börse und wuchs über eine aggressive Akquisitionsstrategie. Das Gründungsteam leitet das Unternehmen immer noch.

BlackRock hält DAX-Beteiligungen im Wert von rund 30 Milliarden Dollar. Das entspricht dem Wert von zusammengenommen 4 % aller DAX-Konzerne. Bei 21 Unternehmen liegt BlackRocks Anteil zwischen 3 % und 9 %.

Der Anteil ausländischer Investoren an DAX-Konzernen stieg seit Anfang 2009 um 8 %, auf 55,8 %, das ist ein Rekordhoch. Vor zehn Jahren waren zwei Drittel der Aktien deutscher Konzerne noch in deutscher Anlegerhand.

Wir Deutsche kaufen hingegen Zertifikate, strukturierte Produkte, Lebensversicherungen und Anleihen. Schön dumm, insbesondere angesichts der abzusehenden Inflation! Unsere Regierung hat nichts gemacht, um Privatanleger aufzuklären.

4.2.16 Eine Strategie ist eine Strategie ist eine Strategie
Sommertelegramm vom 23.09.2011

Vor wenigen Tagen sprach ich in München vor ausgewählten, bekannten Vermögensverwaltern. Ich referierte von Aktien, Gold und Anleihen. Und dann zitierte ich den Vermögensverwalter, der in einer Zeitung gesagt hat, Aktien seien zwar eine gute Anlageklasse, man könne das den Kunden aber nicht vermitteln. Also habe man vor allem Anleihen. In diesem Spannungsfeld, so sagte ich den Zuhörern, stehen wir als Vermögensverwalter.

Ich referierte dann über meine Strategie, in der Aktien eine große Rolle spielen.

Zum Schluss kam heftiger Gegenwind von Vertretern zweier Vermögensverwalter, die vor allem auf Anleihen setzen. Eine dieser Verwaltungen wirbt damit, dass man seit etlichen Jahren kein Verlustjahr gemacht habe.

Ja, das ist die Anlegerpsychologie. Man hat vielleicht kein Verlustjahr gemacht, wenn man in Festgeld parkt, aber auch keinen Gewinn. Und man wird auch in der Zukunft keinen Gewinn machen. Aufs Festgeldkonto können Sie Ihr Geld auch selbst legen.

Ich hatte von März 2008 bis März 2009 einen Verlust von 35 % im PI Global Value Fund, im August stand der Fond schon wieder bei 100 Euro und damit seinen Anteilspreis bei Fondsstart und eineinhalb Jahre später bei 156 Euro. Heute steht er bei 130 Euro.

Wie die verhaltenswissenschaftliche Finanzforschung aufgezeigt hat, haben Anleger eine Heidenangst vor Kursschwankungen. Man nennt das »Verlustaversion«. ABER KURSSCHWANKUNGEN SIND DER PREIS, DEN SIE FÜR RENDITE BEZAHLEN. Kein Mensch weiß, wann es wieder hoch geht. Ich weiß aber, dass viele Aktien extrem billig sind. Und gute Dividenden gibt es auch noch.

Die Strategie des einen Vermögensverwalters, der mir heftig widersprach, zielt darauf ab, die Schmerzen der Anleger zu minimieren. Rendite ist in diesem Zusammenhang ziemlich egal. Meine Strategie zielt darauf ab, Sie über Value Investing aufzuklären und Ihnen in den schwierigen Zeiten beizustehen. Ich möchte, dass Sie in Summe eine sehr ordentliche Rendite erzielen.

Ich bin mir sicher, dass Sie das werden, wenn Sie Ihre Strategie durchhalten. Viele Titel haben ein Sofortpotenzial von 100 % und mehr, wenn der Wind dreht. Wir wissen nicht, wann das ist, aber irgendwann wird es der Fall sein. Schauen Sie auf die Aktie der Allianz: Von 100 Euro im April auf 58 Euro jetzt. Fairer Wert: 120 Euro bis 140 Euro. Oder RWE: Von 45 Euro im April auf jetzt 23

Euro. Wir können uns sicher sein, dass diese Unternehmen überleben werden. Nur spielt die Börse derzeit verrückt.

Eine Strategie ist eine Strategie ist eine Strategie.

Das beste Rezept, dauerhaft Verluste zu machen, ist seine Strategie in schwierigen Zeiten zu ändern. Halten Sie durch! Sie werden belohnt werden!

André Kostolany pflegte zu sagen, dass das an der Börse verdiente Geld Schmerzensgeld sei: erst die Schmerzen, dann das Geld. Und ein amerikanisches Sprichwort besagt: No pain, no gain. Keine Schmerzen, kein Gewinn.

So ist es immer. Leider.

4.2.17 Weniger ist mehr!
Ausgabe 11/2013 vom 15.03.2013

Vorgestern war ich in Wolverhampton. Wenn Sie nicht wissen, wo das ist, verstehe ich das. Es ist eine Stadt nördlich von Birmingham.

Was ich da wollte? Ein Konzert von Status Quo besuchen. Der äußerst kompakte Boogie-Rock von Status Quo hat mich begeistert, seitdem ich die Band um 1978 herum kennenlernte. Zum ersten und einzigen Mal seit 30 (!) Jahren hat sich die Band in ihrer Originalbesetzung zusammengefunden, um eine kleine Tour von neun Konzerten in England zu absolvieren. Es war grandios.

Die Band hatte sich schon 1981 von ihrem Drummer John Coghlan getrennt, weil er anscheinend damals ein Drogenproblem hatte, das seine Leistungsfähigkeit beeinträchtigte. Dann führte ein zunehmender Egotrip des Leadgitarristen dazu, dass man auch noch den Bassisten – ein Freund und Gründungsmitglied – unschön hinausdrängte. Es folgten viele Jahre mit Rechtsstreitigkeiten und einer bitteren Atmosphäre. Francis Rossi und Rick Parfitt machten mit angestellten Musikern weiter, konnten aber niemals die Magie früherer Jahre erreichen.

In der Schlange vor dem Stand, an den man den Live-Mitschnitt kaufen konnte, standen nachher zwei Franken, mit denen ich ins Gespräch kam. Der eine meinte: »Du siehst aus wie jemand, der sonst immer im Fernsehen ist und die Eurokrise erklärt.« Ich hätte doch meine Brille absetzen sollen ...

Warum ich das schreibe? Nun, ich will Sie nicht von der Band überzeugen. Aber der Fall Status Quo illustriert zwei Dinge, die für das Investieren von größter Wichtigkeit sind.

Erstens: Kontinuität. Als das Quartett auseinanderging, war Status Quo nicht mehr Status Quo. Die Band von etwa 1990 bis heute wirkt wie eine billige Kopie ihrer selbst. Auch beim Investieren müssen Sie einen Stil finden und diesem Stil treu bleiben.

Zweitens: Einfachheit. Ich war mit dem früheren Drummer meiner Status-Quo-Coverband auf dem Konzert. Irgendwann rutschte es ihm heraus: »Weniger ist mehr.« Es ist wirklich erstaunlich, wie wenig die einzelnen Mitglieder musikalisch machen. Ich kenne kaum einen Drummer, der so wenig spielt wie John Coghlan. Und dann die berühmten drei Griffe der Band. Aber das Zusammenspiel bringt es. Auch beim Investieren lohnt es sich, lieber weniger anstelle von mehr zu machen. Ihre Investments werden es Ihnen danken.

Denken Sie an Warren Buffett, der beide Eigenschaften in höchstem Maße besitzt.

Der PI Global Value Fund hat einen neuen Höchststand erreicht. Es scheint so, als ob die Telekomwerte nun langsam ihr Tief erreicht haben. Mit gewissen Summen können Sie durchaus einsteigen oder verbilligen.

Überall wird in den Finanzzeitungen derzeit von einer Hausse und Überbewertung gesprochen, nur weil seit einem Jahr die Kurse steigen. So ein Quatsch. Die USA sind überbewertet, die Schweiz ist überbewertet, einzelne andere Märkte auch. Wir können aber noch viele billige Aktien für Sie finden.

4.3 Anlegerfallen und Börsenpsychologie

4.3.1 Hedgefonds – die »Piratenschiffe von heute«
Ausgabe 45/2004 vom 05.11.2004

Hedgefonds-Manager genießen einen legendären Ruf. Sie versprechen ihren Investoren Renditen von 20 % bis 30 % p. a. und erreichen dies gelegentlich auch. Dementsprechend verdienen sie auch. In jüngster Zeit kamen die Hedgefonds auch im Zusammenhang mit dem gestiegenen Ölpreis und den Ölpreisspekulationen ins Gerede.

William J. Crerend schreibt in seinem 1998 veröffentlichten Buch Fundamentals of Hedge-Funds-Investing: »Ein wenig poetisch ausgedrückt, sind Hedgefonds wie die alten Piratenschiffe von damals. Eine Gruppe reicher Investoren übernimmt ein Schiff und teilt sich die Beute mit seiner Crew.«

Mit seinem Vergleich liegt Crerend durchaus richtig. Wenn Sie genug Munition haben, können Sie viele Schiffe entern und die Beute einkassieren. Konkret heißt das: Wenn Hedgefonds über genug Finanzmacht verfügen und den richtigen Riecher haben, können sie natürlich einen Kurstrend verstärken – zum Beispiel die Ölpreisentwicklung anheizen oder den Kurs eines angeschlagenen Unternehmens durch Leerverkäufe noch weiter drücken. Von dieser selbst produzierten Volatilität können die Piraten gut leben. Derzeit sind 120.000 Terminkontrakte auf Öl offen – so viel wie noch nie.

Solange es Börsen gibt, gibt es Spekulation. Diese Spekulation erfüllt in einem marktwirtschaftlichen System eine wichtige Funktion. Allerdings kann sie auch ins Ungesunde umschlagen und die wirtschaftliche Entwicklung eher behindern als fördern. Die derzeitig hohe Volatilität an vielen Märkten kann für die gesamtwirtschaftliche Entwicklung nicht gut sein. Sie fördert die Unsicherheit und behindert damit Wachstums- und Investitionschancen.

Kann das, was wirtschaftspolitisch bedenklich ist, wenigstens für Sie als Privatinvestor profitabel sein? Viele glauben es. Hedgefonds erfreuen sich einer wachsenden Beliebtheit. Jetzt hat zum Beispiel eine deutsche Fondsgesellschaft ihr erstes offenes Hedgefonds-Produkt in Form eines Multi-Strategy-Zertifikats angeboten. Nach eigenen Angaben peilt die Gesellschaft eine Rendite von durchschnittlich 10 % bis 12 % an. Die Fondsgesellschaft kombiniert verschiedene komplementäre Handelsstrategien, um möglichst konstante Gewinne und eine ausgeglichene Wertentwicklung zu erzielen. Das Produkt eigne sich besonders gut für Anleger, die erstmals in Hedgefonds investieren wollen.

10 % bis 12 % sollten Sie im Durchschnitt auch mit guten Aktien erzielen können. Warum sollten Sie da in ein Dachfonds-Produkt für Hedgefonds investieren? Das Hedgefonds-Produkt hat einen Ausgabeaufschlag von 5 % und kostet jährliche Verwaltungsgebühren von 10 % bis 20 %. Wenn es gut läuft, verdient vor allem der Fonds, da viele Fonds auch eine erfolgsabhängige Gebühr fordern. Damit sind Ihre Gewinnmöglichkeiten begrenzt. Wenn es schlecht läuft, tragen ausschließlich Sie das Risiko.

Hedgefonds sind Piratenschiffe. Bei den richtigen Hedgefonds werden nur reiche Anteilseigner zugelassen. Es ist derzeit auf dem Globus so viel überschüssige Liquidität vorhanden, dass sich ein guter Hedgefonds-Manager des Kapitals fast nicht erwehren kann. Warum sollte sich ein Hedgefonds die Mühe machen, Geld in Kleinbeträgen von Privatinvestoren einzusammeln? Die amerikanischen Hedgefonds-Zirkel sind eine geschlossene Gesellschaft: Reiche bedienen Reiche. Der Chef des Hedgefonds-Geschäfts bei Goldman Sachs ist ein Cousin von George Bush. Viele Hedgefonds-Manager kennen sich und sind durch dieselbe Schule gegangen.

Sie können vom großen Gewinn träumen, wenn Sie eines der derzeit an normale Privatanleger vertriebenen Hedgefonds-Produkte kaufen. Träumen Sie weiter! Nein, seien Sie Realist. Die Möglichkeit, mit Hedgefonds Geld zu verdienen, ist den meisten normalen

Privatanlegern verschlossen. Wenn jetzt Hedgefonds-Produkte in breitem Umfang gestreut werden, können Sie sicher sein, dass es vor allem um die Gewinne der Finanzbranche geht.

4.3.2 Richten Sie sich auf einen Absturz von 30 % ein
Ausgabe 04/2007 vom 27.01.2007

Bitte richten Sie sich darauf ein, dass bald einzelne Aktien Ihrer Portfolios oder das ganze Portfolio um 30 % abstürzen können. Nein, ich meine nicht den großen Crash. Ich meine etwas, das am Aktienmarkt ganz normal ist und das Value Investor Martin Whitman das ganz normale tägliche Geschäftsrisiko des Aktieninvestors nannte.

Lassen Sie mich ein Beispiel bringen, dass ich beim amerikanischen Finanzdienst Motley Fool gelesen habe: Im Juli 1995 kaufte ein Investor – nennen wir ihn Charly – die Microsoft-Aktie. Er wusste, dass der Aktienmarkt auch für den Privatinvestor die beste Möglichkeit ist, Geld gewinnbringend anzulegen und zu vermehren. Aber er gab schnell auf, wenn die Dinge etwas schwieriger wurden.

Innerhalb weniger Wochen fiel Microsoft 25 % unter seinen Einstandskurs. Das war zu viel für ihn. Er verkaufte. Allerdings war es dann viel schmerzhafter für ihn, zu sehen, wie sich die Microsoft-Aktie in den folgenden fünf Jahren verzehnfachte. Selbst heute steht sie noch 400 % über seinem Verkaufskurs. Amgen fiel einmal um 55 %, stieg aber in diesen Jahren insgesamt um 382 %. Dells größter Absturz waren 71 %, der Gesamtgewinn von 1995 bis 2005 betrug aber erstaunliche 653 %.

Auch bei meinen Investments hatte ich im letzten Jahr einiges durchzustehen. United Internet kaufte ich am 22.03.2006 zu umgerechnet 11,40 Euro für das Wachstumsportfolio. Dann fiel die Aktie um 22 % auf 8,85 Euro! Von ihrem Top von 14,40 Euro fiel die Aktie sogar um 48 %! Am 23.05.2006 habe ich zu 10,27 Euro nachgekauft, so dass ich einen durchschnittlichen Einstandspreis von 10,93 Euro habe. Mittlerweile steht die Position mit 31,66 % im Plus! (...)

Wenn Sie bereit sind, Schwankungen als normalen Begleitumstand eines Investments in Aktien hinzunehmen, werden Sie dafür fürstlich, wenn nicht sogar königlich belohnt werden.

4.3.3 Auch Value Investoren irren
Ausgabe 43/2007 vom 26.10.2007

Gestern konnte ich ein langes Gespräch mit Europas wohl bestem Value Investor führen. Ich werde demnächst darüber berichten. Was mir dabei wieder auffiel: Dieser Mann war sehr darum bemüht, nur möglichst einfache Investmentideen zu verfolgen, die er genau kannte. Deswegen ist sein Portfolio auch zu mehr als 80 % mit europäischen Aktien bestückt. Von komplizierten Dingen lässt er grundsätzlich die Finger. Und genau deswegen ist er der Beste. (...)

Zwei andere Value Investoren, die ich sehr schätze, haben in jüngster Zeit Fehler gemacht. Warren Buffett ist mit seinem Engagement bei dem amerikanischen Baustoffkonzern USG deutlich in die roten Zahlen gerutscht, nachdem die amerikanische Baukonjunktur erlahmte und der Konzern einen starken Gewinneinbruch melden musste. Nun sitzt er zunächst einmal auf starken Buchverlusten. Ich bezweifle allerdings, dass Warren Buffett darüber auch nur eine Sekunde Schlaf verliert.

Ein anderer europäischer Value Investor empfahl im Sommer Agfa Gevaert. Man habe den Konzern eingehend studiert und sei davon überzeugt, dass der Turnaround bevorstehe. Damals stand die Aktie bei 19 Euro, heute bei 9. Das ist ein Verlust von 52 %.

Was war geschehen? Agfa verschob die geplante Aufspaltung des Unternehmens. Zudem klagt nun die insolvente Tochtergesellschaft Agfa Photo, das sie vom Mutterkonzern vorsätzlich oder fahrlässig schlecht informiert worden sei und damit in die Insolvenz getrieben wurde. Ich schätze den Fondsmanager, der Agfa empfohlen hat, sehr. Er ist einer der besten und vorsichtigsten europäischen Investoren. Und dennoch passiert so etwas jedem einmal.

Ich möchte Sie daran erinnern: Die Grundlage einer guten Investmentstrategie ist es, uns daran zu erinnern, was wir alles nicht wissen – die Zukunft zum Beispiel können wir nie wissen! Dann stellt sich auch die notwendige Vorsicht ein.

4.3.4 Hüten Sie sich vor der dunklen Seite!
Ausgabe 08/2008 vom 22.02.2008

Vor einigen Monaten kamen zwei vermögende Privatanleger zu mir. Beide sind kluge Menschen – einer ein angesehener Manager in einem Großkonzern, ein anderer ein erfolgreicher Immobilienkaufmann. Beide waren der dunklen Seite der Macht erlegen.

Mit Aktien lassen sich hervorragende Gewinne erzielen. Langfristig sind Aktien die profitabelste Anlageform, mit durchschnittlichen Renditen von 10 % bis 12 %. Selbst, wenn es in den nächsten Jahren etwas weniger sein sollte, schlagen gute Aktien die anderen Investmentalternativen um Längen.

Den beiden Privatanlegern ist dies nicht gelungen. Einer hatte ein Depot im Wert von ungefähr 1,5 Millionen Euro. Seine Ideen waren gut, und dennoch trat er auf der Stelle. Die Ursache: maßloses Overtrading. Durch sehr häufiges Umschichten hatte dieser intelligente Mann Transaktionsgebühren von bis zu 200.000 Euro pro Jahr produziert. Die Bank freute sich.

Der andere Privatanleger hatte insgesamt sogar fast 3 Millionen Euro im Depot. Dennoch sah es auch hier verheerend aus: Mehr als 120 Positionen, viele davon in den Modebranchen Stahl und Rohstoffe. Konsum- und Pharmatitel, wie zum Beispiel Nestlé oder GlaxoSmithKline, fehlten hingegen fast völlig. Unter den Positionen befanden sich auch Dutzende von Optionsscheinen. Mit einem solchen Depot können Sie nicht ruhig schlafen, da Sie zwangsläufig den Überblick verlieren müssen.

Wie kommt es, dass zwei sehr intelligente Menschen so etwas machen? Die dunkle Seite ist stark, mit Gier und Furcht versucht sie, Einfluss zu gewinnen. Irgendwann waren beide den Versuchungen der dunklen Seite erlegen. Die Hoffnung auf schnelle Gewinne, der schnelle Kick beim Trade – so etwas ist schon fast Suchtverhalten. Die Banken unternehmen natürlich nichts, um solche Kunden zu warnen, denn sie sind wahre Goldgruben.

Erliegen Sie nicht den Versuchungen der dunklen Seite! Sie können die Börse nicht vorherbestimmen. Wir können Qualitätsaktien kaufen, wenn sie billig sind, aber wir wissen nicht, wie sich die Börse im Jahr nach dem Kauf entwickeln wird.

Befreien Sie Ihren Geist. Machen Sie sich von den Emotionen der Börse frei. Und möge die Macht mit Ihnen sein!

4.3.5 Schockstarre
Ausgabe 50/2008 vom 12.12.2008

Ein Mandant sagte mir, dass er sich in einer Schockstarre befinde und erst einmal gar nichts tun werde. Dieser Mandant hat ein für seine Lebensführung durchaus reichliches Vermögen, das auf Termingeldanlagen, Einzelaktien, Fonds und Immobilien verteilt ist. Nach dem Kurseinbruch vom März 2008 haben wir begonnen, Aktien zu kaufen.

In den letzten Monaten bekam ich regelmäßig Vorwürfe zu hören, dass die Aktien, die wir gekauft haben, gefallen seien. Ich antwortete immer dasselbe: dass ich die Qualität und die Bewertung etlicher Titel einigermaßen zuverlässig bewerten könne, aber überhaupt nicht die Bewegungen der Börse, die kurzfristig von emotionalen Faktoren getrieben würden.

Als wir dann das Depot besprochen haben, stellte sich heraus, dass die empfohlenen Titel durchschnittliche 25 % im Minus standen. Nicht schön, aber angesichts der schlimmsten Börsenbaisse seit 1931 auch keine Katastrophe. Im Durchschnitt gab es zudem

5 % Dividende. Der Anleger hatte seit Monaten nicht mehr ins Depot geschaut. Prinzipiell ist das gut, aber in dieser Zeit hatte er sich enorme Verluste zusammenfantasiert – und die gibt es nicht.

Eigentlich ist dieser Mann ein rationaler Mensch und ein erfolgreicher Kaufmann und Geschäftsführer dazu. Als ich ihn fragte, ob denn die Schockstarre eine rationale Antwort sei, bekam ich zunächst einmal keine Antwort – ein Hinweis darauf, dass das Argument seine Wirkung nicht verfehlte. Wann denn, wenn nicht jetzt, sollte man Aktien nachkaufen?

Ich komme noch einmal zu Buffetts Aussage zurück, dass diejenigen, die derzeit Termingeld oder kurz laufende Anleihen halten, sich zwar gut fühlen, dies aber nicht tun sollten, da sie einen für die Langfristanlage schrecklichen Vermögensgegenstand gekauft haben. Langfristig haben sich Anleihen und Festgeld immer schlechter entwickelt als Aktien. Und während Sie mit der deutschen Staatsanleihe im letzten Jahrhundert mehrfach Totalverlust erlitten hätten, gibt es die Daimler-Aktie immer noch.

Es gibt Anzeichen dafür, dass die Inflation anzieht: In den USA beträgt sie aktuell 5 %. Aber die Statistik erzeugt Schub nach oben.

Die Jahresrate wird durch die letzten zwölf Monate bestimmt. Vor einem Jahr lagen die Monatsraten in den USA bei null oder sogar darunter. Die guten Monate fallen jetzt schrittweise aus der Berechnung heraus. Hinzu kommen die höheren Raten der letzten Monate. Damit scheint ein Anstieg der Inflation auf 6 % oder 7 % in den USA sicher. Bereits jetzt verlieren die Besitzer von US-Staatsanleihen jeden Monat real Geld. Sie erhalten Renditen von etwa 4 % und müssen mit einer Inflation von 7 % leben – das macht real 3 % Verlust. In Deutschland wird derzeit gerade der Inflationsausgleich geschafft.

Viele Schwellenländer haben bereits zweistellige Inflationsraten. Und ich halte das auch für die USA nicht für unwahrscheinlich. In der jetzigen Ausnahmesituation ist das richtig und gut. Die Notenbanken versuchen derzeit um jeden Preis, Inflation zu machen.

Ich hoffe, dass ihnen das gelingt, denn es ist im Vergleich zu einer weltweiten Deflation das weitaus geringere Übel.

Vermögen muss in dieser Krise vernichtet werden, da es zu viel Papiervermögen gab. Unternehmen werden anfangen, die gestiegenen Preise an die Kunden weiterzugeben. Aktien von Unternehmen mit derartigen Preisspielräumen sind also inflationsgeschützt. Der Run auf die niedrig verzinslichen Staatsanleihen wird aufhören, die Staaten werden viel höhere Renditen bieten müssen, um sich überhaupt noch zu verschulden.

Wenn Sie Anleihen kaufen wollen, dann kaufen Sie Unternehmensanleihen, die sich derzeit aufgrund der allgemeinen Unsicherheit mit hohen Renditen rentieren. Wenn Sie Ihr Geld nur parken wollen, dann in Fest- oder Termingeldern. Sichern Sie sich durch Gold ab. Und vergessen Sie nicht, Ihren Aktienanteil kräftig aufzustocken, jetzt, wo Aktien noch billig sind.

4.3.6 Kämpfen Sie nicht den letzten Kampf!
Ausgabe 06/2009 vom 06.02.2009

Privatanleger neigen oft dazu, den Kampf von gestern auszufechten, wie Warren Buffett gerne sagt. Nach dem Crash der Technologieblase flüchtete alles in Sicherheit. Heute hat sich das bei vielen Garantie-, Bonus- oder Discountzertifikaten und anderen Produkten mit Garantien oder Sicherheitspuffern als Verlustfalle herausgestellt.

Nach dem jetzigen Crash flohen viele ins Festgeld und in die Staatsanleihen. In den letzten beiden Jahren war dies die absolut richtige Strategie. Aber ist sie es auch für die Zukunft? Die Notenbanken haben mittlerweile global mehr als 5 Billionen Dollar an Liquidität in das System gepumpt. Noch ist die Inflation niedrig, weil die Geschäftsbanken das Geld nicht weiterleiten. Aber wenn der Geldkreislauf wieder in Bewegung geraten wird, dann würde die Inflation massiv ansteigen.

In diesem Fall wären Aktien und Gold die richtige Alternative. Wenn Sie länger im Fest- oder Termingeld bleiben, kämpfen Sie den Kampf von gestern.

Kürzlich sah ich bei einem Kollegen die Empfehlung »jetzt AL-LES in Festgeld und Gold halten, und wenn die Situation kippt, ALLES in Sachvermögen (Aktien & Gold) investieren.« Das klingt theoretisch gut. Als Fondsmanager weiß ich aber, dass es praktisch unmöglich ist. Denn Sie können den Zeitpunkt nicht genau treffen. Manchmal erwischen Sie die Entwicklungen an den Kapitalmärkten viel schneller, als Sie es sich ausgedacht haben, und manchmal dauert es viel länger.

Eine gesunde Mischung aus Termingeldern, Aktien und Gold ist auch jetzt die richtige Strategie. Und bei den jetzigen Kursen können Sie den Aktienanteil ruhig ausbauen. Wenn Sie ganz auf Nummer sicher gehen und auf Rendite verzichten wollen, dann kaufen Sie noch mehr Gold.

4.3.7 Große Sorgen
Ausgabe 43/2009 vom 23.10.2009

In der letzten Woche rief mich eine besorgte Kundin an. Sie klagte, dass sich die Aktien der Berkshire Hathaway und von Celesio nicht von der Stelle bewegten, wohingegen Commerzbank und chinesische Werte stark gestiegen sind. Dies ist der Grund, warum Value Investing nie populär werden wird. Es orientiert sich an Fundamentaldaten und an der Bewertung eines Unternehmens im Vergleich zum Börsenwert (der meist nie den wahren Wert eines Unternehmens widerspiegelt). Nur leider ist die Analyse von Unternehmen harte Arbeit, Sie müssen Geschäftsberichte lesen und mindestens die Zahlen der letzten zehn Jahre analysieren. Nur dann können Sie eine Investmententscheidung treffen. Oft ist es auch so, dass es Wochen oder Monate dauern kann, bis sich auch nur ansatzweise ein Erfolg einstellt. Und häufig fallen unterbewertete Aktien sogar erst noch einmal.

Im letzten Jahr war die Achterbahnfahrt so extrem wie nie zuvor, aber wer durchhielt und sich immer die fundamentale Stärke seiner

Werte vor Augen führte, wurde belohnt. Aus einem Chart können Sie nur die Vergangenheit ablesen. Warren Buffett nennt dies:»Autofahren und gleichzeitig in den Rückspiegel sehen.« Dies geht oft schief. Was heute steigt, fällt morgen, und was heute fällt, steigt oft in der Folge. Was langfristig wirklich zählt (und wir sind ausschließlich Langfristinvestoren), sind die fundamentale Entwicklung und die Zukunftsperspektiven eines Geschäftes.

Und hier haben Berkshire Hathaway und Celesio große Vorteile. Beide Unternehmen existieren schon seit Jahrzehnten, steigern ihre Gewinne regelmäßig, besitzen solide Geschäftsmodelle und gute Perspektiven. Zudem sind beide Unternehmen derzeit nicht zu teuer. Gerade Celesio besitzt nach dem Kursrutsch größeres Potenzial. Bleiben Sie also gelassen, denn beide Aktien werden auch wieder im Kurs steigen. Stark gestiegene Werte, wie chinesische Aktien oder Commerzbank besitzen dagegen derzeit höheres Kursverlustrisiko, gerade weil sie schon gestiegen sind.

Rückblick 2013:

Bei Celesio mussten etliche unserer Anleger noch eine lange Durststrecke hinnehmen. Mittlerweile rutscht der Titel aber von 2009 gesehen in die Gewinnzone. Und es gab die ganze Zeit eine ordentliche Dividende. Berkshire hat sich phänomenal entwickelt. Auch unsere Warnung vor chinesischen Aktien bewahrheitete sich. Und zur Commerzbank – einem der größten Loser der letzten Jahre – muss ich wohl nicht viel sagen.

4.3.8 Krank. Aktienkrank!

Ausgabe 50/2009 vom 11.12.2009

Ich verstehe, dass das Investieren in Aktien und Wertpapiere ein spannendes Hobby sein kann. Leider werden Sie oftmals genau das Falsche machen, wenn Sie täglich oder mehrmals wöchentlich in Ihr Depot schauen und die Tages- und Fachpresse interessiert verfolgen.

Dort werden die heißen Themen des Moments breitgetreten, wie zum Beispiel erneuerbare Energien, BRIC oder China. Oder eben, im letzten Herbst, Winter und Frühjahr, die Krise. Tagesmedien und auch die Investmentmagazine sind in hohem Maße prozyklisch. Wenn Sie ihnen folgen, dann werden Sie mit großer Wahrscheinlichkeit Schiffbruch erleiden.

Ich hatte einen Privatanleger in der Praxis, der in hohem Maße aktienkrank war. Im Herbst hatte er massiv Aktien gekauft und dann, im Frühjahr, ohne mein Wissen verkauft. Danach fühlte er sich ruhiger. Entgangener Gewinn bislang: rund 130.000 Euro. Das ist teuer erkaufte Seelenruhe! Und ansonsten sah er mehrmals täglich auf die Märkte. »Wenn XYZ noch ein bisschen steigen, dann verkaufe ich sie.« Am nächsten Tag dann: »Ja, ich könnte einige Käufe umsetzen, wenn die Märkte ein bisschen fallen.« Innerhalb eines einzigen Gesprächs wechselte er mehrmals von Gier auf Furcht und zurück.

Ich habe ihm dann auf den Kopf zugesagt, dass er suchtkrank sei – suchtkrank nach dem Kick aus Aktien. Zum Glück hat er sich meine Worte zu Herzen genommen (ich habe es auch schon anders erlebt und bin beschimpft worden, wenn ich klare Aussagen machte.) Heute sieht er die Sache wesentlich gelassener.

Es bringt nichts, der Tages- oder Fachpresse zu folgen. Das macht Sie nur verrückt. Die Zukunft ist immer unsicher. Dieselben Fakten werden einmal positiv und einmal negativ interpretiert, je nachdem, wie gerade die Stimmung ist. Stimmungen beeinflussen die Märkte (und die Medien) zwar enorm, aber sie sollten uns nicht beeinflussen. Ist die Stimmung irgendwann sehr negativ UND stimmen die Fundamentaldaten, kauft man. Ist die Stimmung sehr positiv UND die Bewertung der Aktien hoch, dann verkauft man.

So einfach ist das.

4.3.9 Finger weg von *Mittelstandsanleihen*!
Ausgabe 15/2011 vom 15.04.2011

In letzter Zeit werden vermehrt sogenannte Mittelstandsanleihen auf den Markt gebracht. Finger weg! Es handelt sich meistens um ziemlich riskante Papiere, bei denen Rendite und Risiko in keinem Verhältnis stehen.

Diese Anleihen werden meistens nämlich nicht von etablierten Mittelständlern emittiert, sondern von kleinen und neuen Unternehmen, mit unerprobten oder riskanten Geschäftsmodellen. Es handelt sich also tendenziell wieder um Zocks, die den Börsenemissionen zu Zeiten der Technologieblase nicht ganz unähnlich sind. Aber Mittelstandsanleihe klingt gut, und schon wird eine neue Generation von unwissenden deutschen Privatanlegern übervorteilt.

Die Börsen haben dafür Handelssegmente aufgebaut, erst im Mai 2010 die Börse Stuttgart, dann die Börsen Düsseldorf, Frankfurt und München. In Stuttgart wurden Anleihen im Wert von mehr als einer Milliarde Euro platziert. Dabei sind unbekannte Firmen wie Uniwheels oder die Immobilienfirma Golden Gate. Dass man hier auf unwissende Privatanleger zielt, zeigt auch die Tatsache, dass Mittelstandsanleihen schon ab einer Stückelung von 1000 Euro zu haben sind. Bei Großunternehmen ist die Stückelung oft erst ab 50.000 Euro möglich.

Die Zinsen liegen oft bei 7 % und darüber und bieten 4 % bis 5 % mehr als Bundesanleihen. Allerdings ist das für Venture Capital und riskante Unternehmen wirklich ein miserables Chance-Risiko-Verhältnis. Die Bonität der meisten Papiere liegt zwischen B und CCC. Das heißt, dass die Ausfallwahrscheinlichkeiten oberhalb von 20 % liegen. Es handelt sich um riskante Zocks, die überhaupt nicht in die Hände von Privatanlegern gehören. Gerade deshalb werden sie ja von skrupellosen Emittenten und Finanzdienstleistern so gerne an Privatanleger verkauft.

Ich bin ein großer Freund des Mittelstands. Deutschland steht deswegen so gut da, weil wir einen funktionierenden Mittelstand mit hoher Wertschöpfung haben. Im letzten Jahrzehnt haben vor allem Mittelstandsfirmen neue Arbeitsplätze geschaffen, während die Großkonzerne in Summe Arbeitsplätze abgebaut haben.

Es ist eine Sauerei, den guten Namen des Mittelstands für die Junkbonds (Schrottanleihen) zu missbrauchen, die jetzt oftmals emittiert werden.

Wenn Sie sich am Mittelstand beteiligen wollen, dann kaufen Sie Aktien von Mittelstandsunternehmen mit Familieneinfluss wie Fielmann, Gerry Weber, Sixt, United Internet, Delticom, Maschinenfabrik Berthold Hermle, Gesco, Fresenius, oder, wenn es etwas größer sein soll, BMW oder Beiersdorf.

Da sind die Risiken sehr begrenzt – und langfristig können Sie bei allen diesen Titeln mit 8 % Rendite und mehr rechnen. Sie müssen allerdings die Tatsache aushalten, dass Aktienmärkte schwanken.

4.3.10 Das ist nicht vermittelbar
Sommertelegramm vom 02.09.2011

In einer angesehenen Wirtschaftszeitung las ich ein Interview mit einem durchaus gut etablierten Vermögensmanager, das sehr erhellend war. Ich möchte Ihnen zwei Antworten zur aktuellen Situation nicht vorenthalten:

Wie sieht Ihre langfristige Anlagestrategie nun aus?

Vermögensverwalter: »Angesichts der augenblicklichen Marktlage ist es schwer, eine langfristige Anlagestrategie zu formulieren. Nicht zuletzt aufgrund der hohen Volatilitäten an den Aktien- und Rentenmärkten sehen wir auf absehbare Zeit die besten Chancen in Unternehmensanleihen (auch mit schlechterem Rating). Unsere Aktienanteile wollen wir weiterhin niedrig halten.«

Warum meiden Sie Aktien?

Vermögensverwalter: »Das Aktienkursniveau erachten wir grundsätzlich als attraktiv. Allerdings ist es den meisten Kunden nicht vermittelbar, und sie sind häufig auch nicht in der Lage,

Marktschwankungen auszusitzen. Aktuell empfehlen wir keine einzelnen Titel, da die Kursentwicklung nicht durch titelspezifische Daten getrieben ist, sondern durch die Marktsituation. Es bieten sich somit breit anlegende Fonds an, die einzelne Marktsegmente abdecken.«

Fazit: Dieser Vermögensverwalter empfindet das Aktienkursniveau als grundsätzlich attraktiv, vermeidet allerdings Aktien, weil er meint, Investments in Aktien nicht erklären zu können. Ob er damit den Interessen seiner Mandanten dient? Außerdem empfindet er es als unmöglich, »derzeit eine langfristige Strategie zu formulieren«. Aufgrund der hohen Marktschwankungen sehe er Anleihen als die beste Investition an. Wie bitte? Nie war es leichter, eine langfristige Strategie zu formulieren als jetzt! Hierzu reichen drei Erkenntnisse:

1. Aktien sind oftmals extrem billig.
2. Aktien von Unternehmen mit soliden Geschäftsmodellen sind Sachvermögen. Mit Aktienpaketen haben viele deutsche Unternehmerfamilien ihr Vermögen über den Weltkrieg gerettet.
3. Geldvermögen (Anleihen, Termingelder, Lebensversicherungen) ist langfristig bedroht.

Und da kann der ungenannte Vermögensverwalter keine langfristige Strategie formulieren? Für mich – und hoffentlich auch für Sie – ist die langfristige Strategie eindeutig.

Fakt ist, dass die extremen Kursschwankungen tatsächlich massiv an den Nerven zerren, sogar an meinen. Wie muss es da erst vielen Privatanlegern gehen, die ihrer Sache nicht so sicher sind? Aber es hilft nichts: Kursschwankungen sind der Preis, den Sie für Rendite zahlen müssen. Wer glaubt, den Markt durch kurzfristiges Rein-Raus austricksen zu können, zahlt bestimmt drauf!

Ich habe Sie in den letzten Wochen immer ermutigt, durchzuhalten. Ein Kunde von mir, ein erfolgreicher Unternehmer, telefonierte einige Tage vor dem Höhepunkt der Panik mit mir, ob er verkaufen solle. Ich riet dringend davon ab. Er schien es verstanden zu haben. Und dann kommt einige Wochen später eine Mail, dass er doch einen Teil seiner Aktienpositionen glattgestellt habe – ausgerechnet zum Höhepunkt der Panik. Und noch dazu hat er völlig irrational und falsch diejenigen Aktien verkauft, die noch im Plus standen, nicht diejenigen Aktien mit dem niedrigsten Wertsteigerungspotenzial. Dies ist ein verständiger Mann, der zudem noch von mir persönlich beraten wird.

Wie viel schwerer muss es da für Sie sein, durchzuhalten! Aber es lohnt sich. Viele Aktien sind extrem billig. Sie werden lang- und mittelfristig viel Geld damit verdienen.

4.3.11 Sie sind nicht so dumm, wie Sie meinen (Psychotherapie für Bärenmärkte)

Ausgabe 40/2001 vom 7.10.2011

von Vitaliy Katsenelson

In jüngerer Zeit habe ich öfters dieses nagende Gefühl, dass alles, was ich anpacke, nach hinten losgeht. Immer, wenn ich eine Aktie kaufe, die bereits stark gefallen ist, und meine Analysen mir sagen, dass die Aktie extrem billig ist, fällt sie, nachdem ich gekauft habe, munter weiter.

Habe ich meine Fähigkeit, Aktien zu bewerten, komplett verloren? Höre ich nicht mehr auf die US-Filmlegende Will Rogers, der sagte, dass man nur solche Aktien kaufen sollte, die steigen? Und wenn sie nicht steigen, so Rogers ironisch, sollte man sie nicht kaufen …

Nein, ich bin nicht dümmer geworden, und meine Fähigkeiten zur Aktien- analyse habe ich auch noch! Ich war einfach ein williger Teilnehmer des letzten Bärenmarktes. Bärenmärkte lassen Sie dümmer aussehen, als Sie wirklich sind. Und dieses Gefühl nagt an Ihnen. Bullenmärkte hingehen verleihen Ihnen ein Hochgefühl und versetzen Sie in den Glauben, klüger zu sein, als Sie wirklich sind. (Anmerkung Max Otte: Erinnern Sie sich noch an die vielen selbsternannten Aktienexperten in den Jahren 1999 bis 2000? Wo sind sie jetzt?)

Wenn Sie sich dumm fühlen, sind Sie versucht, das Gegenteil von dem zu tun, was Sie tun sollten. Furcht und Schmerz – ja, anhaltende Verluste sind sehr schmerzhaft! – sind gefährliche Gefühle, weil Sie dadurch veranlasst sein könnten, in Panik zu verfallen, ihr Selbstvertrauen zu verlieren und dann dumme Dinge zu tun.

Um unseren Schmerz zu verringern, reagieren wir falsch: wir fliehen in die einzige Vermögensklasse, die im Bärenmarkt zu funktionieren scheint – Liquidität! Aber Liquidität ist nur dann die beste Vermögensklasse (cash is king), wenn die anderen Vermögensklassen schlechter sind. Wenn Sie keine Aktien mit einem langfristig wenig überlegenen Chance-Risiko-Verhältnis finden können, dann ist Liquidität wirklich die beste Vermögensklasse.

In einem Bärenmarkt wird Liquidität immer unattraktiver, weil gute Unternehmen mit dem Markt zusammen mit den schlechten zu lausigen Preisen aus dem Fenster geworfen werden. Sie müssen sich aktiv an das Wort M-O-R-G-E-N erinnern. Ja, morgen. Denken Sie an die Verse aus dem Musical Annie:

When I'm stuck with the day that's gray and lonely
I just stick out my chin and grin and say, ohhh
The sun will come out, tomorrow.
So you gotta hang on' til tomorrow.

(Wenn ich in einem grauen und einsamen Tag
gefangen bin,
recke ich mein Kinn hervor und sage, ohhh
Die Sonne wird morgen wieder scheinen,
also musst Du bis morgen durchhalten.)

Leider wissen wir nicht, ob morgen wirklich morgen oder in fünf Jahren ist. Aber die Disziplin des Investierens ist nun einmal ein Marathon und nicht ein Sprint. Lassen Sie es nicht zu, dass der Bärenmarkt Sie zu einem Sprinter macht!

Erinnern Sie sich daran, dass Sie nicht so dumm sind, wie Sie sich angesichts ihres Portfolios fühlen.

Sie haben gelegentlich eine Aktie gekauft, mit der Sie Geld verdient haben. So mache ich mir Mut: Ich ziehe einen Chart einer Aktie hervor, mit der ich viel Geld verdient habe. Oder ich schaue mir eine Aktie an, die ich aus den richtigen Gründen verkauft habe, bevor der Kurs fiel. Es bereitet mir Vergnügen, mir meine klugen Tage in Erinnerung zu rufen.

Wir alle haben Aktien, bei denen wir den Nagel auf den Kopf getroffen haben. Nur vergessen wir das leider in einem Bärenmarkt. Ich schlage vor, dass Sie sich jetzt, wo Sie sich einsam und miserabel fühlen, daran erinnern. Dann werden Sie nämlich in der Zukunft mehr solcher Top-Investments haben, weil Liquidität und Geldmarktkonten Ihnen langfristig nicht das Vergnügen des Erfolgs und Sieges bringen werden.

Es gibt den Bullenmarkt noch, er versteckt sich nur hinter dem hässlichen Bärenmarkt. Glauben Sie mir, er wird sein glückliches Gesicht wieder zeigen. Es ist nur eine Frage der Zeit.

Es ist einfach, in einem Bärenmarkt das Kaufen zu vergessen. Es ist viel einfacher, sich für das Verkaufen zu entscheiden. Jedes Mal, wenn Sie eine Aktie kaufen, sehen Sie nachher dumm aus, weil die Aktie weiter fällt. Vor Kurzem kaufte ich einige unglaublich billige Aktien und – natürlich! – fielen sie danach weiter. Ich fühle mich derzeit nicht besonders klug. Aber vor einiger Zeit analysierte ich diese Aktien, bestimmte ihren fairen Wert und eine Sicherheitsmarge und konnte so bestimmen, zu welchem Kurs ich diese Aktien kaufen würde. Die Aktien fielen auf Kaufniveau und die fundamentalen Daten der Unternehmen hatten sich nicht verändert. Also kaufte ich.

Es ist unmöglich, bei einem Kauf den Tiefpunkt zu erwischen. Mein Ziel ist nicht, zum Tief zu kaufen und zum Hoch zu verkaufen. Nein, ich kaufe, wenn eine Aktie billig ist und verkaufe sie, wenn Sie fair bewertet ist. Will Rogers' Ratschlag, nur steigende Aktien zu kaufen, ist großartig, aber ich habe noch keinen gesehen, der herausgefunden hat, wie man das auch wirklich macht.

Nein, Sie sind nicht so dumm, wie der Bärenmarkt Sie aussehen lässt!

Vitaliy N. Katsenelson, CFA, ist Chief Investment Officer bei Investment Management Associates, Inc., einer Investmentfirma mit Sitz in Denver/ Colorado, die nach wertorientierten Prinzipien investiert.

4.3.12 Der Drang, zu handeln
Ausgabe 35/2012 vom 31.08.2012

Eines merke ich in Gesprächen mit Privatanlegern sowie Kunden meiner Unternehmen immer wieder: Wenn eine Strategie erfolgreich war, packt die meisten Menschen irgendwann der Drang, zu handeln.

Dieser Impuls ist zunächst einmal ganz tief in unserem Naturell verankert. Wir waren Nomaden, Jäger und Sammler. Und selbst später als Ackerbauern mussten wir immer etwas tun, damit die Ernte hereinkam.

Warren Buffett hingegen vergleicht den Value Investor mit einem Krokodil, das im Fluss liegt. Einmal im Jahr schwimmt ihm ein fetter Fisch direkt vors Maul. Dann muss das Krokodil zuschnappen.

Diese Beschreibung des Value Investing ist richtig, allerdings nur für die besten und größten Profis. Es ist unrealistisch, eine solche Disziplin von Privatanlegern erwarten zu dürfen. Aber Value Investing ist vom Prinzip her tatsächlich ziemlich einfach: billig kaufen, warten, irgendwann teuer verkaufen.

Doch was ist billig? Das hängt mit der Unternehmensqualität und Branchensituation zusammen. Selbst viele Analysten sehen diese Zusammenhänge nicht richtig.

Außer Frage sind viele europäische Aktien mittlerer oder ordentlicher Qualität heute billig, zum Beispiel Voestalpine, Total, ENI, ENEL, Lufthansa oder Allianz. Das Warten zieht sich aber mittlerweile schon über mehrere Jahre. Und da wird es für einige immer schwerer, auszuharren. Aber bitte, was heißt hier ausharren? Sie beziehen 4 %, 5 %, 6 % und bei den Telekoms teilweise über 8 % oder 9 % Dividende.

Haben Sie auch einmal daran gedacht, dass Sie auch in Festgeld oder bei Anleihen »ausharren«? Und bei den jetzigen Zinsen garantiert eingerechnet, aufgrund der Inflation Geld zu verlieren? Warum müssen Aktien sofort steigen, wenn man sie gekauft hat? Das funktioniert nur sehr selten. Da harre ich doch lieber bei 4 %, 5 % oder mehr Prozent aus.

4.3.13 Noch einmal: Finger weg von Mittelstandsanleihen
Ausgabe 48/2012 vom 30.11.2012

Mittelstand suggeriert Solidität, Anleihe auch. Mittelstandsanleihen sind daher derzeit so begehrt, wie es um das Jahr 2000 die Aktien junger Technologieunternehmen waren. (Dumme) Privatanleger kaufen alles, was auf den Markt kommt. So war zum Beispiel die Anleihe der kleinen saarländischen Brauerei Karlsberg sofort überzeichnet. Viele ahnungslose Privatanleger hatten die kleine Karlsberg mit dem großen internationalen dänischen Brauereikonzern Carlsberg verwechselt.

Mittelstandsanleihen werden oft von Unternehmen mit einer Traditionsmarke begeben, die durch eine Restrukturierung gegangen sind oder sich in größeren wirtschaftlichen Schwierigkeiten befinden. So kann man billig für 5 % oder 6 % Geld einsammeln und die Bankschulden ablösen, Managementgehälter bezahlen oder sonst etwas tun.

Ein Beispiel ist der Spirituosenhersteller Berentzen, der mit 50 Millionen Euro immerhin so viel einsammelte, wie das gesamte Eigenkapital in seiner Bilanz beträgt. Auch in der Gewinn- und Verlustrechnung findet sich nur eine schwarze Null. Ein weiteres Beispiel ist Katjes International, die eine Anleihe begeben haben und weniger als 3 % Eigenkapitalquote aufweisen.

Mit 6 % Rendite bei vielen dieser Anleihen zum Emissionszeitpunkt bekommen Sie die normale Rendite einer Anleihe in normalen Zeiten und das Risiko eines Junkbonds. Denn Mittelstandsanleihen sind meistens Schrott- oder Ramschanleihen – und zwar besonders schlechte. Dann lieber italienische Staatsanleihen. Da liegt das Zinsniveau ähnlich, und das Risiko ist viel, viel geringer. Oder griechische. Da ist das Risiko ähnlich, dafür aber die Rendite doppelt so hoch.

Die Ratings der Anleihen durch größtenteils deutsche Agenturen, wie zum Beispiel Creditreform, sind, sagen wir mal, sehr optimistisch. Bisher 16 Mal wurden die Ratings nach unten angepasst, oft dramatisch. Acht Ratings wurden zurückgezogen oder liefen aus. Auch drei Pleiten gab es, davon zwei, noch bevor die Anleger ihre ersten Zinsen sahen.

»Jeden Tag steht irgendwo ein Dummer auf«, sagte mal ein Freund zu mir. Am Kapitalmarkt stehen an jedem Tag die Dummen scharenweise auf. Gehören Sie nicht dazu!

Im Einkauf liegt der Gewinn. Bei Mittelstandsanleihen werden Sie meistens über den Tisch gezogen, weil die Rendite in keinem Verhältnis zum Risiko steht. Also doch lieber Aktien, bitte.

5 AKTIEN

Einleitung

In den vorangegangenen Kapiteln habe ich die Grundlagen des wertorientierten Investierens (Value Investing) vorgestellt. Der berüchtigte und mittlerweile inhaftierte Hedgefonds-Manager Florian Homm schreibt in seinem Buch Kopf Geld Jagd (2012), dass Value Investoren die Vertreter der Fundamentalanalyse seien, die Aktien unter ihrem fairen Wert kaufen würden. Wenn man dies, so Homm, konsequent machen würde, werde man unweigerlich reich. Aber es sei ihm zu langweilig gewesen. Er hätte den Adrenalinkick gebraucht.

Buffett wiederum sagte, dass Value Investing einfach sei, aber nicht einfach anzuwenden (»Value Investing is simple but not easy.«). In der Tat, im Verlauf eines oder mehrerer Börsenjahre gibt es immer wieder Momente, in denen man versucht ist, vom Pfad der Tugend abzuweichen. Hat man wirklich als einziger Recht, wenn die ganze Welt um einen herum auszuflippen scheint? Wie steht man da, wenn man jetzt diese hässliche Aktie kauft, die niemand anderes haben will? Und wenn diese Aktie weiter abstürzt?

Und wenn man verkauft hat und die Kurse dann noch 20 %, 30 %, 50 % und mehr weiterlaufen, kann das auch ganz schön an einem nagen.

Buffett hat bereits 1998 gesagt, dass die Kurse der meisten Aktien mittlerweile voll ausgereizt seien und dass er im nächsten Jahrzehnt unterdurchschnittliche Renditen erwarte. Konsequenterweise kaufte er kaum noch Aktien, sondern eher ganze Unternehmen. In

den Jahren 1999 und 2000, als Technologiewerte und Start-ups ver-
rücktspielten, wurde er dann auch gern als Oldie verspottet. Und
doch hat er Recht behalten.

In diesem Kapitel will ich Ihnen einen Einblick in unsere Analyse-
und Empfehlungswerkstatt geben. Sie sehen, dass es auch bei Value
Investoren viele Momente der Unsicherheit gibt. Tatsächlich ist die
Zukunft fast immer unsicher. Aus Charts können Sie sehr wenig
bis nichts lesen, denn Charts sind die Ergebnisse aller Faktoren. Sie
müssen sich schon über die Ursachen einer langfristigen Kursbewe-
gung Gedanken machen: Wie ist die derzeitige Bewertung des Unternehmens? Wie sicher sind Geschäftsmodell und Management?
Welche Faktoren können sich in der Zukunft ändern? Warren Buffetts Partner Charlie Munger sagt, dass eigentlich alles sinnvolle Investieren Value Investing ist: nämlich weniger zu bezahlen als der
Wert, den man dafür bekommt.

Investieren kann nur auf Basis der Fundamentalanalyse funktionieren. Ich kenne keinen anderen Weg. Natürlich können Banken
oder Nanotrader mit ihren superschnellen Programmen Privatanleger und andere abzocken, aber das ist kein Investieren, sondern
Geldschneiderei. Das Schöne bei langfristig ausgerichteten Value
Investments ist auch, dass Sie mit großen Sicherheitsmargen und
großen Zeiträumen arbeiten. So können Ihnen selbst Nanotrader
dieses Geschäft nicht vermiesen.

5.1 Berkshire

Was liegt näher, als sich die Aktie von Buffetts Unternehmen, Berkshire Hathaway, anzuschauen? Der Großmeister des Value Investing hat seit 1965 mit seiner Investmentholding einen jährlichen
Anstieg des Buchwerts um durchschnittlich 19,8 % erreicht. Damit
kann der wirkliche Wertanstieg des Investments viel besser gemessen werden als mit dem Kursanstieg. Aus 1000 Dollar, die Sie 1965

in Berkshire investiert hätten, wären nun 800.000 Dollar geworden.

Allerdings ist Berkshire Hathaway gar nicht so einfach zu bewerten. Eigentlich sind es drei Unternehmensbereiche. Erstens ist Berkshire eine Versicherung. Versicherungen bestehen alleine schon aus zwei Geschäften, dem Underwriting, also dem Erstellen von Policen und der Schadenregulierung, sowie der Kapitalanlage, in der viel mehr Musik ist als im Underwriting, allerdings auch ein großes Risiko, wenn man es falsch macht. Zudem hat Berkshire ein diversifiziertes Investmentportfolio, agiert also in einem Geschäftsbereich wie ein Fonds. Und drittens kauft Buffett seit mehr als zehn Jahren mit Vorliebe ganze Unternehmen, die er dann im Portfolio hält, ohne das Management zu verändern. Er agiert also hier wie eine echte Private-Equity-Gesellschaft. Die Gesellschaften, die sich als Private-Equity-Gesellschaften bezeichnen, machen oftmals das Gegenteil – sie laden die erworbenen Unternehmen mit Schulden voll und verkaufen sie dann weiter.

Im Frühjahr 2004 habe ich mich dem Thema genähert und geschrieben, dass Berkshire fair bewertet ist (siehe 5.1.1 Wie viel ist Berkshire Hathaway wert? vom 07.05.2004). Im Frühjahr 2009 war Berkshire etwas billiger als 2004, aber Buffett hatte inzwischen fünf Jahre Zeit, den Unternehmenswert um mehr als 100 % zu steigern. Ich stellte am 13.03.2009 die Aktie bei 74.000 Dollar als absolute Top-Empfehlung heraus (siehe 5.1.4 So dumm sind Zeitungsjournalisten). Im Nachhinein erwies sich, dass ich den absoluten Tiefpunkt getroffen hatte. Im Juli 2013 steht die Aktie bei 178.000 Dollar – ein Wertanstieg von 140 % seit dem 13.03.2009. Jetzt ist Berkshire fair bewertet. Wir haben verkauft.

Anhand dieser Geschichte sehen Sie, dass Value Investoren geduldige Menschen sein müssen. Es ist lohnend, sich vorab mit interessanten Investments zu beschäftigen, so dass Sie zuschlagen können, wenn der Preis dieses Investments stimmt. Immer wieder werde ich gefragt, was denn passiert, wenn der mittlerweile deutlich über 80-jährige Buffett abtritt. Dazu nur so viel: Buffett hat seine Nachfolgeplanung besser im Griff als viele Großkonzerne. Berkshire Hathaway ist hervorragend aufgestellt und geführt. Wenn Buffett abtritt, bleibt viel Zeit, sich zu überlegen, was man tun sollte. Wenn der Preis bei Berkshire stimmt, würde ich sofort wieder zugreifen.

Abb. 7: Die Geschichte Berkshire Hathaways als Chart

5.1.1 Wie viel ist Berkshire Hathaway wert?
Ausgabe 19/2004 vom 07.05.2004

Mit 92.400 Dollar oder 76.300 Euro würden unerfahrene Anleger die Berkshire-Hathaway-Aktie (Class A) sicherlich teuer nennen. Als erfahrener Anleger wissen Sie natürlich, dass der Kurs einer Aktie überhaupt nichts damit zu tun hat, ob diese teuer oder billig ist. Es zählt lediglich, wie viel Unternehmen beziehungsweise wie viel dauerhaften Gewinn und Gewinnwachstum Sie für Ihre Aktie bekommen. Ist Berkshire also sein Geld wert?

Am vergangenen Wochenende hatte ich die Gelegenheit, Warren Buffett zweimal live zu erleben – einmal auf der Hauptversammlung von Berkshire Hathaway mit geschätzten 19.500 Teilnehmern und einmal auf einem Dinner mit 200 Personen.

Buffett nennt die Hauptversammlung ein Woodstock für Kapitalisten. Und so war es auch. Als sich um sieben Uhr die Pforten des QwestCenters in Omaha öffneten, standen bereits mehr als tausend Leute in der Schlange, um sich einen der begehrten Plätze an den Saalmikrofonen zu sichern. Einige waren schon um Mitternacht gekommen. (Die jeweils ersten zwei bis drei Personen haben die Chance, Warren Buffett oder Charlie Munger eine Frage zu stellen.) Als sich die Tore öffneten, ging eine Stampede sondergleichen los: Tausende strömten in die Versammlungsarena. Bedenken Sie, dass es sich hierbei nicht um Schulkinder oder Rockfans handelt, sondern dass jeder dieser 19.500 Teilnehmer mindestens eine Berkshire-Aktie im Wert von 92.000 Dollar (Class A) oder 3000 Dollar (Class B) hält!

Buffett (74) und sein Partner Charlie Munger (79) waren in Hochform. Zunächst lief ein Berkshire-Movie mit dem Terminator-Thema: Buffett und Munger sollten in einem Comic die Gegenwart vor der Zukunft retten und die Fusion von Microsoft, Walmart und Starbucks zu MicroWalBucks verhindern. Daneben Filmeinlagen mit dem echten Arnold Schwarzenegger (der von Buffett beraten wird) sowie Buffett und Bill Gates in einer Gerichtsshow bei Judge Judy (auch echt), weil sie sich um zwei Dollar gestritten hatten. Zu guter Letzt gab Buffett im Film auch noch ein Lied auf der Ukulele zum Besten. Der Mann ist durchaus musikalisch. Stellen Sie sich das auf einer deutschen Hauptversammlung vor!

Nach 20 Minuten war der offizielle Teil der Hauptversammlung zu Ende. Danach die fünfstündige Frage-und-Antwort-Session mit Buffett und Munger. Von den vielen merkenswerten Punkten nur drei. Buffett-Weisheit Nr. 1: »Aktienfonds sind fast immer schlechter als der Markt. Das ist eigentlich klar, wenn man bedenkt, was die Fondsmanager motiviert. Legen Sie Ihr Geld lieber in Einzelwerten an!« Buffett-Weisheit Nr. 2: »Finanzderivate, insbesondere Hedgefonds, sind ein Instrument, um Anleger von ihrem Geld zu trennen.« Das gilt insbesondere für die Dachfonds. Hier zahlen Sie dreimal Gebühren – für die Verwaltung der Einzelfonds, eine Erfolgsbeteiligung und für die Verwaltung des Dachfonds. Insgesamt können da schnell 30 % zusammenkommen. Wenn aber der beste Anleger aller Zeiten nur 22 % schafft, können Sie sich die langfristige Erfolgsbilanz selbst ausrechnen. Buffett-Weisheit Nr. 3: »Heutzutage gilt alles, mit dem man Geld verdienen kann, als okay, solange es nicht kriminell ist. Auf Dauer kann eine Gesellschaft so nicht existieren. Geschäftsleute sollten sich auch überlegen, ob sie einen Wert für die Gesellschaft schaffen.«

Zurück zum Thema: Was ist Berkshire wert?

In den letzten zehn Jahren ist die Berkshire-Aktie von rund 17.000 auf 92.000 Dollar gestiegen – das ist ein durchschnittlicher Wertzuwachs von 18 % pro Jahr. Mittlerweile hat der Konzern eine Börsenkapitalisierung von etwa 130 Milliarden Dollar und gehört damit zu den wertvollsten Unternehmen der Welt. Die Bewertung wird dadurch erschwert, dass es sich um einen Mischkonzern mit 170.000 Mitarbeitern handelt, der unter anderem Versicherungen, einen Schuhhersteller, einen Fertighausbauer, einen Teppichhersteller, Aktienbestände und 24 Milliarden Dollar in Cash hält. (Der Konzern hat, einschließlich Buffett, 17,5 Mitarbeiter in der Hauptverwaltung.) Buffett sieht derzeit auf dem Aktienmarkt wenige Kaufgelegenheiten in der für ihn notwendigen Größe. Ganze Unternehmen kauft er hingegen gelegentlich. Immerhin muss er jede Woche 150 Millionen Dollar an frischem Geld unterbringen.

Um das wahre KGV für Berkshire zu berechnen, müssen die Gewinne der als Aktienbestände gehaltenen Unternehmen den Berkshire-Gewinnen anteilsmäßig zugerechnet werden. (Das ist nach US-GAAP nicht erlaubt.) Danach hätte Berkshire im Januar 2004 ein KGV von 21,6 gehabt. Zum Vergleich: 20,6 für den Standard

& Poor's 500. Diese Prämie scheint nicht sehr hoch. Wenn man die 24 Milliarden Dollar Cash abzieht, kommt man sogar auf ein KGV von nur 16,3. Allerdings ist der S&P 500 insgesamt ja hoch bewertet, und Berkshire könnte mit dem Index leiden.

Die diskontierte Cashflow-Analyse gestaltet sich ebenfalls schwierig, da Versicherungen einen Großteil des Unternehmenswerts von Berkshire ausmachen. Buffett-Koautorin und Versicherungsexpertin Alice Schroeder, die ich letztes Wochenende kennenlernen konnte, schätzt auf Basis des diskontierten Cashflows Berkshires Wert auf 124 Milliarden Dollar. Damit wäre Berkshire fair bewertet. Harry Burn und Mark Curnin schätzen den Unternehmenswert mit, wie sie sagen, konservativen Methoden auf 170 Milliarden Dollar.

All diese Berechnungen lassen die erstaunliche Erfolgsgeschichte der Vergangenheit und Buffetts besondere Fähigkeiten weitgehend außer Acht. Das ist vielleicht auch gut so. Der Mann ist 74, und sein oftmals unterschätzter Partner 79. Irgendwann wird sich Berkshire ohne die beiden beweisen müssen. Buffett denkt über seine Nachfolge nach. Wenn sich die Nachfolger und qualifizierten Führungskräfte an die Grundsätze von Buffett halten, kann der Konzern auch dann erfolgreich sein, wenn Buffets und Mungers außerordentliche Fähigkeiten irgendwann nicht mehr zur Verfügung stehen.

Ich kann mir vorstellen, dass die Erfolgsgeschichte von Berkshire Hathaway noch einige Jahre weitergeht.

5.1.2 Berkshire, Berkshire, Berkshire!
Ausgabe 34/2007 vom 24.08.2007

Letzte Woche analysierten wir die Berkshire-Aktie. Unser Fazit: unterbewertet! Dann zogen die Aktien innerhalb weniger Tage um fast 10 % an. Was war passiert?

Zunächst einmal – Berkshire ist nach meiner Rechnung immer noch unterbewertet, wenn auch nicht deutlich. Damit eignet sich die Aktie weiterhin als Langfristinvestment, wenn auch 89.279

Euro für die A-Aktie und 2882 Euro für die B-Aktie kein Pappen-
stiel sind. Was viele Anleger vergessen: Der Kurs einer Aktie ist völlig egal. Es kommt darauf an, wie viel Unternehmen man für seinen
Kaufpreis bekommt. Und im Falle der A- und B-Aktien ist der Berk-
shire-Kuchen eben in weniger Stücke geschnitten worden, als es bei
billigeren Aktien der Fall wäre.

Mit Berkshire passierte nun genau das, was ich auch für die Aktien von Nestlé und Procter & Gamble prognostiziert hatte: Sie
stiegen in der Krise. Nestlé und Procter & Gamble sind zwei der
sichersten Unternehmen der Welt. Zudem sind sie nicht zu teuer. Es
ist also leicht zu erklären, dass Kapital in der Krise diesen Weg geht.

Berkshire hat viele solide Markenartikler anteilig im Depot (zum
Beispiel fast 7 % von Procter & Gamble) oder als komplette Un-
ternehmensbeteiligung (etwa See's Candies). Allerdings betreibt
Berkshire mit dem Versicherungs- und insbesondere dem Rückver-
sicherungsgeschäft auch riskantere Geschäftsbereiche. Warum also
derselbe Anstieg wie bei den reinrassigen Markenartiklern?

Buffett sitzt auf nahezu 50 Milliarden Dollar Liquidität. Das Gesamtvermögen von Berkshire ist mittlerweile auf mehr als 200 Milliarden Dollar angewachsen. Buffett muss also eine Milliarde auf
einen Schlag investieren, damit er nur 1 % der Berkshire-Aktiva
unterbringt. Deswegen kaufte er auch seit den späten 90er-Jahren
gerne und überwiegend ganze Unternehmen, lange bevor der Pri-
vate-Equity-Boom Fahrt aufnahm. Aber auch das ist in den letzten
Jahren viel schwieriger geworden, weil viele andere Private-Equity-
Gesellschaften bereit sind, viel höhere Preise zu bezahlen.

In der Krise hingegen wird sich Buffetts Genie zeigen. Er wird blitz-
schnell zuschlagen, wenn sich eine Möglichkeit bietet – genauso, wie er
2002 Junkbonds von großen Technologieunternehmen gekauft hat, die
keiner haben wollte. (Und schnell mal ein paar Milliarden einstrich.)
Berkshire bleibt also ein Investment für die Krise. Zudem ist das Unternehmen – unbeachtet von der Öffentlichkeit – eines der am schnellsten
wachsenden Großunternehmen der Welt. Es ist also nicht zu spät.

5.1.3 Last Man Standing
Ausgabe 47/2008 vom 21.11.2008

Die Krise verschärft sich weiter. Gleichzeitig notieren viele Aktien zu absoluten Spottpreisen. Das sind die zwei unterschiedlichen Informationen, mit denen wir leben müssen. Die Aktienkurse sind in vielen Fällen absolut irrational, es sei denn, unser Finanzsystem bräche zusammen.

Derzeit erwischt es eine als sicher angesehene Kapitalanlage nach der anderen. Aktuell werden die Aktien von Berkshire Hathaway geschlachtet. Grund sind einige Put-Optionen, die Buffett vor einiger Zeit geschrieben (verkauft) hat und die ein wirklich fantastisches Investment für Berkshire darstellen. Um zu sehen, wie panisch der Markt reagiert, zwei Informationen: der Spread für Kreditversicherungen gegen Ausfälle von Berkshire und einige Daten zu den Optionen.

Der Spread für Kreditausfallversicherungen von Berkshire ist auf 475 Basispunkte gestiegen. Das ist völlig verrückt. Der durchschnittliche Spread für Anleihen, die gerade noch Investmentqualität haben (BBB-), beträgt 348 Punkte. Berkshires Spread ist das Dreifache des Spreads von JPMorgan Chase & Co. und höher als der von Citigroup. Das heißt, dass die Märkte das Berkshire-Risiko so viel höher einschätzen. Das kann nicht sein.

Berkshire hat einige spezielle Put-Optionen auf große Indizes geschrieben. Buffett hat hierfür 4,5 Milliarden Dollar erhalten. Die Optionen haben eine Laufzeit von 15 bis 20 Jahren und können vorher nicht ausgeübt werden. Wenn Buffett das Geld zu 7 % investieren kann, hat er in 20 Jahren schon einmal 17,4 Milliarden auf der Tasche. Das maximale Risiko für Berkshire beträgt 37 Milliarden Dollar, aber nur, wenn alle vier großen Welt-Indizes in 14 bis 19 Jahren auf NULL stehen. Wenn die Märkte sich in den nächsten 14 bis 19 Jahren auf das Niveau vom letzten Jahr erholen, als die Puts geschrieben wurden, muss Buffett überhaupt nichts zahlen. (Das wäre eine Erholung von 60 % bis 70 % vom jetzigen Niveau.)

Ich wünschte, Buffett hätte mehr solcher Deals gemacht!

Berkshire wird auch keine versteckten Derivate in der Bilanz haben. Es war Warren Buffett, der vor finanziellen Massenvernichtungswaffen warnte. Im Geschäftsbericht 2002 warnte er vor Abwärtsspiralen, die bei einzelnen Unternehmen durch Derivate ausgelöst werden können, und beschrieb exakt ein Szenario, wie es dieses Jahr die American International Group erwischte.

Davon abgesehen: Die jetzige Lage ist schon beängstigend. Ich will nicht darum herumreden. Immer mehr Akteure werden gezwungen, ihre Positionen zu liquidieren. Es schlummern noch erhebliche Risiken in vielen Bilanzen. So kommt tatsächlich eine Abwärtsspirale zustande. Zudem ist die Krise in der Realwirtschaft angekommen. Auch hier gibt es massive Vollbremsungen.

Es ist daher absolut wichtig, dass Sie Ihr Aktienengagement durchhalten können und auf das Geld in den nächsten drei bis fünf Jahren nicht angewiesen sind! Ihr Einkommen aus Dividenden, Zinsen und sonstigen Einkünften sowie Pensionen muss ausreichen, damit Sie durch die Krise kommen. Ebenso sollte eine Versicherung in Form von Gold vorhanden sein.

Tatsächlich wird es darauf ankommen, wer als Letzter noch aufrecht steht – Last man / woman standing! Solange Sie stehen können, sind die jetzigen Börsenkurse nur ein vorübergehendes Rauschen oder auch Donnern. Wenn Sie aber in den nächsten drei bis fünf Jahren gezwungen wären, zu verkaufen, könnte das sehr nachteilig für Sie sein.

5.1.4 So dumm sind Zeitungsjournalisten
Ausgabe 11/2009 vom 13.03.2009

Vor einigen Tagen sah ich in einer angesehenen Tageszeitung unter der Rubrik Tops & Flops ein Bild von Warren Buffett. Dem kurzen Artikel zufolge sei Berkshire Hathaway ein Flop.

Es stimmt, dass sich der Kurs von Berkshire in Dollar seit Anfang 2008 fast halbiert hat. Vordergründige Argumente dafür gibt es viele: Das vierte Quartal war das fundamental schlechteste, welches Berkshire je hatte. Der Buchwert je Aktie fiel um fast 10 %, weil etliche Investments im Kurs gefallen und niedriger zu bewerten sind. Die Gewinne je A-Aktie fielen von 6200 Dollar im Jahr 2007 auf 3900 Dollar im Jahr 2008.

Hinzu kam, dass Buffett maßgeschneiderte Put-Optionen geschrieben hat (als Stillhalter tätig wurde) und theoretisch – theoretisch! – mit über 40 Milliarden Dollar im Risiko ist. Der Clou: Buffett muss dem Käufer der Optionen nur dann Geld zahlen, wenn bestimmte Indizes nach 2019 (das ist der früheste Ausübungszeitpunkt für eine der Optionen) auf null gehen. In der Zwischenzeit hat Buffett eine Prämie von 4 Milliarden Dollar erhalten, die sich mit Zins und Zinseszins vermehren kann. Bei 10 % Rendite wären das zum Beispiel im Jahr 2019, dem frühesten Ausübungszeitpunkt, bereits 10 Milliarden Dollar.

Und die Wahrscheinlichkeit, dass ein großer Index in zehn Jahren auf null geht, ist gleich null: Seit 1962 fiel der S&P-Index nur an 58 Tagen aller denkbaren Zwölf-Jahres-Perioden unter sein Ausgangsniveau, und dann auch nur um durchschnittlich 5 %. Die Wahrscheinlichkeit, dass Buffett mit diesen Optionen Geld verliert, geht gegen null. Die Gegenpartei muss schon in einer ziemlichen Zwangslage gewesen sein, wenn sie solche Optionen brauchte.

Allerdings müssen die Optionen nach den Buchhaltungsregeln mit der sinnlosen Black-Scholes-Formel berechnet werden, bei der sich der Wert aus der Volatilität (den Schwankungen der letzten Monate) des Underlyings berechnet. Das hat zwar nichts mit dem Wert dieser langfristigen Option zu tun, aber es mindert buchhalterisch zunächst einmal den Gewinn (der dann eben später verbucht wird). Und nur auf den schauen die Journalisten.

Auf dem jetzigen Preisniveau ist Berkshire meine absolute Top-Empfehlung. Der Buchwert der Aktien liegt bei 70.000 Dollar, der jetzige Kurs bei 74.000 Dollar. Berkshire hat Liquidität und Investments in Qualitätsaktien in Höhe von ebenfalls rund 70.000 Dollar je Aktie in der Bilanz.

Wenn Sie die Aktie kaufen, bekommen Sie also zunächst einmal frei veräußerbare Vermögensgegenstände im Wert des jetzigen Kursniveaus. Die Gewinne von 4000 Dollar je Aktie bekommen Sie gratis dazu (und wer sagt, dass es nicht nächstes Jahr 6000 Dollar oder 7000 Dollar je Aktie sind). Verdoppeln wird sich die Aktie allemal.

Die Berkshire-B-Aktie ist übrigens die bessere Empfehlung. Da die Aktie von weniger starken Händen gehalten wird, ist sie stärker gefallen als die A-Aktie.

Am Rande: Jetzt könnte die Stimmung an den Märkten drehen!

In meiner letzten Kolumne schrieb ich, dass die zurückliegenden großen Trendwenden 2000 und 2003 Mitte März eingeleitet wurden. Nachdem wir nun einen Totalausverkauf hatten, scheinen erste Käufer zurückzukehren. Von einem Insider hörte ich zudem heute, dass die Banken wieder anfangen, Projekte zu finanzieren.

Wenn Sie noch investieren wollen, zögern Sie nicht zu lange!

5.1.5 Beispiel Berkshire
Ausgabe 32/2009 vom 07.08.2009

In den letzten Monaten habe ich mich oft für die Aktie von Berkshire Hathaway, Warren Buffetts Investmentholding, ausgesprochen. Von einem Hoch von 147.000 Dollar im Herbst 2008 fiel die Aktie auf 70.000 Dollar im März 2009.

(…) Als die Buffett-Aktie von fast 150.000 Dollar auf 70.000 Dollar fiel, kamen Meinungen hoch, dass Buffett sein Talent verloren habe. Das ist auch früher schon oft passiert – wie flatterhaft doch die Einschätzung der Märkte ist und wie arrogant einige Kommentatoren und Möchtegern-Analysten über den genialen Buffett urteilen. Im PI Global Value Fund ist Berkshire mittlerweile die drittgrößte Position, mit einem durchschnittlichen Einstandskurs von circa 78.000 Dollar. Mittlerweile beträgt der Kurs 107.000 Dollar. Zwar ist der Dollar in diesem Zeitraum gefallen, aber die Berkshire-Position ist mit gut 20 % im Plus.

Und nun entdecken auch die Medien Berkshire wieder. An diesem Freitag kommen die Quartalszahlen raus. Ich erwarte positive Überraschungen. Dennoch ist Berkshire, konservativ gerechnet, vielleicht nur 125.000 Dollar wert, ein Einstieg drängt sich JETZT nicht mehr auf. Wenn man großzügiger rechnet, kommt man zwar auf 150.000 Dollar, aber das sind auch nur noch etwa 40 % Aufwärtspotenzial. Ich persönlich werde wahrscheinlich bei 120.000 Dollar bis 125.000 Dollar abbauen. Da gibt es Besseres, zum Beispiel Henkel, Grenke Leasing, Rhön-Klinikum.

Insgesamt ist es so, dass die grotesken Unterbewertungen vom Frühjahr schnell abgebaut werden. Und nun entdeckt die Masse langsam wieder Aktien. Es ist fast zu spät! Aber noch gibt es Aktien mit 50 % und mehr Kurspotenzial, wie die oben erwähnten Henkel, Grenke oder Rhön. Auch die Aktien des Gesundheitskonzerns Fresenius S.E. und die von mir schon immer empfohlenen Pharmatitel Novartis, Sanofi-Aventis oder GlaxoSmithKline sind noch sehr billig.

Nur zu!

5.1.6 Noch mal Berkshire

Ausgabe 03/2010 vom 22.01.2010

Letzte Woche schrieb ich Ihnen, dass ich derzeit in Berkshire Hathaway investieren würde, wenn ich nur in eine Aktie investieren würde. Die Berkshire A (Kurs vor einer Woche: 98.000 Dollar) sei mindestens 125.000 Dollar wert, wahrscheinlich aber mehr.

Nun ist Berkshire in den letzten Tagen rasant um ungefähr 10 % gestiegen, unter anderem auch, weil am Donnerstag der Split der B-Aktie 1:50 erfolgte, damit Berkshire auch kleinere Aktionäre aus der Übernahme von Burlington Northern Santa Fe abfinden kann. Die A-Aktie wird nicht gesplittet.

Ein Grund für die Unterbewertung von Berkshire kann sein, dass die Börse keine Mischkonzerne mag und dass Berkshire mit seinem hohen Versicherungsanteil noch schwieriger zu bewerten ist. Es ist also kein Wunder, dass das Unternehmen nur von wenigen Analysten gecovert wird.

Was ist die A-Aktie (Kurs am Donnerstag: 107.000 Dollar) nun wirklich wert? Buffett selbst hat in seinen Briefen an die Aktionäre von 1995 und 1997 einige Hinweise gegeben, wie er über den Wert von Berkshire denkt. Prinzipiell spaltet er das Unternehmen in zwei Teile: Versicherungen und Investments und alle anderen Industriebeteiligungen.

Für die direkten Industriebeteiligungen nimmt er durchschnittliche Gewinne und setzt einen Multiplikator von zwölf auf diese Gewinne an (= KGV 12). Damit erhält er die eine Wertkomponente. Bei den Versicherungen ist es etwas schwieriger. Buffett nimmt ja im Prinzip die Versicherungsprämien und investiert sie in Aktien und Investments. Nun nimmt Buffett an, dass er die Gelder aus dem Versicherungsgeschäft immer kostenfrei hat. Das ist der sogenannte Float: Bei einem bestimmten Vertragsbestand hat die Versicherung immer eine hohe Summe an angesammelten Prämien, mit denen sie arbeiten kann. Buffett addiert also einfach den Wert der Investments, um zur zweiten Wertkomponente zu kommen.

Whitney Tilson, ein von mir sehr geschätzter Fondsmanager und Publizist, der in Amerika etwas Ähnliches betreibt wie ich hier in Europa, hat nun einfach gerechnet: Selbst wenn er auf die normalen Gewinne der Industriebeteiligungen nur den Faktor 8 rechnet und die Investments addiert, kommt er auf einen inneren Wert von circa 130.000 Dollar.

Der Faktor 8 ist, aufgrund der Wirtschaftskrise, als sehr konservativer Maßstab berechtigt. Aber im Wert von 130.000 Dollar ist noch nicht der Wert des Versicherungsgeschäfts enthalten, das ja auch Gewinne schreibt. Der Wert der Optionen bei General Electric und Goldman Sachs ist nicht enthalten. Und die Akquisition von Burlington Northern ist nicht enthalten. Etwas weniger konservativ – aber keinesfalls übertrieben – gerechnet, ist Berkshire 160.000 Dollar wert.

Da macht das Investieren Spaß!

5.1.7 Berkshire so gut wie Cash
Sommertelegramm 39/2011 vom 30.09.2011

Am 26.09.2011 hat Warren Buffett angekündigt, eigene Aktien zurückzukaufen, solange der Kurs nicht mehr als 10 % über dem Buchwert liegt. Das Rückkaufprogramm ist offen. Buffett will die Finanzstärke von Berkshire und mindestens 20 Milliarden Dollar an liquiden Mitteln in der Bilanz behalten. Das heißt aber, dass er immer noch 57 Milliarden Dollar – ein Drittel der Marktkapitalisierung – für Aktienrückkäufe einsetzen kann.

Der Kurs liegt im Moment genau bei Buffetts Kauflimit. Das heißt auch, dass er kaum unter die aktuelle Marke fallen kann, weil Buffett dann kaufen würde. DAMIT SIND BERKSHIRE-AKTIEN SO GUT WIE CASH. Im schlimmsten Fall würden Sie die Aktien einfach wieder ohne Verlust verkaufen.

Buffett kauft eigene Aktien nur, wenn er denkt, dass diese massiv unterbewertet sind. Derzeit steht die Aktie bei 108.000 Dollar. Nach meinen Rechnungen ist sie mindestens 170.000 Dollar wert.

In der Vergangenheit hat Buffett nur ein einziges Mal angeboten, eigene Aktien zurückzukaufen. Mit seinem untrüglichen Sinn für Timing traf er bei diesem Angebot mit dem März 2001 (ein Samstag) genau die Woche, an der die Technologieblase ihren Höhepunkt erreicht. Die Aktie stand damals bei 41.000 Dollar. Ein Jahr später hatte sie 80 % zugelegt.

Ein Berkshire-Investment könnte sich also sehr lohnen und ist so gut wie Cash. Derzeit haben wir noch wenig Inflation. Es ist aber nicht unwahrscheinlich, dass wir eine Ketchup-Inflation bekommen, wie es mein Kollege Prof. Homburg, einer der besten deutschen Wirtschaftswissenschaftler, in der *Süddeutschen Zeitung* nennt: Man schüttelt lange, nichts passiert und dann kommt auf einmal ein Schwall heraus. Die Notenbanken und Staaten machen das gerade mit der Geld- und Schuldenpolitik. Irgendwann ist die Inflation dann massiv da. (Homburg war Starassistent an der Uni Köln, als ich dort als Student anfing. Ich habe nach seinem Lehrbuch gelernt.)

Aktien sind – trotz der Einbrüche der letzten Wochen – mittel- und langfristig bei den jetzigen Preisniveaus sicherer als Geldwerte.

5.1.8 Das neue Jahr 2013 fängt gut an
Ausgabe 01/2013 vom 05.01.2013

Das neue Jahr 2013 fängt an den Börsen gut an. Es ist schön, wenn man die Bestätigung erhält, dass der Kurs der letzten Jahre trotz mancher Rückschläge und Spannungen richtig war – nämlich in Aktien investiert zu bleiben.

Berkshire Hathaway haben endlich den erwarteten Kurssprung gemacht, nachdem Buffett vor einigen Wochen die Preisgrenze für sein Rückkaufangebot auf das Ein- bis Zweifache des Buchwerts angehoben hat. Das war knapp unter dem damaligen Kurs von 133.000 Dollar. Heute steht die Aktie über 140.000 Dollar. Im PI Global Value Fund hatten wir massiv Berkshire aufgestockt.

Die Aktie hatte durch das Rückkaufangebot sehr attraktive Investitionscharakteristiken: Praktisch keine Downside und etwa 35 % bis 40 % Upside. Nun, ein Teil dieser Upside ist mittlerweile realisiert, so dass die verbliebene Upside nur noch etwa 30 % bis 35 % beträgt. Dennoch könnte es sein, dass der Kurssprung jetzt einige kurzfristig denkende Menschen angezogen hat. Bei spätestens 180.000 Dollar werden wir unsere Berkshire-Aktien wohl verkaufen, weil dann das Wertpotenzial zunächst einmal realisiert ist. (...)

5.2 United Internet

Das deutsche Internetunternehmen United Internet aus Montabaur im Westerwald hat uns von Anfang an begleitet. Dazu gehören Marken wie GMX, 1&1 und Web.de. Wenn Sie die A3 von Frankfurt nach Köln fahren, sehen Sie 1&1 in Montabaur. Der Gründer, Ralph Dommermuth, ist ein Vollblutunternehmer und auch jetzt noch im besten Alter, weil er schon als Teenager angefangen hat, Telekomprodukte zu verkaufen. Er führt einen einfachen Lebensstil in der Provinz und konzentriert sich auf das Geschäft. Ein Unternehmer und ein Unternehmen, wie wir es uns wünschen.

Allerdings mussten auch die United-Internet-Aktionäre – ebenso wie beim von uns gleichermaßen geschätzten inhabergeführten Unternehmen CTS Eventim – eine nervenaufreibende Berg- und Talfahrt hinnehmen. Nachdem der Kurs in der Spitze der New Economy am 11.02.2000 auf sagenhafte 12,48 Euro geklettert war, stürzte er am 20.09.2001 um mehr als 95 % auf 0,51 Cents ab. Dann ging es bis zum 07.11.2007 um mehr als erstaunliche 3300 % auf 16,79 Euro nach oben. Und wieder folgte ein Absturz auf 4,28 Euro, was diesmal nur 75 % entsprachen. Von da aus schwang sich der Kurs zu neuen Höhen auf: Am 20.05.2013 ging es um 450 % auf 23,52 Euro nach oben.

Wer das Unternehmen im Frühjahr 1998 zum überzogenen Emissionskurs von 2,79 Euro gekauft hätte, könnte sich dennoch bis heute inklusive Dividenden über eine durchschnittliche Jahresrendite von knapp 20 % freuen. Allerdings hätte man sich seiner Sache schon sehr sicher sein müssen. Wir waren uns immer sicher, dass United Internet – anders als zum Beispiel die Konkurrenten freenet.de oder Deutsche Telekom AG – seinen Weg gehen wird. Sie können es in den Kolumnen nachlesen.

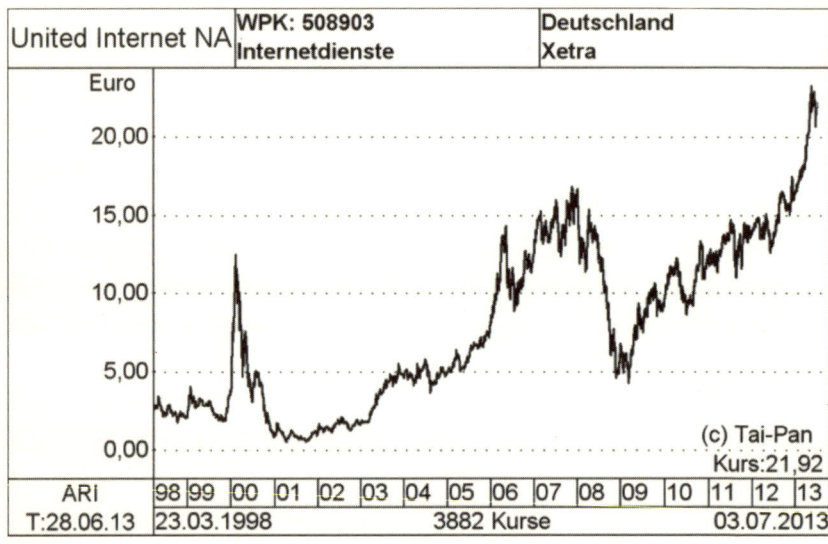

United Internet NA	WPK: 508903 Internetdienste	Deutschland Xetra

Abb. 8: Hier hätte man sich seiner Sache sicher sein müssen – United Internet

5.2.1 freenet.de und United Internet

Ausgabe 52/2004 vom 23.12.2004

Nachdem ich in der letzten Woche über Fusionen in der Softwarebranche schrieb, geht es in dieser Woche bei Deutschlands Internet-Unternehmen weiter. Die freenet.de AG übernimmt für geschätzte 130 Millionen Euro die Strato-Gruppe von Teles sowie zusätzlich die Talkline ID. United Internet beteiligt sich mit 80 % an der InterNetX GmbH. United Internet und freenet.de weisen beide hohe Wachstumsraten und solide Cashflows auf. Die freenet.de AG belegte beim Deloitte Technology Fast 50 sogar den ersten Platz als das am schnellsten wachsende Technologieunternehmen Deutschlands. Dennoch erscheint mir das Wachstum von United Internet solider.

Der Aktienkurs beider Unternehmen steht heute ungefähr an derselben Stelle wie vor einem Jahr. Bei der Marktkapitalisierung liegt United Internet mit derzeit 1,1 Milliarden Euro leicht vor freenet.de mit 950 Millionen Euro. In den ersten 9 Monaten des Jahres 2004 erzielte United Internet bei einem Umsatz von 365 Millionen Euro ein Betriebsergebnis von 66 Millionen, freenet.de bei einem Umsatz von 345 Millionen ein Betriebsergebnis von 74 Millionen Euro.

United Internet ist internationaler Marktführer im Webhosting und bezeichnet sich selbst als Internet-Fabrik. Mit maßgeschneiderten Massenlösungen (mass customization) hat man mehr als 3,3 Millionen Webseiten für kleine Unternehmen gehostet. Weitere Geschäftsbereiche sind schmal- und breitbandiger Internetzugang, E-Mail-Services (GMX) und Outsourcing-Dienstleistungen. Freenet war bislang vor allem im Internetzugangsgeschäft, in der Sprachtelefonie und mit dem eigenen Portal präsent. Mit dem Kauf der Strato-Gruppe hat freenet Deutschlands Nummer zwei im Webhosting übernommen.

Im zukunftsträchtigen DSL-Geschäft ist T-Online mit mehr als 3 Millionen DSL-Kunden Marktführer, United Internet mit gut einer Million ist die Nummer zwei, AOL hat 600.000 und freenet.de rund 300.000 Kundenverträge. Auf Dauer wird hier eine Marktbereinigung stattfinden: Die kleinen Anbieter werden vom Markt verschwinden; Unternehmen wie AOL und freenet.de können sich vielleicht behaupten.

Wachstum ist zunächst einmal neutral für Aktionäre. Umsatzwachstum bedeutet noch nicht Gewinnwachstum. Aber selbst Gewinnwachstum bedeutet noch keine Wertsteigerung. Nur, wenn die Kapitalkosten geringer sind als das zusätzliche Wachstum, wird Wert geschaffen.

Bei freenet.de zeigen sich aus meiner Sicht die Probleme, wenn angestellte Manager ein Unternehmen leiten. Für angestellte Manager, die kein eigenes Geld, sondern das Geld der Aktionäre verwalten, ist Wachstum fast immer vorteilhaft. Mehr Umsatz und mehr Mitarbeiter bedeuten zumeist mehr Gehalt – unabhängig davon, ob Wert geschaffen wird. Jürgen Schrempp konnte zum Beispiel trotz der gigantischen Wertvernichtung für Aktionäre sein Gehalt nach dem DaimlerChrysler-Deal vervielfachen. Im Oktober 2004 hatte der freenet-Vorstandsvorsitzende Spoerr noch erklärt, dass größere

Zukäufe derzeit kein Thema seien und dass auch keine Gespräche stattfinden würden. Nun kann man über den Begriff größerer Zukauf diskutieren, aber für mich zählt die Akquisition von Strato, die immerhin einen freenet-Jahresgewinn vor Steuern ausmacht, durchaus dazu.

Wenn freenet nun die Strato AG gekauft hat, wird der Teil des Kaufpreises, der den Buchwert übersteigt, als Goodwill bilanziert. Die freenet.de AG hat sofort Umsatz und Gewinn hinzugekauft, also Gewinnwachstum geschaffen. Da der Kauf aus Gesellschaftsmitteln erfolgte, entgehen freenet.de nur die paar Prozent Zinsen, die das Unternehmen ansonsten erhalten hätte, wenn die Kaufsumme auf dem Konto geblieben wäre. Die wahren Kapitalkosten der Akquisition dürften aber bei 10 % oder mehr liegen. Netto entsteht den Aktionären also eine zusätzliche wirtschaftliche Belastung von rund 10 Millionen Euro, die nicht unmittelbar in der Gewinn- und Verlustrechnung auftaucht. Nur wenn der Goodwill abgeschrieben werden muss, merken es die Aktionäre. Das war zum Beispiel 2002 der Fall, als AOL Time Warner einmalig fast 100 Milliarden Dollar abschrieb, die größte Sonderabschreibung der Wirtschaftsgeschichte.

Erst im Sommer 2004 war die freenet.de AG mit negativen Schlagzeilen in die Presse gekommen, als die Vorstände kurz vor einem Kurseinbruch massiv Aktien aus einem Optionsprogramm verkauften. Ich hatte die Optionspraxis auf der Hauptversammlung der freenet.de AG am 9. Juni 2004 kritisiert. Die entsprechenden Optionen waren den Vorständen in den Jahren 2002 und 2003 zu sehr günstigen Bezugskursen gewährt worden. Im Jahresbericht 2003 erklärten Aufsichtsrat und Vorstand der freenet.de AG, dass man sich nicht an die Empfehlungen des Corporate Governance gehalten und keine Begrenzung des Wertes der Optionen vorgesehen habe. Die Übernahme des Festnetzgeschäfts von mobilcom erfolgte Ende 2003. Die Bundesanstalt für Finanzdienstleistungsaufsicht (BaFin) leitete nach dem Verkauf der Aktien durch die freenet-Vorstände Eckhard Spoerr und Axel Krieger eine Untersuchung ein. Im September 2004 äußerte sich Spoerr dahin gehend, dass er ein »sehr niedriges Fixgehalt für einen Menschen in seiner Position« hätte und damit auf die variablen Gehaltskomponenten angewiesen sei. 2003 erhielt Spoerr eine feste Vergütung von 424.000 Euro.

Demgegenüber ist United Internet eigentümergeführt: Der Vorstandsvorsitzende Ralph Dommermuth besitzt 37,9 % des Aktienkapitals. Dommermuth hat also andere Interessen als Spoerr und Krieger. Während sich für Spoerr und Krieger Wachstum wahrscheinlich automatisch im Geldbeutel auszahlt, muss Dommermuth genauer rechnen, ob der Wert seiner Aktien steigt. Die Mehrheitsbeteiligung an InterNetX, über deren Kaufpreis Stillschweigen vereinbart wurde, dürfte im Vergleich zur Strato recht klein gewesen sein.

United Internet ist durch das Domainhosting weniger anfällig für die Preiskämpfe bei den Zugangsgebühren, da Verträge für den Internetzugang und Hosting-Dienstleistungen gekoppelt werden können. Freenet.de hat mit Strato sicherlich Ähnliches vor. Ob dies gelingt, steht auf einem anderen Blatt. Strato hatte bislang den Ruf eines Billiganbieters mit minimalem Service.

Während freenet.de auf Zukäufe und eine umfassende Palette von Telekommunikationsdienstleistungen im Inland setzt, beschränkt sich Strato auf ausgewählte Produkte, betreibt kein eigenes Netz und expandiert im Ausland. Die Zahl der Webhosting-Verträge im Ausland (Frankreich, Österreich, Großbritannien und den USA) wuchs auf 330.000. Meines Erachtens zielt die Strategie von freenet.de darauf ab, irgendwann von einem großen Player geschluckt zu werden. United Internet scheint sich eher in bestimmten Produktbereichen aus eigener Kraft international aufstellen zu wollen.

Die weitere Entwicklung bleibt spannend.

5.2.2 Haben Sie den Mut?

Ausgabe 11/2006 vom 17.03.2006

Vor gut zwei Wochen habe ich United Internet bei 41,65 Euro aus dem Wachstumsportfolio verkauft. Mittlerweile steht die Aktie schon bei 42,42 Euro. Es kann durchaus sein, dass der Kurs noch auf 50 Euro steigt. Hätten Sie den Mut, zu verkaufen?

Ich sehe den inneren Wert der Aktie bei 34 Euro, United Internet ist also nicht massiv überbewertet. Das Unternehmen ist eigentümergeführt, Dommermuth ist ein Top-Unternehmer. Mit einem KUV von über 3 und einem KGV von 30 ist das Unternehmen satt bewertet, obwohl es bislang die Erwartungen immer erfüllen oder übertreffen konnte.

Mit seinen zwei Hauptgeschäftsfeldern Webhosting und DSL ist United Internet sicher gut aufgestellt, aber wenn in naher Zukunft die DSL-Anschlüsse verteilt sind, wird es jedoch noch viel enger und aggressiver auf dem Telekommarkt, als es jetzt schon ist. Bereits im letzten Jahr zog der Preiskampf noch einmal an.

Es kann gut sein, dass ich mich im Nachhinein geirrt habe. Zuzutrauen ist Dommermuth das allemal. Aber wenn Sie sich ein Bild über den Wert eines Unternehmens gemacht haben, dann müssen Sie den Mut haben, zu kaufen, wenn dieses Unternehmen billig zu haben ist, und zu verkaufen, wenn es zu teuer ist, und nicht auf den Markt hören. Das ist Value Investing.

Wenn Sie aber noch die letzten 10 %, 20 % oder 30 % nach oben oder nach unten aus dem Markt herauskitzeln wollen, sind Sie ein Momentum-Investor. Dann haben Sie sich kein Bild vom Wert des Unternehmens gemacht, sondern versuchen abzuschätzen, in welche Richtung die Masse laufen wird. Nichts anderes machen die sogenannten Trendfolgemodelle. Das kann eine Weile gut gehen, aber irgendwann landen Sie fürchterlich böse auf der Nase.

Ein Bekannter von mir, der mittlerweile 600 Millionen Euro managt, ist Anfang 1999 ganz aus dem Markt gegangen, weil ihm der

Markt zu teuer war. Er hat damit im DAX mehr als 60 % verpasst. Erst Ende 2001 war der DAX dort, wo er ausgestiegen ist. Das ist ein Mut, den nicht viele haben. Und deswegen managt mein Bekannter auch 600 Millionen Euro.

Wenn es Sie in der jetzigen Phase in den Fingern juckt, die letzten 20 % nach oben mitmachen zu wollen, kann ich Ihnen nur das Beispiel von Sir Isaac Newton vor Augen führen.

Sir Isaac Newton war neben seinem Zeitgenossen Gottfried Wilhelm Leibniz wohl der klügste Mann seiner Zeit. 1720 wurden an der Börse Anteilscheine der South Sea Company zu immer höheren Kursen ausgegeben und emittiert. Viele Vorfälle könnte man 1:1 in die Zeit der sogenannten New Economy von 1995 bis 2001 übertragen.

Newton hatte zu einem relativ frühen Zeitpunkt in Aktien der South Sea Company investiert. Am 20. April des Jahres 1720 – das Jahr, in dem die Blase platzte – verkaufte er seine Anteile (Aktien) an der South Sea Company mit einem sehr ansehnlichen Gewinn von 100 %. Damit konnte er sich einen Gewinn von £ 7000 in die Tasche stecken – zu seiner Zeit ein sehr, sehr ansehnliches Vermögen. So weit, so gut. Newton war schließlich ein Genie!

Wenige Wochen später aber überfiel ihn der dringende Impuls, sein Geld wieder in eben dieselben Aktien zu reinvestieren, gerade als die Spekulationsblase im Sommer ihren Höhepunkt erreichte. Einer der rationalsten Geister des Jahrhunderts, Physiker, Chef der Münze und Freimaurer, verfiel dem Herdentrieb. Das Resultat: Newton verlor mehr als £ 20.000. Entnervt gab der größte Geist Englands auf: »I can calculate the motions of the heavenly bodies, but not the madness of people.«

Manchmal sind die besten Investments diejenigen, die man nicht tätigt.

5.2.3 In wen würden Sie investieren?
Ausgabe 03/2008 vom 17.01.2007

In der aktuellen Ausgabe der Zeitschrift Capital las ich einen Artikel über Google. Interessant war nicht, was dort explizit stand, sondern das, was Sie daraus lernen können. Ausdrücklich stand dort, dass selbst große Player kaum noch um Kooperationen mit dem Giganten herum kommen. Aber: »Wo Google dominiert, kann der Konzern Regeln und Preise der Kooperation bestimmen.«

Und dann gab es zwei Porträtfotos mit der Unterschrift: »Ralph Dommermuth von United Internet konkurriert mit Google, Deutsche-Telekom-Boss René Obermann setzt dagegen auf volle Kooperation.« Dommermuth (44) leitet einen Konzern mit knapp 7000 Mitarbeitern und 1,5 Milliarden Euro Umsatz, von dem ihm, als Gründerunternehmer, noch gut 30 % gehören. René Obermann (ebenfalls 44) befehligt ein Unternehmen mit 242.000 Mitarbeitern und einem Umsatz von 61 Milliarden Euro. *Capital* zitiert Obermann: »Ohne Google ist eine erfolgreiche Multimediastrategie schwer vorstellbar.« Dommermuth hingegen versucht genau das mit seinem eigenen Unternehmen.

Für MICH erklärt das alles. Und in welchen der beiden würden SIE investieren?

Die Antwort ist klar: Dommermuth, Dommermuth, Dommermuth. Der Unternehmer hat United Internet schon durch die Krisen der New Economy gesteuert und fährt einen konsequenten Wachstumskurs. Dabei dreht er jeden Euro um. Was sich nicht rechnet, wird nicht gemacht. Nie würde er sich in eine Partnerschaft zwingen lassen, bei der der andere Partner die Konditionen vorgibt. Solche Geschäfte würde er nicht machen, denn sie sind langfristig zum Schaden des Unternehmens.

Genauso hat Dommermuth den freenet-Deal, weil er zu teuer war, jetzt nicht gemacht, sondern sich lieber Beteiligungspakete bei verschiedenen Telekom-Gesellschaften zusammengekauft.

Er kann warten. Ein Geschäft ist erst dann gut, wenn der Preis stimmt.

Anders Obermann: Der angestellte Manager braucht kurzfristige Erfolge. Die Telekom ist nicht sein Unternehmen, mag er auch tausendmal etwas anderes sagen. Ich will nicht sagen, dass Obermann einen schlechten Job macht. Er macht das, was viele in seiner Position machen würden, und er macht es, soweit man das beurteilen kann, im Rahmen der Erwartungen ordentlich. Aber mit der umfassenden Kooperation mit Google hat er ein weiteres Stück der Zukunft der Telekom – die doch eigentlich der deutsche Marktführer ist – aus der Hand gegeben.

Wenn Sie zu einem halbwegs vernünftigen Preis in die richtigen Unternehmer investieren, ist das die beste Garantie für langfristigen Erfolg. Gelegenheiten gibt es derzeit wie Sand am Meer. United Internet, Fuchs Petrolub, Bijou Brigitte, Rhön-Klinikum, Rational AG, burgbad AG und so weiter und so fort ...

All diese deutschen Qualitätsperlen sind zu Ausverkaufspreisen zu haben.

Worauf warten Sie?

5.2.4 Analyse: Internet Service Provider mit Biss
Ausgabe 12/2008 vom 22.03.2008

United Internets Entwicklung über die letzten zehn Jahre ist beeindruckend. Ralf Dommermuth formte aus einem kleinen Unternehmen, das Internetanschlüsse verkaufte, einen der größten Webhoster weltweit, mit einer Milliardenkapitalisierung. Ein Ende der Geschichte ist derzeit nicht absehbar. (...)

Das vergangene Geschäftsjahr verlief für United Internet sehr erfolgreich. So konnten der Umsatz um 26,7 % und der Gewinn vor Steuern um 36,9 % gesteigert werden. Die Anzahl der Kundenverträge stieg über alle Bereiche um 920.000, das sind 14,6 %.

Auch das vierte Quartal verlief sehr erfolgreich und deutet nicht auf eine Abschwächung im weiteren Wachstum hin. In diesem Quartal konnte United Internet den Umsatz um 25,7 % und den Vorsteuergewinn um 69,9 % steigern. Vorstand Dommermuth geht auch für die nähere Zukunft von weiter steigenden Erträgen aus. Auch von dem kürzlichen Markteintritt in Spanien, im Webhosting–Geschäft, erwartet das Unternehmen einen weiteren Wachstumsschub. Obwohl auch der Bereich DSL-Anschlüsse stark zulegen kann, ist Dommermuth damit nicht zufrieden: »Den Grund für das langsamere als geplante Wachstum sehen wir vor allem in zu langen Aktivierungszeiten der Deutschen Telekom bei der Bereitstellung von Hausanschlüssen.« Seit Juni 2007 investiert United Internet, in Kooperation mit den Samwer-Brüdern, über einen Beteiligungsfonds in junge Technologie-Unternehmen.

In den letzten 10 Jahren konnte United Internet den Gewinn um den Faktor 44 von 3,47 Millionen Euro auf 152,9 Millionen Euro steigern. Der Umsatz kletterte von 88,4 Millionen Euro auf 1487,4 Millionen Euro, mit durchschnittlich 36,8 % pro Jahr. Nichtsdestotrotz hatte United Internet nach dem Platzen der New-Economy-Blase auch schwierige Jahre zu überstehen. So rutschte der Gewinn von 1999 bis 2001 in den roten Bereich. Im Laufe von 10 Jahren konnte die Gewinnmarge durch Kosteneinsparungen von 3,9 % auf 10,3 % verbessert werden. Mit dem steigenden Cashflow gelang es auch, die Eigenkapitalquote auf heute 41,2 % anzuheben.

Da United Internet auf zwei Beinen steht (Online-Marketing, Produktgeschäft), sind hier auch die Risiken für die weitere Entwicklung zu suchen. Durch eine Konjunkturabschwächung könnten auch die Werbeeinnahmen sinken. Die Zuwächse bei Webhosting und Internetanschlüssen werden so lange weiter steigen können, bis eine Marktsättigung erreicht ist. Eine Abschwächung ist hier jedoch noch nicht zu beobachten.

Königstest

		Punkte
1.	Massen-Markenname	4
2.	Herrscher der Branche	4
3.	Geringwertige Wirtschaftsgüter	6
4.	Wachstumspotenzial der Branche	7
5.	Konzentration aufs Kerngeschäft	6
6.	Ergebnismargen	5
7.	Gewinnwachstum	10
8.	Einbehaltene Gewinne	10
9.	Cashflow	8
10.	Eigenkapital	7
	Gesamt	67

Besonders im Kennzahlenbereich schneidet United Internet gut ab. So überzeugen das weit überdurchschnittliche Gewinnwachstum und die Rendite auf die einbehaltenen Gewinne. Die Eigenkapitalrendite fällt mit 45,2 % ebenfalls weit überdurchschnittlich aus. Zudem ist United Internet in seinen Geschäftsfeldern sehr gut aufgestellt.

Wenn es einen Makel gibt, dann die hohe Wettbewerbsintensität, die im Werbe- und Internetsektor herrscht. Dies und die Tatsache, dass sich das Umfeld und die Branche (Webhosting, Internetservice) sehr schnell ändern können, birgt auch zukünftig die Gefahr von plötzlichen Gewinneinbrüchen. Aktuell und in näherer Zukunft zeichnet sich dies jedoch noch nicht ab.

In der Summe können wir 67 Punkte vergeben. United Internet besitzt damit eine fast königliche Investmentqualität.

Bewertung

United Internets innerer Wert definiert sich vor allem über das sehr starke Gewinnwachstum, wodurch der Ertragswert höher als der Wiederbeschaffungswert ausfällt. Sollte das Unternehmen in den kommenden Jahren die Erträge weiter mit hohen Raten steigern können, ist ein innerer Wert von 18,80 Euro gerechtfertigt. Ein Kauf ist deshalb auf dem aktuellen Niveau noch möglich.

5.2.5 Analyse: Härtere Zeiten, aber top bleibt top
Ausgabe 40/2008 vom 03.10.2008

United Internet ist eine unserer Dauerempfehlungen. Eigentümer-Unternehmer Ralph Dommermuth (Jahrgang 1963) hat aus dem Nichts einen international tätigen Kommunikationskonzern geschaffen, der den Zusammenbruch der New Economy überlebt und danach erst so richtig Fahrt aufgenommen hat. Von ihrem Hoch von 16,79 Euro Ende 2007 hat sich die Aktie halbiert. Wie geht es nun weiter?

United Internet ist im deutschsprachigen Raum und in Großbritannien Marktführer im Webhosting, in Deutschland Marktführer im Online-Marketing und ebenfalls in Deutschland die Nummer zwei im DSL-Zugangsgeschäft (Resale). Das Unternehmen betreibt keine eigenen Netze. Portale wie Web.de und die E-Mail-Lösungen von web.de und GMX sowie die Hostinglösungen von 1&1 haben in Deutschland eine führende Position.

United Internet ist bekannt für seine Marketingorientierung und sein Kostenbewusstsein. Das Unternehmen entwickelt – wie es sich für einen guten deutschen Mittelständler gehört – die technischen Lösungen und die Software selbst. Die Hostinglösungen von 1&1 und Schlund+Partner sowie die E-Mail-Produkte von GMX und Web.de erfüllen hohe technische Standards und sind beliebt. Es wird aber nicht überinvestiert, Investitionen müssen sich lohnen.

Geschäftsentwicklung
In den letzten Jahren ist United Internet stürmisch gewachsen. Zum zweiten Quartal 2008 machte sich aber eine Abschwächung des Wachstums bemerkbar. Das Unternehmen verdiente nur in etwa so viel wie im vorhergehenden Quartal.

United Internet kann sich zwar durch gebündelte Angebote, die auch Webhosting einschließen, etwas unabhängiger vom Preisdruck machen, aber der anhaltende Preiskampf im DSL-Geschäft macht auch United Internet zu schaffen. Die Zahl der Breitbandanschlüsse steigt insgesamt weiter und soll von 2008 bis 2010 um zwei Millionen auf 21 Millionen wachsen. Allerdings haben sich die Wettbewerbsvorteile im Markt verschoben: Derzeit scheinen die integrierten Anbieter mit eigenen Netzen Marktanteile zu gewinnen.

Zuletzt ist United Internet mit der Übernahme des Konkurrenten freenet gescheitert. Auch das ist als positiv zu bewerten, denn es zeigt, dass Dommermuth wertorientiert vorgeht, Bieterwettstreit meidet und nicht zu jedem Preis kauft. Im Zuge der versuchten Übernahme hält man nun Anteile im Wert von 400 Millionen Euro an freenet und Drillisch. Derzeit sind dies zwar passive Investments, sie eröffnen United Internet aber weitere Optionen – und sei es, dass sie später mit Gewinn verkauft werden.

Im Juni 2008 kaufte Dommermuth für fast 10 Millionen Euro eigene Aktien zum Preis von 13,75 Euro je Aktie zurück und hält damit 35,8 % an dem Unternehmen. Im September kaufte er nochmals eine Million Aktien zum Preis von 8,90 Euro je Aktie. Dommermuth ist ein sehr sparsamer Unternehmer, der es hasst, Geld zu verlieren. Der Kauf ist ein großer Vertrauensbeweis, da es sich auch um signifikante Summen handelt.

Königstest und Bewertung

Die Zahl der Königspunkte reduzieren wir auf 63. United Internet bleibt ein solides Investment mit guten Wachstumsaussichten. Den inneren Wert müssen wir aufgrund der erhöhten Konkurrenz im DSL-Geschäft auf 15,90 Euro reduzieren. Vom jetzigen Niveau aus sollte sich der Kurs zumindest verdoppeln, bevor Sie an einen Verkauf denken. Zudem ist Eigentümer-Unternehmer Ralph Dommermuth immer für eine Überraschung gut. United Internet kann ein Dauerinvestment bleiben.

5.2.6 United Internet – einen Unternehmer haut nichts um!
Ausgabe 22/2009 vom 29.05.2009

Welch eine Berg- und Talfahrt muss ich mit meinem Investment United Internet erdulden! Von 51 Cent im Jahr 2001 – da besaß ich die Aktie noch nicht – stieg der Kurs auf 16,70 Euro Ende 2007. Dann ging es wieder auf 4,28 Euro im März dieses Jahres hinunter, und nun steht die Aktie bei 9,09 Euro. Wer blickt da noch durch?

United Internet wird von Ralph Dommermuth, einem 45-jährigen Unternehmer aus dem Westerwald, geleitet. Er besitzt 36,58 % der Anteile, was bedeutet, dass er in der Finanzkrise mal eben vom Milliardär zum 400-fachen Millionär degradiert wurde, jetzt aber schon fast wieder Milliardär ist. Im letzten Jahr hat er massiv für eigene Rechnung Aktien gekauft – zum Teil noch über den Kursen, die jetzt gezahlt werden. Nach seinem Kauf musste er also zusehen, wie sich der Kurs der eigenen Aktien noch einmal halbierte. (…)

Der Kampf in der Internet- und DSL-Branche ist brutal. Die großen – Telefónica, Deutsche Telekom, France Telecom – kämpfen mit harten Bandagen. Aber ein Unternehmer ist doch meistens einen Tick schneller. Jetzt ist Dommermuth an einem weiteren Etappenziel – er konnte das DSL-Geschäft seines Erzrivalen freenet.de kaufen. Die Auseinandersetzung hatte sich über Jahre hingezogen; zuletzt hatte der freenet-Vorstand Eckhard Spoerr seinen Sitz geräumt.

United Internet ist laut unserer Datenbank 16 Euro wert. Noch vor wenigen Wochen stand die Aktie bei gut vier Euro. Es ist dann beruhigend zu wissen, dass der Hauptaktionär einen Großteil seines Vermögens in Aktien des eigenen Unternehmens hält. Was werde ich machen, wenn United Internet 16 Euro erreicht? Ich werde erst einmal schauen, ob das Unternehmen seinen Umsatz und Wert zwischenzeitlich gesteigert hat.

Idealerweise ist es ein Investment, das Sie über viele Jahre begleiten kann. Einen echten Unternehmer haut eben nichts um!

5.3 Nestlé

Nestlé ist zweifellos eines der bekanntesten und sichersten Unternehmen der Welt. Das Unternehmen hat ein schweizerisches Hauptquartier und ist in mehr als 150 Ländern der Welt präsent. Die Globalisierung haben die Schweizer viel früher vorangetrieben als die Amerikaner. In Brasilien und Indien ist man seit mehr als 100 Jahren präsent. Das Unternehmen bietet Produkte des täglichen Bedarfs an.

In letzter Zeit sind wir bei Nestlé etwas skeptischer. Es gefällt uns nicht, wie das Unternehmen an seiner Bilanz herumschraubt. In den letzten Jahren sind die Gewinne immer schneller als die Umsätze gestiegen. So etwas nennt man auch Margenexpansion. Wenn die Margen einmal den Rückwärtsgang einlegen, werden die Gewinne zwischenzeitlich einbrechen. Nestlé können Sie sicher langfristig halten. Wir haben uns aber derzeit verabschiedet, weil wir bessere Investments finden.

Häufiger werde ich auch aus ethischen Gesichtspunkten auf Nestlé angesprochen. Ja, es ist richtig, dass Nestlé mit Land Grabbing und Babynahrung sicherlich nicht immer gute Werke vollführt. Aber die anderen machen es auch. Wer das als Begründung nimmt, um Nestlé nicht zu kaufen, dürfte dann aber konsequenterweise auch kaum andere Nahrungsmittelaktien kaufen. Oder Ölaktien. Oder Aktien von Bekleidungsherstellern.

Das Zauberwort dieser Jahre heißt Corporate Social Responsibility: Unternehmen sollen sich der Gesellschaft gegenüber verantwortlich verhalten und sich selbst dementsprechende Regeln geben. Für mich klingt das eher, als dass man den Bock zum Gärtner macht. Wenn bestimmte Praktiken schädlich sind – und ich bin mir sicher, dass Nestlé auch schädliche Praktiken betreibt –, dann gehören Gesetze her, die das stoppen. Und wir benötigen einen schlanken, aber starken Staat, um das durchzusetzen, so, wie es die ordoliberalen Väter der Sozialen Marktwirtschaft wollten. Einzelne Unternehmen an den Pranger zu stellen, bringt gar nichts und ist sogar kontraproduktiv. Denn die es gut meinenden Bürgerinnen und Bürger klopfen sich auf die Schulter, »etwas getan zu haben«, und die anderen machen weiter wie bisher.

Abb. 9: Die Nestlé-Aktie – eines der bekanntesten und sichersten Unternehmen der Welt

5.3.1 Genießen Sie sichere zukünftige Gewinne
Ausgabe 40/2008 vom 03.10.2008

Nestlé stellten wir zuletzt im PRIVATINVESTOR 06/2008 vor. Die Aktien konnten sich, im Gegensatz zum breiten Markt, sehr gut halten.

Geschäftsentwicklung

Auch in der ersten Jahreshälfte 2008 zeigt sich Nestlé unbeeindruckt von Konjunkturängsten. So stieg der Umsatz um 3,8 % und der Gewinn um 6,1 %. Die Nettomarge stieg sogar leicht auf 9,8 %. Im laufenden Geschäftsjahr plant Nestlé, 9 Milliarden Schweizer Franken (CHF) für den Rückkauf eigener Aktien auszugeben. Insgesamt möchte Nestlé Aktien im Wert von 25 Milliarden CHF zurück erwerben. Das EBIT des Nahrungsmittelkonzerns wuchs in allen Regionen der Welt: Europa 4,2 %, Amerika 1,8 % und in Asien, Ozeanien und Afrika mit insgesamt 4,1 %. Das Segment Nestlé Water musste einen EBIT-Rückgang um 29 % hinnehmen. Der Umsatzrückgang ist vor allem durch einen Preisanstieg bei dem Rohstoff PET zu suchen, weshalb viele Konsumenten auf billiges Wasser oder Leitungswasser umsteigen. Das Segment macht jedoch den geringsten Anteil des Gesamtergebnisses aus und wird zukünftig weiter wachsen. In der Sparte Nestlé Nutrition stieg der Umsatz hingegen um 48,4 %. Für das Gesamtjahr erwartet der Vorstand ein Wachstum auf Vorjahresniveau. Steigende Rohstoffpreise kann Nestlé durch eigene Preiserhöhungen wettmachen. Im ersten Halbjahr verkaufte Nestlé seine 24,8%ige Beteiligung an Alcon für 10,4 Milliarden US-Dollar an Novartis.

Königstest

Die 73 Königspunkte behalten wir für Nestlé bei. Das Unternehmen produziert hochwertige Lebensmittel, die auch in einer Konjunkturflaute nachgefragt werden. Dies garantiert sichere zukünftige Gewinne, die entscheidend für Ihre zukünftigen Kursgewinne sind.

Bewertung

Auch den inneren Wert behalten wir unverändert bei. Die Aktien sind aus unserer Sicht leicht unterbewertet. In Kombination mit dem stabilen Geschäft des Unternehmens sollte sich deshalb auch der Kurs weiterhin stabil entwickeln, obwohl wir hierfür selbstverständlich nie eine Garantie geben können. Warren Buffett investiert hauptsächlich in Getränke- und Nahrungsmittelunternehmen, weil er hier sichere zukünftige Gewinne vorfindet und dadurch einen verlässlichen inneren Wert berechnen kann. In zyklischen Sektoren hingegen ist dies fast unmöglich.

5.3.2 Basisinvestment für jedes Depot
Sonderausgabe 42/2009 vom 17.10.2009

Nestlé ist eines der weltweit größten Konsumunternehmen mit vielen bekannten Marken, die Milliarden wert sind. Aufgrund der stabilen Geschäftsentwicklung sollte die Aktie Fundament jedes Depots sein. Aktuell ist sie nicht stark unterbewertet, Sie können jedoch immer noch kaufen. (…)

Geschäftsentwicklung

(…) Aktuell führt Nestlé ein Aktienrückkaufprogramm in Höhe von 25 Millionen Schweizer Franken (CHF) durch. Ende Juli dieses Jahres wurde die erste Phase dieses Projektes durch den Rückkauf in Höhe von 15 Millionen CHF abgeschlossen. Bis Ende 2010 werden weitere zehn Millionen in den Rückkauf investiert. Im Fall von Nestlé deutet der Rückkauf auf ein hohes Vertrauen in das eigene Geschäft.

Im ersten Halbjahr 2009 konnte Nestlé organisch um 3,5 % wachsen und die EBIT-Marge um 30 Basispunkte verbessern. Der Umsatz sank leicht um 1,5 %. Der Gewinn stieg jedoch trotz Krise leicht um 2,6 %.

Regional konnte Nestlé den operativen Gewinn in Nord- und Südamerika sowie Asien, Ozeanien und Afrika steigern, während er in der europäischen Zone sank. Im Wassergeschäft stieg der operative Gewinn um 9,8 %, während er im Nahrungsmittelgeschäft um 9,1 % sank. (…)

Aber auch die Geschäftszahlen sind sehr gut. Nestlé verfügt mit mehr als 50 % Eigenkapitalquote über eine sehr solide Bilanz. Von 1999 bis 2007 konnte die Nettomarge von 5,9 % auf 10 % verbessert werden. Im Jahr 2008 fiel sie außergewöhnlich hoch aus aufgrund eines Einmalerlöses aus dem Teilverkauf von Alcon.

Bewertung

Für Nestlé errechnen wir derzeit einen inneren Wert von 35,03 Euro. Die Aktie notiert also immer noch fast 20 % darunter. Wer die Aktie nicht besitzt, kann sie jetzt immer noch kaufen. Wir fragen uns, wann Warren Buffett hier einsteigt, sucht er doch gute Unternehmen im europäischen Raum, die seiner Marktkapitalisierung entsprechen. Nestlé ist ein klassisches Langfristinvestment, mit der auch die Buy-and-Hold-Strategie erfolgreich durchgeführt werden kann.

5.3.3 Nach starkem Anstieg leicht unterbewertet

Sonderausgabe 40/2010 vom 09.10.2010

Die Nestlé-Aktie ist seit der Empfehlung im letzten Jahr stark gestiegen und nun noch leicht unterbewertet. (…)

Geschäftsentwicklung

In der ersten Jahreshälfte 2010 wurde die Übernahme des Pizzageschäfts von Kraft abgeschlossen und der Erwerb von Vitalfo (großbritannischer Anbieter von klinischen Ernährungsprodukten) realisiert. In Chile wurde ein Forschungs- und Entwicklungszentrum für Biskuits und Zerealiensnacks eingeweiht. Eine Fabrik zur Herstellung von Milchpulver und Süßwaren in Dubai und eine Flaschenfabrik in Polen nahmen in dieser Zeit ihren Betrieb auf. Darüber hinaus wurden weitere Investitionen, vorwiegend in den aufstrebenden Märkten, bekannt gegeben.

Ein dreijähriges Aktienrückkaufprogramm in Höhe von 25 Milliarden CHF wurde im ersten Halbjahr 2010 abgeschlossen, sowie der Start eines neuen Programms in Höhe von zehn Milliarden CHF lanciert.

Ebenso wie in vergangenen Jahren, konnte Nestlé auch im laufenden Jahr neue Erfolge vermelden. (…) Der Gruppenumsatz stieg gegenüber 2009 insgesamt um 5,9 % auf 55,3 Milliarden CHF an. Der Reingewinn für die gleiche Periode wurde um 7,5 % auf 5,5 Milliarden CHF gesteigert.

Bis zum Ende des Geschäftsjahres plant Nestlé, ein organisches Wachstum von 5 % zu erzielen und die EBIT-Marge gegenüber dem Vorjahr bei konstanten Wechselkursen zu verbessern. (…)

Bewertung

Nestlé ist seit unserer Empfehlung im letzten und vorletzten Jahr stark gestiegen. Aktuell ist die Bewertung etwas ausgereizt. Große Anstiege sind also von diesem Niveau aus nicht mehr zu erwarten, aber Nestlé ist immer noch besser als Tagesgeld oder Anleihen. Dessen können Sie sich sicher sein.

5.4 Hightech, Internet, E-Commerce

Value Investoren sind bei neuen und heißen Branchen meistens sehr vorsichtig. Nicht, weil diese Branchen kein Potenzial bieten, sondern weil sich so viel verändert, dass sich oft der faire Wert von Unternehmen nur schwer berechnen lässt. Auch wir halten nur wenig Technologieunternehmen.

Bei den Internetprovidern lagen wir richtig. Unser Favorit United Internet hat sich bis heute wacker geschlagen, während viele andere verschwunden sind oder nur einen Bruchteil ihrer ehemaligen Bedeutung haben – so das Unternehmen freenet.de, mit dem mich erst ein Joint Venture und dann eine Serie von Rechtsstreitigkeiten verbanden (siehe 5.4.2 Freenet und die Analysten vom 30.07.2004).

Lange Zeit war eBay eines meiner Lieblingsunternehmen – ein stabiles Internetunternehmen, das mit seiner C2C-Plattform (Customer to Customer) den elektronischen Handel zu revolutionieren versprach. Allerdings ging eBay durch einige strategische Krisen. CEO Meg Whitman setzte auf schnelle Expansion, holte viele Händler auf die Plattform (was den »privaten« Charakter zerstörte) und kaufte PayPal. Heute hat sich eBay als ein völlig anderes Unternehmen etabliert: primär als ein Bezahlunternehmen und ein Dienstleister für Handelskonzerne, die ihre Internetprozesse verbessern wollen. Das Unternehmen wächst wieder schnell, aber wir haben Unternehmen lieber, die Endkunden bedienen.

Yahoo! fanden wir eine Zeit lang auch recht gut und haben vor einigen Jahren auch auf Kurspotenzial hingewiesen, das dann 2012 bis 2013 tatsächlich realisiert wurde. Insgesamt hat das Unternehmen aber einen schweren Stand.

Erstaunlich gut hat sich Amazon entwickelt, dem wir nach der Anfangsphase neutral gegenüberstanden. Firmengründer Jeff Bezos macht vieles anders als die Konkurrenten und setzt auf optimierte Prozesse und die absolute Tiefpreisstrategie. Er will damit ganze Märkte erobern und plattmachen. Bislang funktioniert das. Allerdings ist das Geschäftsmodell auch ganz schön räuberisch.

Abb. 10: Amazon.com, Yahoo! Inc., eBay Inc. und Google Inc. im Vergleich

Beim Börsenstart von Google waren wir trotz der hohen Bewertung wohlwollend (siehe 5.4.1 Google oder nicht Google? vom 30.04.2004) – hätten wir doch nur zugegriffen. Aber Investoren sind Value Investoren, und wenn der Preis nicht stimmt, wollen sie sich nicht auf hohe Wachstumserwartungen verlassen. Gegebenenfalls lassen sie auch mal eine Chance ziehen. Beim Börsengang von Facebook war uns von Anfang an völlig klar, dass die Bewertungen auf jeden Fall überzogen waren (siehe 5.4.6 Viel heiße Luft bei Facebook vom 14.01.2011).

Während ich 2006 über IBM und Microsoft noch von müden Giganten schrieb (siehe 5.4.3 vom 08.04.2006), waren die Bewertungen 2011 so niedrig, dass man auch mit diesen Aktien Geld verdienen konnte. Wir hielten zwischenzeitlich Microsoft, Cisco und auch Intel.

Rückblick 2013:

Die Giganten der Technologieblase haben überlebt. Yahoos Zeit scheint allerdings abzulaufen. Interessant ist auch, dass Google seit seinem Börsengang eine ähnliche Wertentwicklung wie Amazon und eBay durchmacht. Nimmt man noch Apple hinzu, so zeigt sich die phänomenale Aufholjagd von 2009 bis 2012. Allerdings war Apple in starkem Maße von der Unternehmerpersönlichkeit von Steve Jobs abhängig und hat stärkere Konkurrenz. Wir sind für die weitere Entwicklung trotz der Kurskorrektur eher skeptisch.

5.4.1 Google oder nicht Google?
Ausgabe 18/2004 vom 30.04.2004

Nun endlich hat Google den lang erwarteten Börsengang bei der amerikanischen Börsenaufsicht SEC angemeldet. Sollten Sie dabei sein?

Wenn Sie meine Kolumnen kennen, wissen Sie, dass ich bei Erstemissionen zunächst einmal zu äußerster Skepsis rate. Ein Großteil der Unternehmen, die einen Börsengang durchführen, überleben die folgenden Jahre nicht oder sinken in die Bedeutungslosigkeit zurück. Wenn Sie allerdings vom Geschäftsmodell des Unternehmens überzeugt sind, können Sie auch bei einer Erstemission Aktien zeichnen.

Google will rund 2,7 Milliarden Dollar durch den Börsengang erlösen. Damit wäre das Gesamtunternehmen 20 Milliarden Dollar bis 25 Milliarden Dollar wert. Dabei will Google sich mit einer Auktion direkt an das breite Publikum und die Kleininvestoren wenden. Traditionell haben in den USA vor allem die Investmentbanken und Insider Zuteilungen erhalten. Diese Investoren konnten dann nach einem Börsengang schnelle Gewinne erzielen, wenn sie die Aktien weiterverkauften.

Eine breite Auktion hat also zunächst einmal anscheinend Vorteile für Privatinvestoren. Google kann dieses Instrument aber auch nutzen, um Aktien breiter zu streuen, als es früher möglich war, und dadurch die Kurse höher festsetzen. Damit streicht das Unternehmen selbst die Gewinne ein, welche früher von Insidern gemacht wurden. Für den Privatanleger ändert sich wenig. Morgan Stanley und Credit Suisse sollen den Börsengang managen.

Der Google-Börsengang hält die Investment-Community nun schon einige Monate in Atem. Er ist derzeit die größte Hoffnung, dass sich damit der Internet-/Hightech-Start-up-Markt wieder belebt. Meine Meinung: Der Hype ist nicht gerechtfertigt, der Börsengang durchaus. Bis dahin wird aber noch einige Zeit verstreichen. Erst im Spätsommer sollte es so weit sein.

Die Suchtechnologie von Google ist ein großer Wettbewerbsvorteil des Unternehmens. Damit zusammenhängend hat das Unternehmen auch den Internet-Werbemarkt mit einer unkonventionellen und hocheffektiven Technologie revolutioniert. Neben den gesuchten Stichworten tauchen unauffällig Anzeigen auf, die zu den Stichworten passen. Wenn Sie zum Beispiel bei www.google.de das Stichwort »Max Otte« eingeben, werden Sie auf der rechten Seite einen automatischen Hinweis auf www.privatinvestor.de finden. Mein Unternehmen zahlt für die Anzeigen nur, wenn Sie diese anklicken.

Mit seiner hocheffektiven Technologie hat sich Google im Suchbereich an die Spitze gesetzt und ältere, größere Konkurrenten wie Microsoft und Yahoo! abgehängt. Beide arbeiten aber fieberhaft an ihrer eigenen Technologie.

Im letzten Jahr verdiente Google 105 Millionen Dollar bei einem Umsatz von 962 Millionen Dollar. Im ersten Quartal dieses Jahres verdiente Google bereits 64 Millionen Dollar – das ist mehr als doppelt so viel wie die 25,8 Millionen Dollar des ersten Quartals im letzten Jahr. Sollte Google an der Börse mit 20 Milliarden Dollar bis 25 Milliarden Dollar bewertet werden, läge das Unternehmen bei einem KGV von 80 bis 100, wäre also in etwa so teuer wie Yahoo! oder eBay und insgesamt am Markt etwas weniger als Yahoo! und halb so viel wie eBay wert.

Insgesamt erscheint mir Googles Geschäftsmodell stabiler als das von Yahoo!. Während Yahoo! zunehmend auf Medienpartnerschaften angewiesen ist, werden sowohl Werbekunden als auch Nutzer von Google durch die Suchtechnologie besser bedient als bei Konkurrenten. Zudem will das Unternehmen einen E-Mail-Service starten und damit in die Domäne von Microsoft und Yahoo! eindringen. Auch dieser Service soll durch Werbung finanziert werden: Die Suchtechnologie scannt den Text der Mails, um dann hier unauffällig passende Anzeigen zu platzieren. Ein kostenloses Gigabyte Speicherplatz pro Kunde soll das Ganze interessant machen.

Google hat durch seine Technik einen echten Vorteil. Wenn die Nutzer sich einmal an Google-Mail gewöhnt haben, kann sich das Unternehmen beim Kunden einen festen Platz erobern. Yahoo! und Microsoft arbeiten an Gegenmaßnahmen. Von allen »Internet-Unternehmen« ist aber immer noch eBay am wenigsten angreifbar. Das Unternehmen hat sich eine echte Monopolstellung erarbeitet. Bei einem KGV, welches dem von Google in etwa entspricht, fällt die Wahl nicht schwer.

Kommentar 2013:

Anders als bei unserer klaren Ablehnung der Facebook-Aktie zeigten wir beim Google-Börsengang durchaus Interesse und Sympathie. Wir kauften nicht. Es entgangen uns große Gewinne. Aber man muss seiner Strategie auch treu bleiben können.

5.4.2 Freenet und die Analysten

Ausgabe 31/2004 vom 30.07.2004

Trotz Henry Blodget und Jack Grubman scheinen die meisten Analysten nichts gelernt zu haben und folgen weiter dem Herdentrieb. Dies können Sie besonders gut an der freenet.de-Aktie sehen.

Mit einem Kursplus von mehr als 1000 % war freenet.de die erfolgreichste Aktie des TecDAX im Jahr 2003. 2004 schien sich die Erfolgsgeschichte mit einem weiteren Anstieg von fast 50 % fortzusetzen. Im März wurde mit 27,73 Euro ein Allzeithoch erreicht.

Dabei hatte freenet.de zum Jahreswechsel 2003/2004 das Festnetz des Mehrheitsgesellschafters mobilcom sehr günstig übernommen und damit seinen Umsatz fast verzehnfacht. Mobilcom konnte mit der freenet.de AG eine neue Börsenstory aufbauen und sich durch den Verlauf eines 20%igen Anteils an der freenet.de AG (mobilcom ist weiter Mehrheitsgesellschafter) entschulden. An dem Deal hatten alle Interesse, mobilcom, freenet.de und die Banken. Dabei war per Saldo gar kein neuer Wert für mobilcom und freenet.de geschaffen worden: Das Festnetzgeschäft wurde lediglich von der Muttergesellschaft an die Tochtergesellschaft verkauft.

Ich warne seit einigen Monaten vor der freenet.de-Aktie und bezweifele die Nachhaltigkeit der Kurssteigerungen. Mir sind viele Fälle bekannt, in denen das Unternehmen durch sehr harte Inkassomethoden Forderungen eintreibt, welche von den betroffenen Kunden als zweifelhaft angesehen und abgestritten werden. Zudem hatte sich freenet.de in zahlreiche Rechtsstreitigkeiten mit ehemaligen Partnern verwickelt. Bei meinen Recherchen stieß ich darauf, dass die Vorstände Eckhard Spoerr und Axel Krieger mehr als 300.000 Aktienoptionen mit einem Wert von über 13 Millionen Euro erhalten hatten. Damit verstieß freenet.de nach meiner Ansicht gegen den deutschen Corporate Governance Kodex, der eine Deckelung bei unvorhergesehenen Ereignissen (wie zum Beispiel dem Kauf des

Festnetzgeschäfts von mobilcom) vorsieht. Der freenet.de-Vorstand hatte also ein besonderes Interesse daran, den Kurs hochzutreiben: Mit jedem Euro Kurssteigerung würden die Vorstände rund 600.000 Euro verdienen. Das erklärte nach meiner Meinung das rabiate Vorgehen von freenet.

Ich stand mit meiner Warnung allein. Die meisten Analysten haben auch nach dem März 2004 weiter voll auf freenet gesetzt. Von 14 Analystenmeldungen zwischen dem 25.06.2004 und dem 09.07.2004 befanden sich drei Halteempfehlungen und 11 Kaufempfehlungen. Die Commerzbank empfahl am 06.05.2004 freenet mit Overweight, die BW-Bank favorisierte freenet.de sogar unter allen deutschen und europäischen Werten, und die Bankgesellschaft Berlin spricht immerhin eine Halteempfehlung aus.

Am 30.05.2004 erschien unter dem Titel Ende der Rally? ein großer Artikel mit meinen Warnungen im Euro am Sonntag. Oberzocker Markus Frick gab noch am 03.06.2004 ein Kursziel von 33 Euro aus, Der Aktionär am 08.07.2004 ein Kursziel von 35 Euro. Die BW-Bank hielt an ihrem Rating, freenet zu favorisieren, fest.

Am 09.06.2004 stellte ich auf der Jahreshauptversammlung der freenet.de AG einen Antrag, die Entlastung der Vorstände zu verschieben, bis die zweifelhaften Vorgänge im Debitorenmanagement der Gesellschaft durch einen Sonderprüfer untersucht worden wären. Ich war vielen unsachlichen und persönlichen Angriffen ausgesetzt, von denen ich Ihnen am 11.06.2004 berichtete. Nun scheinen sich meine Befürchtungen leider bewahrheitet zu haben: Die von den Analysten so geliebte freenet-Aktie ist seit März um fast 50 % eingebrochen.

Mitte Juli kam dann heraus, dass die freenet-Vorstände im Juli mehr als 100.000 Aktien gewandelt und das Paket in Höhe von mehr als 1,77 Millionen Euro zu Kursen um die 17 Euro bis 18 Euro umgehend verkauft haben. Das zeugt nicht gerade vom Vertrauen des Managements in die eigene Aktie. Wie das *Handelsblatt* am 23.07.2004 berichtete, hatte PR-Profi Spoerr noch kurz zuvor den Kurs der freenet-Aktie mit einigen gezielten Meldungen stabilisiert.

Solange die Unsitten des Neuen Marktes bei einigen Unternehmen immer noch blühen und solange die Analysten weiter dem Herdentrieb folgen, haben wir Privatanleger keine andere Wahl, als unserem eigenen Urteil zu vertrauen. Immerhin können wir von den Fehlern anderer und von unseren eigenen Fehlern an der Börse lernen. (...)

5.4.3 Müde Giganten ...
Ausgabe 14/2006 vom 08.04.2006

In den letzten Monaten ist die Aktie von Intel massiv eingebrochen. Daraufhin erreichte mich die E-Mail eines Mitglieds: »Günstige Einstiegsmöglichkeit oder Finger weg?« Da ich noch an meinem neuen Buch schreibe, konnte ich nicht sofort antworten. Das hole ich hiermit nach. Meine Antwort lautet: »Weder noch.«

Mit einem KGV von 13 hat Intel das niedrigste KGV der letzten 10 Jahre (wahrscheinlich sind es viel mehr Jahre, aber so weit reichen meine Daten nicht). Die Aktie ist also zunächst einmal billig. Allerdings sind die Umsätze in den letzten 5 Jahren nur um 2,8 % p. a. gestiegen, die Gewinne pro Aktie sogar durchschnittlich um 1,4 % gefallen! Intel hat es geschafft, den weltweiten Mikroprozessoren-Markt durch fantastischen Fokus mit Marktanteilen zwischen 80 % und 90 % zu dominieren.

Paul Otellini, der Nachfolger des legendären Andy Grove als CEO, will nun eine Strategie der Branchenlösungen einführen – weg von dem Fokus auf einer Technologie und maximaler Performance, hin zu marktorientierten, kleineren Lösungen für verschiedene Branchen. Grove, der aus dem Management raus ist, aber immer noch als Legende angesehen wird, hat die Strategie begrüßt. Dennoch zeigt der Kurswechsel eines: Aus dem alten Modell ist die Luft raus. Ein Risiko ist die Volte allemal.

Und so ist es bei einigen anderen Königen der Könige: IBM, General Electric, Coca-Cola, Citigroup, Walmart und Microsoft. Bei all diesen Unternehmen schlägt der Chart um das Jahr 2000 nach oben aus (bei den technologieorientierten Unternehmen mehr, bei Coca-Cola weniger). Danach ging es zunächst steil abwärts; seitdem bewegen sich die Aktien nicht mehr vom Fleck. International Business Machines (IBM) war der Star der 60er- und 70er-Jahre. Immer noch ist IBM nach Mitarbeitern das bei Weitem größte Hard- und Softwareunternehmen der Welt! CEO Sam Palmisano will den Konzern von einem technologieorientierten Unternehmen hin zu mehr Beratungsorientierung führen. Mit dem Schlagwort »Business on Demand« soll ausgedrückt werden, dass IBM am liebsten komplett die IT inklusive Prozesskettenoptimierung für andere Großunternehmen wie die Deutsche Bank oder Walmart übernehmen möchte. Das klingt zunächst interessant. Ob der Riesenladen es schafft, sei dahingestellt.

General Electric ist der Star schlechthin. Es ist das einzige Unternehmen, das sich seit Beginn des Dow Jones im Jahr 1898 in diesem Index gehalten hat. In den 80er-Jahren schaffte es Jack Welch, das Unternehmen durch damals revolutionäre Managementmaßnahmen wieder in Schwung zu bringen. Nachfolge Jeff Immelt ist hervorragend qualifiziert, aber bei einem KGV von knapp 20 müsste er den Gewinn um jährlich 3,3 Milliarden Dollar steigern, nur um die Erwartungen des Marktes zu erfüllen.

Von Coca-Cola, Warren Buffetts Lieblingsinvestment, habe ich schon immer eher abgeraten. Man muss ja nicht alles nachmachen, was der Meister macht. Sicherlich ist es ein solides Unternehmen, aber es ist nicht billig, und das Potenzial ist begrenzt. Colas Geschäfts- und Werbemodell ist veraltet. Ich kann hier nicht alle Gründe detailliert aufführen, deswegen nur zwei: Die Werbelandschaft hat sich durch die Zersplitterung der Medien radikal verändert, und die moderne Logistik und IT erlauben auch Multibranding-Modelle. Der Aktienkurs kommt nicht nur nicht vom Fleck, er bewegt sich sogar eher nach unten. Zu Recht, denn das KGV liegt immer noch bei 20. Das Gewinnwachstum in den letzten 5 Jahren liegt zwar ähnlich hoch, das durchschnittliche Umsatzwachstum aber nur bei 5 %.

Finanzdienstleistungsgigant Citigroup ist zwar mit einem KGV von 12 optisch gesehen nicht teuer, aber das durchschnittliche Gewinnwachstum über die letzten 10 Jahre betrug nur 10 %. Mit dem Aufheben der Sperre für Megafusionen im Bankensektor in den USA entsteht zwar wieder etwas Fantasie, es bleiben aber gleichzeitig die Risiken des amerikanischen Kapitalmarktes. Einzelhandelsmoloch Walmart weist ein KGV von 17,8 auf, aber nur ein durchschnittliches Gewinnwachstum von 13,5 % und ein Umsatzwachstum von 10,3 % über die letzten fünf Jahre. Daran gemessen wäre das Unternehmen immer noch teuer. Microsoft hat ein KGV von 22, ein Umsatzwachstum von 11 % über die letzten fünf Jahre und ein Gewinnwachstum von 6 %. Bei den operativen Gewinnen sieht es allerdings etwas besser aus.

Wo soll bei diesen Unternehmen noch die Gewinndynamik herkommen, die notwendig wäre, die immer noch hohen Preise zu rechtfertigen? Am ehesten kann ich mir dies noch bei Citigroup und Microsoft vorstellen. Aber auch hier gibt es viele Wenns. Daher bleibe ich bei meinem Votum: wenn Bluechips, dann europäische oder japanische. Die Stars der 1980er und 1990er können Sie nur mit Vorsicht genießen.

5.4.4 Internet und E-Commerce: Eine Branche wird erwachsen
Sonderausgabe 39/2006 vom 29.09.2006

Der Siegeszug des Internet ist nicht aufzuhalten. E-Commerce wächst immer noch mit beeindruckenden zweistelligen Wachstumsraten. Bei den Internet-Schwergewichten ist aber nach unserer Einschätzung erst einmal die Luft raus. Das starke Engagement in diesen Werten bescherte zum Beispiel Fondslegende Bill Miller von Legg Mason seit fünfzehn Jahren das erste Quartal, in dem er schlechter als der S&P 500 abschnitt.

eBay, Yahoo! und Google sind Top-Unternehmen, aber sie sind trotz der teilweise massiven Kurskorrekturen immer noch zu teuer. Das kommt daher, dass die Dynamik der Branche gedreht hat – wo früher die Unternehmen jeweils in ihrer Nische wuchsen, hat Google die Dynamik kräftig aufgemischt. Verstärkte Konkurrenz zwischen den Unternehmen drückt auf die Gewinnmargen, wenn auch das Umsatzwachstum weitergeht – eine ganz normale Entwicklung in der Marktwirtschaft. Insgesamt befindet sich die Branche in einem Zustand der Coopetition – also Cooperation und Competition gleichzeitig. eBay ist zum Beispiel Googles größter Werbekunde. Das lässt hoffen, dass es nicht zu einem offenen Krieg um Marktanteile kommen wird, was für Aktionäre immer schlecht wäre.

eBay

Jahrelang war eBay eines meiner Lieblingsinvestments. IFVE-Mitglieder der ersten Stunde wissen, dass ich dem Unternehmen seit 2000/2001 die Treue halte und insgesamt viel Geld damit verdient habe. Damit ist es derzeit nach meiner Einschätzung erst einmal vorbei. Das Gewinnwachstum im aktuellen Jahr beträgt geschätzte 20 %, das für 2006/2007 geschätzte Gewinnwachstum 25 %. Und da wäre ich eher skeptisch.

Mit einem KGV von aktuell 27 ist eBay nicht billig. Das Umsatzwachstum dürfte in den nächsten Jahren bestenfalls 20 % betragen, nur das Wunderkind PayPal ist ein Hoffnungsträger. Wann und wie sich die Akquisition Skype – die ich prinzipiell als richtig ansehe – zu Geld machen lässt, ist auch noch offen.

Drei Entwicklungen dämpfen meinen Optimismus. Zum ersten hat sich eBay, um seine Wachstumsraten aufrechtzuerhalten, immer weiter vom Community-Gedanken entfernt. Statt einer Armee von über 100 Millionen begeisterter eBayer für sich einzusetzen und dem Auktionscharakter treu zu bleiben, wird das Unternehmen immer mehr zum normalen Online-Kaufhaus. Das mag kurzfristig die Umsätze beschleunigen, langfristig dürfte es der Stärke des Geschäftsmodells schaden. Zudem betreibt eBay mittlerweile zu viele unterschiedliche Auktionsplattformen, was der Klarheit und Einfachheit des Geschäftsmodells schadet.

Zum zweiten liefert eBay auch für Privatpersonen nicht mehr unbedingt die einzige Möglichkeit, E-Commerce zu betreiben. Unter den Auktionsplattformen ist eBay zwar unbestritten die Nummer eins. Aber mit Hilfe von Google-Anzeigen können sich auch kleine Internetshops etablieren, die früher vielleicht bei eBay geblieben wären.

Das Gewinnwachstum wird nach unserer Einschätzung für die nächsten Jahre bei 15 % bis 20 % liegen. Wir setzen den inneren Wert auf 23,52 Euro und die Königspunkte auf 65 herab. eBay bleibt ein sehr gutes Unternehmen, und wenn es unter 20 Euro zum Schnäppchen wird, nehmen wir es gerne wieder ins Portfolio auf.

Yahoo!

Yahoo! war die Internet-Turnaround-Geschichte der letzten Jahre. Von einem Internetportal wurde Yahoo! zum führenden Werbevermarkter, einem Anbieter von Internetservices und auch Breitbandzugängen. Der Rebound war möglich, weil das Internet erst in den letzten Jahren zu einem ernstzunehmenden Werbemedium geworden ist. Durch DSL und die Möglichkeit, Videoclips abzuspielen, wird das Medium auch für große Accounts, zum Beispiel für die Autobranche oder Sportartikler, interessant. Leider verliert das Internet damit auch immer mehr den ruhigen und wortbezogenen Charakter, den ich so sehr daran schätzte, und wird zu einem Bildmedium.

Yahoo! sitzt in den USA wie die Spinne im Netz. Allerdings – die Werbebranche ist sehr zyklisch. Damit schwanken auch Yahoos Gewinne. Gerade in den letzten Monaten haben die Großkunden aus dem Autobereich ihre Werbeausgaben eingeschränkt. Mit einem KGV von 50 ist das Unternehmen noch deutlich zu teuer.

Am 19.09.2006 kam das Unternehmen mit einer Umsatzwarnung heraus, danach brach die Aktie um 12 % ein. Die Erwartungen des Marktes waren einfach zu hoch gesteckt. Am 27.07.2006 hatte ich die Aktie noch gerade rechtzeitig zu 20,80 Euro aus dem Wachstumsportfolio verkauft. Für Yahoo! schätzen wir in den nächsten Jahren ein dauerhaftes Gewinnwachstum von 20 %. Den inneren Wert des Unternehmens reduzieren wir auf 19,80 Euro, die Königspunkte bleiben bei 56.

Google

Neuling Google hat die Branche aufgemischt und wächst derzeit noch beeindruckend schneller. Mit einem Marktwert von 120 Milliarden Dollar ist das Unternehmen teurer als seine beiden Konkurrenten zusammen (eBay 40 Milliarden, Yahoo! 35 Milliarden). Trotz des beeindruckenden geschätzten Gewinnwachstums von 30 % ist auch Google mit einem KGV von 40 zu teuer.

Bis vor Kurzem erschien Google unschlagbar. Nun tauchten mit dem in Konkurrenz zu eBays PayPal gestarteten Bezahlsystem Google Checkout erste Zweifel am Mythos der Unbesiegbarkeit auf. Wie eBay in seinen Spitzenjahren, geht auch Google etwas zu freizügig mit seinem vielen Geld um. Es ist unumgänglich, dass einige dieser Investments nicht aufgehen werden. In Summe kann aber kein Zweifel bestehen: Ein Internetgigant ist entstanden. Wir halten an unserer Einschätzung des inneren Wertes vom 21.04.2006 von 269,91 Euro fest. Die Königspunkte setzen wir auf 73 herab. (...)

5.4.5 Technologie – neue Value-Werte?

Ausgabe 01/2011 vom 07.01.2011

Seit zehn Jahren stagnieren die großen Technologietitel, zum Beispiel Intel, Microsoft oder Cisco. Dabei haben sich diese Unternehmen in den meisten Jahren sehr positiv entwickelt.

Alle drei Unternehmen sind jetzt also viel mehr wert als zum Höhepunkt der Technologieblase. Microsoft ist heute allerdings nur mit einem Drittel seines damaligen Wertes bewertet, Intel und Cisco sogar nur mit einem Fünftel. Von umgerechnet 80 Euro im Jahr 2000, als Cisco kurzfristig das wertvollste Unternehmen der Welt war, sank der Kurs auf jetzt 16 Euro. Die Unternehmen haben alle KGVs um die 10, eine gesunde Bilanz und weiteres Wachstumspotenzial. Sie sind zwar nicht Procter & Gamble oder Beiersdorf, aber sehr sicher. Sie dominieren ihre Märkte. Natürlich sind sie nicht mehr so dynamisch wie vor zehn Jahren – es sind ganz normale, solide Unternehmen mit einer moderaten Wachstumsfantasie.

Das gilt aber nicht für die Kursfantasie aufgrund der niedrigen Bewertung. Ich rechne bei allen mit mindestens 30 % bis 50 % Kurspotenzial, wenn sie normale KGVs von 13 bis 15 bekommen. Zudem wachsen die Unternehmen ja weiter.

Hier eröffnet sich ein interessanter Sektor. So einfach kann Value Investing sein!

5.4.6 Viel heiße Luft bei Facebook

Ausgabe 02/2011 vom 14.01.2011

(…) In den USA bahnt sich die nächste Blase an. Goldman Sachs hat für 500 Millionen Dollar ein Prozent an Facebook erworben, was den Wert des Unternehmens bei 50 Milliarden ansetzt. Facebook ist zwar mittlerweile ein gigantisches Netz, aber das privat gehaltene Unternehmen veröffentlicht keine Zahlen und kann diese Bewertung – wie damals die Dotcom-Unternehmen – nur aufgrund von viel Fantasie und heißer Luft rechtfertigen.

Aber Goldman initiiert schon das nächste Schneeballsystem. Die Investoren stehen Schlange, um einen Anteil an Facebook zu erwerben. Wenn Goldman dabei ist, wird sich später schon ein Dummer finden, dem man das Ganze noch teurer verkaufen kann, und sei es die Öffentlichkeit in einem Börsengang. Goldman ist diesbezüglich ein exzellenter Schneeballwerfer: Schon 1929 war man mit speziellen Unternehmen dabei. Es lässt sich argumentieren, dass Goldman auch die Kreditkrise von 2007 einleitete, als das Unternehmen das

Leverage in seinem gigantischen Global Alpha Hedge Fund herunterfuhr und Positionen glattstellte.

Als Value Investor sollten Sie eher auf die »alten« Tech-Giganten Intel, Microsoft, Hewlett-Packard und Cisco schauen. DAS sind heute die lohnenswerten Investments! Außerdem viele andere Bluechips: Total, Telefónica, Novartis, Sanofi-Aventis, E.ON und RWE. Wenn Sie Nestlé – meines Erachtens die beste Aktie der Welt – noch nicht haben, ergibt sich in der Zwischenkorrektur jetzt noch eine Einstiegsmöglichkeit.

5.4.7 Microsoft – ein hervorragendes Investment
Ausgabe 18/2011 vom 06.05.2011

Im Moment gibt es bei amerikanischen Bluechips wie Microsoft, Cisco und Intel sehr schöne Schnäppchen. Und es ist wie immer wichtig, die Stimmung von den Fakten und die Konjunkturlage von der Unternehmensanalyse zu trennen.

Der Hype um Google, Facebook, Apple & Co. könnte dazu verführen, in Microsoft ein Unternehmen auf dem absteigenden Ast zu sehen. Das ist nicht der Fall. Der Marktanteil bei Betriebssystemen liegt seit Jahren stabil oberhalb von 85 %. Wenn es jemals ein Monopol gab, dann ist Microsoft eines. Firmen und Unternehmen werden auch nicht ihre Netze wechseln, nur weil eine neue Technik besser oder billiger ist, denn die Kosten der Umstellung sind enorm.

Microsoft ist sicher kein sehr dynamisches Wachstumsunternehmen, aber selbst Microsoft wächst weiter: Der Umsatz wuchs in den letzten Jahren um gut 50 %, die Gewinne um 30 %. Microsoft hat eine Marktkapitalisierung von 220 Milliarden Dollar. Die Bilanz weist kaum Schulden, dafür aber Liquidität von 50 Milliarden Dollar auf. Vor etlichen Jahren hatte Microsoft schon einmal so viel Liquidität aufgehäuft und dann eine 10%ige Sonderdividende ausgeschüttet. Das Unternehmen ist eine Cashmaschine!

Um die 50 Milliarden Cash bereinigt, beträgt der Marktwert 170 Milliarden Dollar. Der Jahresgewinn (netto!) liegt bei 20 Milliarden. Das macht ein KGV von 8,5! Microsoft wird bewertet wie ein sterbendes Unternehmen.

Sicher kann das Geschäft irgendwann zurückgehen. Derzeit ist davon noch nichts zu bemerken. Die Gewinne sprudeln, und sie wachsen sogar.

Bei solchen Gelegenheiten ist mir dann die allgemeine Konjunkturlage ziemlich egal.

5.5 Andere Aktien

An Rohstoffaktien scheiden sich die Geister. Während viele Privatanleger unbedingt Rohstoff- und Ölaktien haben wollen, werden diese von einigen Value Investoren regelrecht gemieden. Das liegt daran, dass Rohstofftitel schwieriger zu bewerten sind, als Sie vielleicht denken.

Die gebräuchliche Argumentation »Rohstoffe werden immer knapper, also sind Rohstoffaktien ein Muss« ist in dieser Form schlichtweg falsch! Denn auch für die Rohstoffkonzerne werden die Rohstoffe immer knapper. Es kommt also darauf an, welche Reserven ein Konzern hat und was dieser Konzern hinlegen muss, um neue Reserven zu entdecken und auszubeuten.

Unfähige Manager gibt es viel häufiger, als Sie denken! Denn Manager sind keine Unternehmer. Es sind oftmals Spitzenbürokraten, die sich gemäß den Regeln ihres Unternehmens nach oben gearbeitet haben. Da kommt Wertschöpfung selten vor, obwohl viel darüber geredet wird und geradezu einer der unfähigsten Manager der letzten Jahre, Jürgen Schrempp, das Wort ständig im Mund führte (siehe 5.5.4 DaimlerChrysler und Shareholder Value vom 08.04.2005). Aber Schrempp ist nun wirklich kein Einzelfall sondern nur ein extremes Beispiel für den Normalfall. Ron Sommer bei der Telekom, Michael

Frenzel bei der TUI und viele andere mehr haben sich königlich dafür vergüten lassen, dass sie Wert vernichtet haben. Bei eigentümergeführten Unternehmen ist das zum Glück oft etwas anders – so steht auch die Entwicklung der VW-Aktie in deutlichem Kontrast zur Daimler-Aktie.

Mit der Salzgitter AG hatten wir vor vielen Jahren bereits Geld verdient. Ich lernte den damaligen Finanzvorstand Heinz Jörg Fuhrmann 2002 auf einer Veranstaltung der NordLB kennen, auf der wir beide sprachen. Die Salzgitter-Aktie war im Keller. Bei etwa 12 Euro stiegen wir 2004 wieder ein und verabschiedeten uns nach 200 % Gewinn im folgenden Jahr bei etwa 36 Euro. Hätten wir doch ein Weilchen gehalten! Die Aktie stieg noch auf mehr als 150 Euro. In den Jahren 2007 und 2008 wurde ich viel auf die Salzgitter-Aktie angesprochen. Da war es natürlich schon etwas spät. Mittlerweile sind wir wieder engagiert. Wir denken, dass die Aktie einen fairen Wert von 60 bis 70 Euro hat. Bis sie diese Marke erreicht, können aber noch knüppelharte Zeiten in der Stahlbranche kommen. Dennoch sind wir jetzt schon antizyklisch »drin«. An der Börse wird eben nicht geklingelt.

Pharmatitel haben wir seit 2004 verstärkt empfohlen. Es stimmt, dass die Investoren, die uns gefolgt sind, viel Geduld haben mussten. Titel wie Novartis und Sanofi-Aventis gingen erst ab 2011 richtig ab. 2009 gab es dann im Zuge der allgemeinen Börsenschwäche noch einmal einen massiven Einbruch. Doch das grundlegende Geschäftsmodell dieser Unternehmen war gut, und man wurde mit vier oder fünf Prozent Dividende für das Warten belohnt. Genau das gefällt Value Investoren gut: bei sicheren Geschäftsmodellen für das Warten bezahlt zu werden. Aber genau das können Privatanleger oft nicht, weil es ihnen in den Fingern juckt und sie glauben, etwas tun zu müssen.

Besser als Festgeld schrieb ich vor sieben Jahren über die Coca-Cola-Aktie (siehe 5.5.8. vom 16.12.2006). Andere Aktien sind jedoch auf einen Bruchteil ihres Wertes geschrumpft oder ganz vom Kurszettel verschwunden. Sie müssen also schon etwas Gehirnschmalz auf die richtige Titelauswahl verwenden.

5.5.1 Ölwerte weiterhin attraktiv
Ausgabe 08/2005 vom 25.02.2005

In den letzten Tagen ist der Ölpreis in Amerika auf ein Vier-Monats-Hoch gestiegen. Das Barrel Öl kostete zwischenzeitlich mehr als 52 Dollar. Seit gut einem Jahr rate ich, verstärkt in Energiewerte zu investieren. Sollte die Inflation tatsächlich eines Tages wieder zunehmen – ich sehe derzeit allerdings noch keine Anzeichen – wäre das eine hervorragende Absicherung.

Zwar hört man allenthalben, dass die hohen Preise eigentlich gar kein Problem der Reserven seien, sondern dass lediglich die Förder- und Transportinfrastruktur in den letzten 20 Jahren vernachlässigt worden sind. Viele Analysten hatten nach den Hochs im letzten Sommer auf eine starke Abkühlung der Preise gesetzt. Ich war mir da nicht so sicher und habe meine Ölengagements im Wachstumsportfolio bis auf eine Position alle behalten. Damit habe ich richtig gelegen.

Der Aufbau von Förder-, Verarbeitungs- und Transportkapazitäten kann viele Jahre dauern. Und in fünf bis sechs Jahren könnte das Öl wirklich langsam knapp werden. In dieser Woche zogen die Aktien von ExxonMobil, dem derzeit gewinnstärksten Unternehmen der Welt, deutlich an. ExxonMobil überholte damit General Electric als wertvollstes Unternehmen der Welt. Auch die kleineren integrierten US-Konzerne wie ConocoPhilips und Chevron Texaco sowie die von uns analysierten Explorationsunternehmen halten wir weiterhin für interessant. Allerdings sollten Sie ein Ölengagement langfristig sehen und Ihre Positionen langfristig aufbauen. Ein zwischenzeitlicher Rückgang der Kurse ist nun durchaus möglich.

In Deutschland geht derweil die Binnennachfrage zurück. Das Bruttoinlandsprodukt ist im vierten Quartal um 0,2 % zum Vorquartal gefallen, teilte das Statistische Bundesamt am Dienstag in Wiesbaden mit. Die weiterhin gute Exportkonjunktur kann das Fehlen von Kaufinteresse bei den Privathaushalten nicht ausgleichen. Immer mehr Geld fließt auf das Sparkonto: Geiz ist weiterhin geil. Die Anzahl der Aktienbesitzer in Deutschland ist seit ihrem Höhepunkt im Sommer 2001 um gut zwei Millionen gefallen.

Stattdessen fließt Geld in Anleihen, was bei den derzeitigen niedrigen Zinssätzen eigentlich Unsinn ist. In Summe können die Anleihenbesitzer bei einem Zinsanstieg oder im Falle von Inflation nur verlieren. Und der Zinsanstieg muss irgendwann kommen. Aktienbesitzer sind gegen beide Entwicklungen besser gewappnet. Deswegen: Es ist richtig, in diesem Markt Liquidität zu halten. Es ist falsch, zu viel Liquidität zu haben.

Als vor einigen Wochen eine Zwischenkorrektur einsetzte, erreichten mich Leseranfragen, ob man gegen den Euro spekulieren solle. Auch beim Euro hat sich meine Meinung bewahrheitet: Er muss weiter steigen, der Dollar muss fallen. Ich habe natürlich abgeraten. Am Dienstag kletterte der Euro nun auf 1,32 Dollar, dem höchsten Stand seit fünf Wochen. Wir überlegen, im Wachstumsportfolio noch eine Dollarposition abzubauen.

Nach vier enttäuschenden Jahren gab es in der letzten Woche in der Pharmabranche deutliche Lichtblicke. Es stimmt: Die Branche ist weiter im Umbruch. Es stimmt aber auch, dass es sich nach wie vor um einen Zukunftsmarkt handelt. Die Bewertungen in dem ganzen Sektor sind mittlerweile so attraktiv, dass langfristig orientierte Privatanleger mit einem Pharmaengagement nicht viel falsch machen können. Auch unsere Position Merck & Co, die kurz nach dem Kauf ins Minus gerutscht war, hat sich bereits gut erholt.

5.5.2 Warum ich BP-Aktien kaufe und keine Probleme damit habe
Ausgabe 24/2010 vom 18.06.2010

In den vergangenen Tagen habe ich massiv BP-Aktien gekauft. Mein durchschnittlicher Einstiegskurs liegt nun bei 4,69 Euro. Der aktuelle Kurs liegt 12 % darunter. Dennoch schlafe ich ruhig. Weder meldet sich mein Gewissen noch habe ich größere Angst, dass ich mein Geld nicht wiedersehe.

Zunächst einmal zu meinem Gewissen: Ich sage nicht, dass es richtig war, was BP getan oder unterlassen hat. Nein, es war schrecklich. BP hat rücksichtslos Profitinteressen auf Kosten der Sicherheit verfolgt. Nur – das tun mehr oder weniger alle großen Ölfirmen. (Und ich habe das auch schon so gesagt, bevor es bei einem Vergleich der Notfallpläne am Dienstag im Kongress bekannt wurde.) BP mag ein wenig schlechter sein als die anderen, aber die anderen sündigen auch massiv.

Die maximalen Schätzungen gehen davon aus, dass das Leck insgesamt bislang vielleicht zwei bis drei Millionen Barrel Öl verströmt hat. Die USA alleine verbrauchen 19 Millionen Barrel pro Tag. Es ist nicht verwunderlich, dass dieser Unfall passiert ist, sondern dass nicht mehr Unfälle passieren, solange wir unseren Ölhunger mit Bohrungen unter 150 Atmosphären in der Tiefsee stillen.

Ein Boykott von BP ändert gar nichts. Er beruhigt nur das Gewissen desjenigen, der boykottiert, und die anderen machen weiter wie bisher. Hier hat die Politik, das politische System insgesamt, versagt. Regierungen und Politiker sind zu einem Spielball der Konzerne geworden, effektive Aufsicht gibt es im Ölsektor (und auch im Bankensektor) anscheinend nicht mehr.

Unternehmen sind nicht moralisch. Menschen sind es. Unternehmen sollen Gewinne machen und die Gesetze einhalten. Wenn wir die Standards verbessern wollen, müssen wir etwas am politischen System ändern: bessere Aufsichtsbehörden und bessere Gesetze schaffen, dafür sorgen, dass die Gesetze eingehalten werden und dass die Politiker nicht mehr Marionetten der Konzerne sind. (In der Bankbranche scheint das leider wieder nicht zu gelingen). Und wenn wir unmoralische Praktiken durch Boykott ändern wollen, dann müssen wir ganz aufs Öl verzichten. Wer BP boykottiert und weiter Auto fährt, der heuchelt.

Die größte Heuchelei ist Corporate Social Responsibility. Auf der Internetseite des Frankfurter Flughafens sehe ich zum Beispiel Wälder und Wiesen. Wie krank ist das?

Ich schlafe aber auch als Geschäftsmann ruhig. Zunächst wurde der Schaden auf eine Milliarde geschätzt, dann sollte BP 7 Milliarden Dollar in einem Entschädigungsfonds zurückstellen, jetzt sind es 20 Milliarden Dollar. Das ist ein Jahresgewinn. BP hat 240 Milliarden Dollar in Vermögensgegenständen, darunter 70 Milliarden liquide Mittel, beschäftigt mehr als 80.000 Menschen und hat mehr als 50 Explorations- und Förderstellen auf der ganzen Welt. BP gibt jedes Jahr 20 Milliarden Dollar für Forschung, Entwicklung und Exploration aus.

Die Wahrscheinlichkeit, dass BP durch diesen Schaden in die Insolvenz geht, schätze ich auf weniger als 2 %.

Und aus diesem Grund kaufe ich BP-Aktien.

5.5.3 DaimlerChrysler und Shareholder Value

Ausgabe 14/2005 vom 08.04.2005

Im Frühjahr 2002 hielt ich einen Vortrag vor Anlegern in Stuttgart. Nach der Aktie von DaimlerChrysler gefragt, konnte ich mir folgenden Kommentar nicht verkneifen: »Da schaffen viele fleißige Menschen. Auch das gegenwärtige Management wird das Unternehmen nicht zerstören können.« Mittlerweile bin ich mir nicht so sicher – nicht in Bezug auf die fleißigen Menschen, sondern in Bezug auf das Management.

Die Hauptversammlung bei DaimlerChysler diese Woche war wie gewohnt turbulent. Hatten in den 80er- und 90er-Jahren noch die kritischen Auftritte meines Kollegen Ekkehard Wenger von der Universität Würzburg für Furore gesorgt – Wenger wurde auch schon mal bei Überschreiten der Redezeit aus dem Saal getragen –, so reicht mittlerweile der bloße Ärger der Kleinaktionäre, um Spannung zu garantieren.

Der größte deutsche Industriekonzern hat eine lange Tradition der Wertvernichtung. Daimler hat schon immer das gute Geld, das im Automobilgeschäft verdient wurde, in große Projekte gesteckt, aus denen dann nichts wurde. Sie erinnern sich vielleicht noch an Edzard Reuters Vision des großen integrierten Technologiekonzerns, die bei Schrempps Amtsantritt als Vorsitzender des Vorstands mit sehr hohen Sonderabschreibungen begraben werden musste.

Mittlerweile ist klar, dass der einst gefeierte Reuter-Nachfolger Schrempp ein mindestens ebenso großer Wertvernichter ist. Auf der Hauptversammlung wurde er diese Woche scharf kritisiert; einzelne Aktionäre und Aktionärsvertreter forderten sogar seinen Rücktritt.

Zunächst sah Schrempps Vision vernünftig aus. Statt eines Gemischtwarenladens sollte die »Welt AG« auf der gesamten Welt Automobile produzieren. Schrempp ließ sich sogar als »Mr. Shareholder Value« feiern. 1998 wurde der Chrysler-Deal eingefädelt, der Daimler bis heute hohe Verluste einbrachte. Chrysler war nämlich als gut geschmückter Sanierungsfall genau zum richtigen Zeitpunkt an die Daimler-Benz AG verkauft worden. Auch der Einstieg bei Mitsubishi in Japan erwies sich als Flop. Letztes Jahr entschied Daimler, kein weiteres Geld nachzuschießen.

Mercedes, einst die geachtetste Automarke der Welt, hat mittlerweile mit erheblichen Qualitätsmängeln zu kämpfen. In der vergangenen Woche wurden 1,3 Millionen Autos in die Werkstätten zurückgeholt – die größte Rückrufaktion der Konzerngeschichte. Auch smart ist weiter defizitär; die Sanierung soll bis zu 1,2 Milliarden Euro kosten.

Da hilft es auch nicht, dass diese Woche ein US-Gericht im sogenannten Kerkorian-Prozess in allen Punkten für Daimler entschied. Schrempp hatte in einem unbedachten Moment geäußert, dass die

Fusion mit Chrysler von Anfang nicht wirklich als Fusion unter Gleichen geplant gewesen sei. US-Aktionäre hatten daraufhin auf hohen Schadenersatz geklagt.

Schrempp räumte Probleme ein, sagte aber, dass die Bilanz gesund sei. Zudem werde 2006 das Kostensenkungsprogramm CORE wirksam werden. (Wie man bei Qualitätsproblemen bei der Nobelmarke zuerst an eine Kostenoffensive denken kann, ist mir allerdings ein Rätsel.) Der Gewinn wird insgesamt für 2005 aufgrund der Sanierungskosten zurückgehen. Value hat Schrempp vor allem für sich und seine obersten Führungskräfte geschaffen. Seit der Fusion mit Chrysler hat sich sein Gehalt schätzungsweise verzehnfacht.

Erstaunlicherweise konnte sich Schrempp bis heute halten. Die Erklärung ist einfach: Als Vorstandsvorsitzender von Daimler ist er nicht zuerst Vertreter seiner Aktionäre, sondern muss sich mit seinen wenigen Großaktionären (insbesondere der Deutschen Bank) und den Gewerkschaften gutstehen. Erfolge als Unternehmenslenker sind da sekundär: Schrempp ist vor allem Politiker und Schauspieler.

Eines der scheinbar einfachsten Anlagekriterien ist tatsächlich eines der schwierigsten: »Wird das Unternehmen von ehrlichen und kompetenten Managern geleitet, die vor allem das Wohl der Aktionäre und des Unternehmens im Sinn haben?« Warren Buffett stellt sich diese Frage immer zuerst, und er ist gut damit gefahren.

Bei Gericht heißt es: »Im Zweifel für den Angeklagten.« Beim Investieren muss es heißen: »Käufer, hab Acht.« Diesen Grundsatz habe ich bei Daimler missachtet. Als Schrempp das Ruder bei Daimler übernahm, hatte ich Hoffnungen, dass er die Fehler seines Vorgängers nicht wiederholen würde. Es kam aber alles noch viel schlimmer.

Jürgen Schrempp nehme ich den »Mr. Shareholder Value« schon lange nicht mehr ab, und Daimler ist schon lange von meiner Empfehlungsliste verschwunden. (…)

5.5.4 Die Aktie, die keiner hatte
Ausgabe 39/2005 vom 30.09.2005

Vor ungefähr einem Jahr tauchte auf den Radarschirmen verschiedener Investmenthäuser eine bekannte deutsche Aktie auf, die in den letzten Jahren zunehmend in Ungnade gefallen war. Dies hing sicherlich damit zusammen, dass das Management keinesfalls Glanzleistungen vollbracht hatte. (…) Im Herbst letzten Jahres hätten Sie diese Aktie zur Hälfte des Buchwerts erhalten können. Das heißt, das reale Vermögen des Unternehmens war doppelt so viel wert wie der Marktwert aller Aktien des Unternehmens.

Noch vor einigen Monaten sprach ich mit einem sehr vermögenden Investor, der mir erläuterte, warum einige Analysten das Unternehmen so mögen. Vor Tagen traf ich ihn wieder und beglückwünschte ihn zu seiner Kaufentscheidung. Seine Antwort war: »Ich hatte die Aktie auch nicht!« Auch weitere Investoren, mit denen ich gesprochen habe, hatten die Aktie nicht im Portfolio.

Dem Unternehmen geht es schon länger nicht besonders gut; die Überkapazitäten sind groß, der Wettbewerb ist intensiv. In diesem Jahr kamen zudem etliche Skandale auf. Dennoch ist die Aktie um 60 % gestiegen und hat den DAX damit um das Doppelte outperformt. Es handelt sich um die Volkswagen AG.

Mit der Königsanalyse suche ich vor allem Unternehmen, die ihre Erträge kontinuierlich steigern können. Diese Unternehmen werden vom Markt meist deutlich über dem Buchwert (Substanzwert) bewertet. Maßstab ist die Summe der jetzigen und in der Zukunft erwarteten Erträge. Solche Unternehmen eignen sich besonders für den langfristigen Vermögensaufbau, und normalerweise ist die Langfristperformance dieser Aktien deutlich überdurchschnittlich. Es kann aber auch Sinn machen, Unternehmen zu kaufen, die unter ihrem Buchwert notieren. In der 1- bis 2-Jahres-Betrachtung weisen auch solche Unternehmen im Durchschnitt eine deutliche Überrendite auf. Wenn sich die Unterbewertung dann korrigiert hat, sollte man diese Unternehmen wieder verkaufen, da Aktienkurse und Gewinne stärker schwanken.

Mit Empfehlungen von Aktien, die an ihrer Substanz gemessen unterbewertet sind, halte ich mich also zurück. Gelegentlich spreche ich aber auch eine solche Empfehlung aus. Das letzte Mal empfahl ich eine derart unterbewertete Aktie vor genau einem Jahr am 29.09.2004. In einem Jahr ist der Kurs um satte 357 % gestiegen. Es handelt sich um die Salzgitter AG. »Warum machen Sie das nicht öfters?«, höre ich Sie schon im Geiste fragen. Nun sind solch spektakuläre Erfolge natürlich selten. Bei der Salzgitter AG kannte ich zudem das Management und war davon absolut überzeugt, was ich zum Beispiel bei Volkswagen nicht sagen kann.

Den Grund für die jüngsten Kurssteigerungen kennen wir ja nun: Die Porsche AG hat sich mit 20 % am Stammkapital von VW beteiligt. VW sei ein bedeutender Lieferant für bis zu 30 % des Absatzvolumens für Porsche. Warum man sich mit dieser Begründung an einem mittelmäßigen Zulieferer, der in Schwierigkeiten steckt, beteiligen will, erschließt sich mir nicht.

Viel wahrscheinlicher scheint mir, dass Noch-VW-Aufsichtsrat und Ex-Vorstandsvorsitzender Ferdinand Piëch, der dem Porsche-Clan entstammt und der einen großen Anteil der Porsche-Stammaktien hält, die Unternehmen wieder enger aneinander binden wollte. Hier scheint mir Besitzdenken viel wahrscheinlicher als nüchterne betriebswirtschaftliche Kalkulation.

Der VW-Kurs kann zwar ohne Weiteres noch um weitere 20, 30 oder 40 % steigen; das große Spiel dürfte aber gelaufen sein. Ich kann nur davon abraten, noch auf den fahrenden Zug aufzuspringen. Die Sicherheitsmarge für ein Investment ist mittlerweile zu gering. Es scheint mir eher so, dass nun in der deutschen Autobranche – eine der letzten, in der wir noch weltweit konkurrenzfähig sind – das Endspiel beginnt. Porsche kann man trotz des VW-Engagements noch halten, sollte aber das Investment jährlich überdenken. BMW steigert derzeit – von der Börse weitgehend unbeachtet – Umsatz und Gewinne.

Und Daimler ist – wie auch VW – eine große Baustelle. Es würde mich wundern, wenn von unseren vier Herstellern mehr als zwei übrig bleiben.

5.5.5 GlaxoSmithKline und Sanofi-Aventis
Ausgabe 12/2008 vom 22.03.2008

Ich empfehle die Aktien von GlaxoSmithKline und Sanofi-Aventis zum Kauf, und das schon seit zwei Jahren. Als ich sie einem Anleger vorschlug, erhielt ich die folgende Mail:

Sehr geehrter Herr Prof. Dr. Otte,

vielen Dank für Ihre Vorschläge. Sanofi und GlaxoSmith habe ich auf meiner ‚innerlichen schwarzen Liste', das heißt, mit diesen Werten war ich hinsichtlich ihrer Entwicklung überhaupt nicht zufrieden. Sanofi habe ich 700 Stück um 73,30 und 500 Stück um 58,99 gekauft. Diese Einstandswerte habe ich nie wieder in der Entwicklung gesehen, es ging nur bergab, das Gleiche trifft auf GlaxoSmithKline zu, die ich schon im Mai gekauft habe und die diesen Wert nie mehr erreicht haben. Und die beiden Werte habe ich schon seit eineinhalb Jahren im Depot.

Die gleiche zähe Angelegenheit ist BMW, trotz laufender Rekordergebnisse ist die Kursentwicklung sehr flach, sie sind zwar billig, aber die Kursentwicklung lässt doch zu wünschen übrig. Obwohl VW demgegenüber viel teurer ist, doch tut sich in der Kursentwicklung einiges.

Ich habe mehr an Rohstoffe gedacht, wie Rio Tinto oder BHP Billiton, die zwar sehr teuer sind, aber doch Zukunft haben aufgrund des »Hungers« von China.

Mit freundlichen Grüßen

Dr. KR

Es ist wahr – die Pharmabranche hat Gegenwind. Die in der Vergangenheit erfolgsverwöhnte Branche muss mit Herausforderungen kämpfen. Seit Jahren fallen die Kurse. GlaxoSmithKline bekommen Sie heute zum Beispiel für 40 % weniger als vor 10 Jahren. Mittlerweile liegt die Aktie bei einem KGV von elf und einer Dividendenrendite von 5,2 %.

Dabei ist die Pharmabranche, trotz aller Herausforderungen, eine äußerst attraktive, nichtzyklische Branche (was man von Rohstoffen, Öl oder Stahl nicht sagen kann). Es sind Aktien mit stabilen Geschäftsmodellen, in die auch Buffett investieren würde. Tatsächlich hat Buffett im letzten Quartal des letzten Jahres in diese beiden Titel investiert, zu Kursen die um 15 bis 25 % über den jetzigen Kursen lagen!

Wenn Sie jetzt die Glaxo-Aktie kaufen und das Unternehmen, konservativ gesehen, auch nur mit 5 % wächst, haben Sie in 10 Jahren eine Dividende, die um 62 % höher ist als heute. Oder anders herum: Sie erhalten dann auf Ihren Kaufpreis von heute eine Dividende von 8,1 %. In 15 Jahren sind es schon 10,4 %.

Ein solches Investment, zum heutigen Kurs gekauft, können Sie wirklich für immer halten.

5.5.6 Juckt es schon wieder in den Fingern?
Ausgabe 31/2009 vom 31.07.2009

Oder glauben Sie vielleicht, dass Sie in den letzten Monaten etwas verpasst haben und wollen noch schnell einsteigen?

Beide Gedanken sind vollkommen verständlich, aber unproduktiv. Aktien kauft man, wenn sie sicher und billig sind. Aber: »Billig«

heißt »fundamental billig«. Es kann sein, dass die verrückten Märkte die Kurse noch viel weiter nach unten treiben. Ich dachte bereits im März 2008, dass viele Aktien sehr billig seien, und habe das an dieser Stelle auch geschrieben.

Am Montag schon kann die Zwischenkorrektur kommen – oder auch nicht. Wir wissen es nicht. Was ich aber weiß – und ich habe dies bereits letzte Woche geschrieben –, ist, dass viele Aktien immer noch billig sind.

Nehmen wir zum Beispiel die Henkel-Stammaktien, derzeit einer meiner Favoriten. Henkel hat in den vergangenen elf Jahren durchschnittlich 3,40 Euro Gewinn je Stammaktie und Jahr gemacht. In einigen Jahren waren es mehr als 5 Euro, in anderen weniger als 2.

Aber wenn wir diese durchschnittlichen Gewinne nehmen und mit einem KGV von 14 versehen, dann wäre die Henkel-Stammaktie 47,60 Euro wert und nicht die 21,70 Euro, die jetzt am Markt bezahlt werden. Das macht satte 120 % Kurspotenzial!

Weiter wissen wir, dass Henkel Produkte des täglichen Bedarfs herstellt, die auch in einigen Jahren noch gebraucht werden, dass der Konzern global tätig ist (also auch in den Entwicklungsländern) und dass eine stabile Eigentümerfamilie dahinter steht. Mehr müssen Sie nicht wissen!

Sicherlich wird Henkel wieder auf die durchschnittlichen Gewinne der letzten 10 Jahre kommen, denn der Konzern ist zwischenzeitlich ja weiter gewachsen. Und dann ist die Aktie irgendwann knappe 50 Euro wert.

Solange es solch billige Unternehmen gibt, können Sie ruhig noch kaufen!

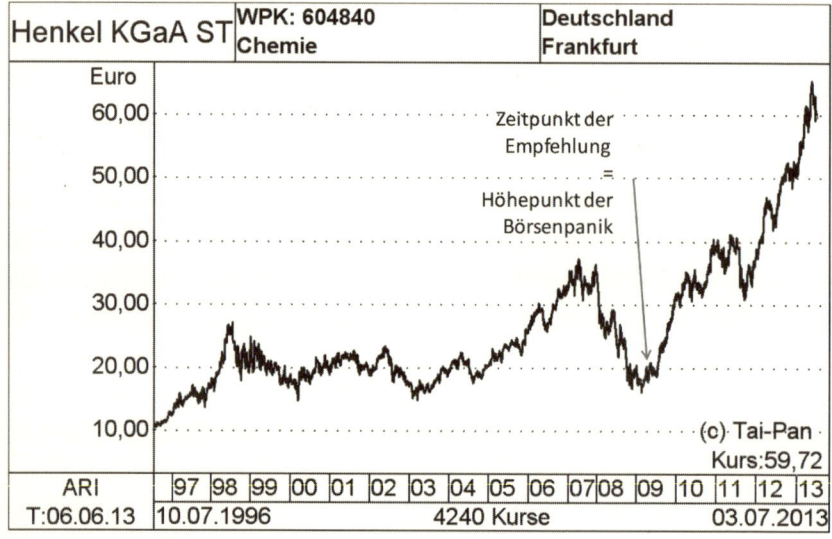

| Henkel KGaA ST | WPK: 604840
Chemie | Deutschland
Frankfurt |

Abb. 13: Henkel

5.5.7 Coca-Cola: Besser als Festgeld
Ausgabe 50/2006 vom 16.12.2006

Aktien können besser als Festgeld sein. In den letzten 70 Jahren waren Sie zwar bei Festgeld immer flexibel, hatten aber auch die unausweichliche Garantie eines schleichenden Wertverlustes in Form der Inflation, mal mehr, mal weniger. Wenn Sie jetzt Aktien der Coca-Cola Co. kaufen, werden Sie aller Wahrscheinlichkeit nach besser und sicherer als mit Festgeld fahren.

Zwar notieren die Aktien schon wieder 20 % über ihrem Tief vom Ende des Jahres 2004; sie sind aber so billig wie zuletzt 1996. Das alleine ist noch kein Grund, die Aktie zu kaufen. Das Qualitätsunternehmen Coca-Cola hat ein stolzes KGV von 20 und wies in den letzten Jahren nur ein Gewinnwachstum von vielleicht 5 % p. a. auf. Im Sommer kaufte der bekannte Investmentbanker und Milliardär Herbert Allen eine größere Position der Aktien des Unternehmens zu 41 Dollar. Seitdem sind die Aktien schon um 20 %

gestiegen. Warum also sollte die Aktie von Coca-Cola immer noch ein gutes Investment sein?

Bei meinen Überlegungen stütze ich mich auf eine Formel von Professor Bruce Greenwald, Direktor des Zentrums für Graham and Dodd Investing an der Columbia University. Diese Formel erläutere ich auch in meinem Buch *Deutsche Superinvestoren aus Graham- und Doddsville*, das im Januar im FinanzBuch Verlag erscheint. Die Gewinnrendite (= Gewinn je Aktie/Kurs) für Coca-Cola beträgt 5 %. Die Größe sagt aus, was der Aktionär als Gewinn für seinen Aktienkauf erwarten kann. Die Gewinnrendite ist allerdings nicht die Ausschüttung, denn ein Teil der Gewinne bleibt im Unternehmen, nur ein Teil wird als Dividenden ausgeschüttet.

Greenwalds Formel besagt nun, dass die erwartete Rendite aus der Aktie gleich der Dividendenrendite (Ausschüttungskomponente) zuzüglich des organischen Wachstums (also Wachstum, ohne dass Investments nötig wären) zuzüglich des Wachstums durch Reinvestitionen ist.

Im Falle von Coca-Cola ist dies recht einfach: Die Dividendenrendite beträgt 2,5 %, denn die Hälfte der Gewinnrendite von 5 % wird ausgeschüttet. Das organische Wachstum könnte etwa 4 % betragen, wenn man annimmt, dass das Unternehmen in etwa so wächst wie das Welt-Bruttosozialprodukt. Das erscheint sehr plausibel. Am schwierigsten ist die Reinvestitionskomponente: 2,5 % Rendite werden einbehalten. Wenn man nur annimmt, dass das Unternehmen hier dieselbe Rendite erzielt wie der Aktienmarkt, kann ich noch einmal 2,5 % zur Rendite addieren. Damit betrüge die erwartete Rendite für Coca-Cola 2,5 % + 4 % + 2,5 % = 9 %, was in etwa der Rendite des Gesamtmarktes entspricht.

Setzt Coca-Cola sein einbehaltenes Kapital effizienter ein, könnte die Renditeerwartung auch 10 bis 12 % betragen. Das ist deutlich besser als Festgeld.

Zudem ist die Aktie von Coca-Cola auch sicherer als Festgeld, wenn Sie etwas Zeit mitbringen. Ja, die Kurse der Aktie können schwanken. Aber der braune Saft wird auf der ganzen Welt getrunken. In fast allen Nationen ist das Unternehmen präsent. Die Marke ist die bekannteste Marke der Welt. Glauben Sie tatsächlich, dass der Euro oder der Yen so stabil und dauerhaft sind wie die Nachfrage für Coca-Cola?

Zum jetzigen Kurs ist Warren Buffetts Lieblingsinvestment trotz des stolzen KGVs von 20 eine Aktie, die Sie wirklich Ihren Kindern und Enkelkindern vererben können.

5.5.8 Was ist eigentlich aus XYZ geworden?
Ausgabe 27/2011 vom 08.07.2011

Kennen Sie die Rubrik »Was ist eigentlich aus XYZ geworden?« in manchen Zeitschriften? Oder: »Was macht eigentlich B?« Ich lese das eigentlich immer ganz gerne. Das kann man aber auch für Aktien fragen. Was ist eigentlich aus Intershop geworden, das eine Zeit lang alle Wirtschaftsmagazine schmückte? (Lebt noch, aber sehr bescheiden). Gigabell? Verstorben. Und so weiter und so fort …

Aufschlussreich ist die Liste der zehn Unternehmen, mit denen man das Jahrzehnt überdauern kann, die die sehr angesehene amerikanische Zeitschrift *Fortune* im August 2000 veröffentlichte. (Im März des Jahres begann die Luft aus der Technologieblase zu entweichen.)

Die Liste enthielt Nokia, Nortel, Oracle, Broadcom, Enron, Viacom, Univision, Charles Schwab, Morgan Stanley und Genentech. Das ist kein Witz. Es finden sich in diesem auf Dauerhaftigkeit angelegten Portfolio vor allem Technologiewerte – und das nahe dem Höhepunkt der Technologieblase. Solide Markenartikel- und Konsumgüterunternehmen fehlen fast völlig. Etliche der aufgeführten Titel haben nicht überlebt.

Es kommt noch besser: Die angegebenen Titel hatten zum Zeitpunkt der Empfehlung durch *Fortune* ein durchschnittliches Kurs-Gewinn-Verhältnis von 341 (!). Ich wiederhole: Dreihunderteinundvierzig. Im Durchschnitt haben die Titel dann während des Jahrzehnts auch rund 70 % verloren.

Dabei ist *Fortune* kein Zockerbrief, sondern die angesehenste Wirtschaftszeitschrift des Landes. Vertrauen Sie also niemals Wirtschaftsjournalisten, auch nicht angesehenen. Die rennen prozyklisch dem Trend hinterher.

Als Anleger müssen Sie sich gegen den Trend stellen. Das ist verdammt schwierig. Viele schaffen es nicht. Wenn Sie E.ON oder RWE im Portfolio haben, werden Sie sich vielleicht ärgern und eine starke Versuchung verspüren, diese Titel zu verkaufen. Tun Sie es nicht! Diese Titel sind solide und dazu superbillig. Oder Mediaset.

Sie müssen auch in Bereichen suchen, wo sonst wenige Leute schauen. Heutzutage zum Beispiel in den europäischen Randstaaten. Vermeiden Sie »Rohstoffe«, »China«, »Emerging Markets« und »alternative Energien«. Das schauen sich viel zu viele an. Suchen Sie bei »Versorgern«, »europäischen Randstaaten« und »Japan«. DAS sind billige Märkte. Wenn Sie zum Beispiel Energias de Portugal, Telecom Italia oder Telefónica kaufen, steigen Sie sehr billig ein. Das ist eine gute Voraussetzung.

Denken Sie daran: Dauerhaft kein Geld zu verlieren, ist erste Anlegerpflicht.

6 ANDERE ANLAGEKLASSEN – GOLD, IMMOBILIEN, ANLEIHEN

Einleitung

Auch die überzeugtesten Value Investoren sollten nicht alles auf eine Karte – Aktien – setzen, sondern ihr Vermögen streuen. Nun ja, die überzeugtesten und besten Value Investoren können dies wohl tun. Warren Buffett hat zum Beispiel fast sein ganzes Vermögen in Aktien. Aber für uns Normalsterbliche ist etwas Diversifikation schon ganz gut.

So entdeckte ich in den Jahren 2005 und 2006 die **Edelmetalle** als Anlageklasse. Edelmetalle produzieren zwar kein Einkommen und haben damit nicht den Charakter eines »Investments« im engeren Sinne. Deswegen gibt es auch bei Value Investoren zwei Lager: Viele lehnen Edelmetalle als Anlageklasse ab, andere lassen sie in Grenzen gelten. Dazu gehört auch der von mir sehr geschätzte Jean-Marie Eveillard von First Eagle Funds. Warren Buffett gibt sich als Gegner der Edelmetallanlage. Er sagt sogar, dass er keinen Vermögensgegenstand kennt, bei dem man so viel Kosten darauf verwendet, ihn aus der Erde zu holen, und dann wieder so viel, um ihn in der Erde zu versenken. Er verschweigt, dass auch er einmal ein Drittel aller Silbervorräte der Welt zusammengekauft hatte.

Gold gehört für mich seit dem Jahr 2005, als ich anfing, mir ernsthaft über einen Crash Sorgen zu machen, einfach als Versicherung dazu. Im Jahr 2013 fiel der Goldpreis um ein Drittel von 1800 auf 1200 Dollar. Viele Gazetten nutzen dies zu reißerischen Aufmachern, nach denen Gold seinen Glanz verloren habe. Die Probleme der Welt sind aber nicht geringer geworden. Es wird meines Erachtens nicht allzu lange dauern, bevor Gold weiter steigt. Wenn Sie noch kein Gold haben, bietet 2013 eine gute Gelegenheit, aufzustocken.

Die liebste Vermögensanlage der Deutschen ist immer noch die **Immobilie**. Mehr als 50 % unseres Vermögens stecken im Betongold. Und es scheint so zu sein, als ob sich diese Anlageklasse bewährt. Mittlerweile bildet sich durch die Niedrigzinspolitik auch in deutschen Metropolen eine Immobilienblase. In München gehen Neubauhäuser zu astronomischen Preisen weg, schon bevor sie gebaut sind. In Toplagen wird teilweise das 30-Fache der Miete als Kaufpreis gezahlt.

Aber der Schein trügt, zumindest teilweise. Was in den 70er-Jahren funktionierte, wird so heute nicht mehr funktionieren. Damals konnten Sie ein Häuschen auf dem flachen Land kaufen und mit Schulden finanzieren. Die soziale Marktwirtschaft sorgte noch dafür, dass die Kaufkraft im Land einigermaßen gleichmäßig verteilt war. Die Inflation sorgte dafür, dass die Schulden immer weniger wurden und dass Sie nach einiger Zeit einen schönen Vermögenszuwachs hatten.

Das funktioniert heute nicht mehr!

Viele Regionen in Deutschland schrumpfen. Ich merke das in der Eifel, wo ich ein Landhaus habe. In den Dörfern und Städten stehen viele Häuser leer. Wohnungsnot herrscht in Deutschland bis auf die attraktiven Metropolen wirklich nicht. Zudem werden die staatlichen Auflagen für Immobilienbesitzer immer umfangreicher. Die Mietmoral sinkt. Und als Immobilienbesitzer sind Sie vom Staat erpressbar. Ich bin mir ziemlich sicher, dass die Steuern auf Immobilien in den nächsten Jahren steigen werden.

Sie können sich in Immobilien engagieren, aber die Auswahl ist mittlerweile mindestens so schwer wie die Auswahl guter Aktien.

Die Niedrigzinspolitik der Notenbank hat eine Vermögensklasse völlig uninteressant gemacht, die früher in ein ausgewogenes Portfolio hineingehörte – **Anleihen.** Bei aktuellen Renditen von 1, 2 oder 3 % für gute Anleihen und 6 bis 7 % für Schrottanleihen stimmt das Rendite-Risiko-Profil überhaupt nicht mehr, zumal viele Staaten der Welt überschuldet sind und wir nicht wissen, was mit dem Geldwert passieren wird. Durch die niedrigen Anleiherenditen sind auch Lebensversicherungen, die das Vermögen der Kunden überwiegend in Anleihen investieren, völlig uninteressant. Deutlich sagte ich das im November 2010: »Wer zocken will, kauft Anleihen!« (siehe 6.3.1 vom 19.11.2010)

Es werden auch wieder Zeiten kommen, in denen Anleihen interessant sind. Im Jahr 1982 wurden in den USA für Prime-Kredite, also Kredite höchster Bonität, bis zu 18 % Zinsen bezahlt. Auch schon bei niedrigeren Renditen können Sie zuschlagen. Aber jetzt, im sechsten Jahr der Finanzkrise, in der sich die Staaten durch »Finanzrepression« zu entschulden versuchen, bestimmt noch nicht.

Übrigens gibt es bei Anleihen bei Privatanlegern immer wieder ein Missverständnis. Steigen die Renditen am Markt, fallen die Anleihekurse und umgekehrt. Wenn Sie also steigende Renditen erwarten, sollten Sie nicht in Anleihen investieren, sondern nur dann, wenn das Renditeniveau hoch ist und sie keine weiteren oder nur moderate Steigerungen erwarten.

6.1 Gold

6.1.1 Kaufen Sie Gold! (Silber, Platin)
Ausgabe 05/2006 vom 04.02.2006

Die Überschrift wird Sie wundern, denn Sie kennen mich seit Jahren als Skeptiker der Edelmetallanlage. Gold mag zwar schön sein, und man kann es für einige hundert Jahre im Garten vergraben, aber es produziert keinen Wert wie zum Beispiel die Aktien von guten Unternehmen. Wie komme ich also zu meiner Überschrift?

Im PRIVATINVESTOR 4/2006 schrieb ich von einem dualen Entscheidungsproblem, dem wir als Anleger gegenüberstehen: Mit der größten Wahrscheinlichkeit werden uns die Aktienmärkte, besonders in Europa, noch einige Jahre schöne Renditen bringen. Ausgewählte Aktien können zu jeder Zeit Renditen bringen. Warren Buffett hat gerade in den schwierigen 70er-Jahren sein Vermögen nicht unwesentlich vermehrt.

Aber es gibt auch die Gefahr eines großen Unfalls, die ich in meinem neuen Buch *Der Crash kommt* beschreibe. Stören Sie sich nicht am reißerischen Titel – in der heutigen Medienwelt muss man (leider) etwas plakativ sein, um bemerkt zu werden. Ich möchte mit dem Buch für die Krisenszenarien der nächsten Jahre sensibilisieren.

Es ist müßig, sich darüber den Kopf zu zerbrechen, mit welcher Wahrscheinlichkeit die Krise eintritt. Das kann keiner wissen. Als Anleger stehen wir vor dem Problem, dass die Zukunft unsicher ist. Hoffentlich kommt die Krise nicht – ich wäre der erste, der das begrüßen würde. Aber wenn sie eintritt, sollte man vorgesorgt haben.

Und ein Teil der Vorsorge ist Gold: gutes, altes, physisches Gold. Kaufen Sie Münzen oder Barren, die von der Mehrwertsteuer befreit sind. Ich habe selbst damit begonnen, Gold zu kaufen. Was spricht dafür?

1. Es gibt eigentlich nur wenige Anlageklassen – Aktien (Unternehmensbestandteile), Anleihen, Geld, Edelmetalle und Rohstoffe und Immobilien. In einer Krise wie 1929 sind Aktien und Anleihen keinesfalls gegenläufig in der Entwicklung, sondern verlieren beide gleichzeitig an Wert, ebenso wie Immobilien. Damit bleiben nur Rohstoffe und Bargeld übrig. Bargeld könnte durch In-

flation angegriffen werden, industrielle Rohstoffe werden in einer Krise auch nicht benötigt.

2. Wenn also eine große Krise kommt, ist echtes Gold eine Versicherung und eine Vermögensreserve. Noch einmal: Kaufen Sie physisches Gold, an das Sie herankommen, keine Goldminenaktien. Die Goldminenaktien steigen zwar derzeit sehr stark, aber im Falle einer großen Krise ist es die Frage, was diese (ausländischen) Papiere wert sind. Vielleicht gibt es dann ja wieder Kapitalverkehrskontrollen.

3. Die Superreichen dieser Welt haben vor etwa einem Jahr begonnen, Gold in ihre Portfolios zu legen, und zwar bis zu einer Größenordnung von 5 % der Portfolios. Sie sehen also: Auch die Superreichen sehen Gold nicht als Renditeobjekt, sondern als Versicherung und Beimischung in ihren Depots.

Der Goldpreis hat in den letzten Jahren eine deutliche Renaissance erlebt: von 260 Dollar je Unze ist er mittlerweile auf etwa 500 Dollar gestiegen und steigt weiter. Für uns in Europa ist der Anstieg zum Glück (noch) nicht ganz so steil, da der Euro im Vergleich zum Dollar gestiegen ist.

Auf langjährige Sicht ist der heutige Goldpreis allerdings alles andere als hoch. Im Krisenjahrzehnt der 70er-Jahre stieg Gold um 100 % – von weniger als 100 Dollar im Jahr 1973 bis auf mehr als 800 Dollar in den Jahren 1979 bis 1980. Der Goldpreis liegt also heute noch deutlich unter den Höchstständen des Jahres 1979/80 – und das ohne Berücksichtigung der Inflation! Würde man die weltweite Inflation berücksichtigen, wäre der 1980er-Goldpreis, in heutigen Kursen ausgedrückt, etwa 1500 Dollar je Unze! Im Falle einer Krise halte ich daher 1500 bis 2000 Dollar je Unze für einen durchaus realistischen Goldpreis. Aber eigentlich wollen wir ja hoffen, dass die Krise NICHT kommt. Gold soll eine Versicherung bleiben.

Es stimmt, dass Gold anders als Platin (Katalysatoren) wenig produktive Verwendungen hat. Allerdings fragt auch die aufstrebende Mittelschicht Chinas und Indiens immer mehr Gold nach, zum Beispiel für Schmuck. Wenn nun China und Indien aufgrund ihrer industriellen Stärke in den nächsten Jahren relativ zum alten Westen immer vermögender werden, dürfte der Goldpreis auch ohne Krise weiter steigen.

Wo und wie viel Gold sollten Sie kaufen?

Kaufen Sie Gold und Edelmetalle nur von anerkannten Banken – dort gibt es ein ausreichendes Angebot an Münzen und Barren. (Lediglich Silbermünzen sind aufgrund ihres relativ geringen Wertes schwerer zu beschaffen.) Bei der Postbank können Sie sogar über das Telefon ordern. Aber auch Ihre Hausbank sollte ein ausreichendes Angebot haben.

Kaufen Sie Gold in Höhe von 5 % Ihres Depots. Gold ist und bleibt eine VERSICHERUNG, nicht der Renditebringer im Depot und auch kein Spekulationsobjekt.

Hierzu eignen sich die 1-Unze-Münzen (südafrikanischer Krügerrand, kanadischer Maple Leaf, australischer Nuggett, US-amerikanischer Gold Eagle, österreichische Philharmoniker, englisch Britannia (derzeitiger Wert etwa 500 Euro je Stück), die kleinere Schweizer Vreneli (derzeitiger Wert etwa 95 Euro) sowie Goldbarren in jeglicher Größe.

Lagern Sie Gold im Safe Ihrer Bank oder an einer anderen sicheren Stelle.

6.1.2 Gold, Gold, Gold! (I)
Ausgabe 16/2006 vom 22.04.2006

Am 04.02.2006 empfahl ich im PRIVATINVESTOR: »Kaufen Sie Gold (Platin, Silber)«. Wenn Sie diesen Rat beherzigt haben, können Sie sich mittlerweile über einen Gewinn von 9 % freuen.

Der Edelmetall-Markt ist »heiß«. An den Goldschaltern der großen Banken herrscht Hochkonjunktur. Im Münzkabinett

Frankfurt, einer meiner bevorzugten Bezugsquellen, geht schon niemand mehr ans Telefon. Und die Zentralen der großen Banken in Düsseldorf hatten schon gar keine größeren Barren mehr vorrätig, als ich unangemeldet vorbeikam.

Gelegentlich höre ich nun den Einwand, dass Gold so hoch stehe wie schon seit 25 Jahren nicht mehr. Nun, von der Spitze von 850 Dollar je Unze am 21.01.1980 sind wir noch etwas weg (werden das aber sicher bald knacken). Aber der Schein trügt: 850 Dollar im Jahr 1980 wären heute 2061 Dollar, wenn man die Inflation berücksichtigt. Gold kann sich also noch locker verdreifachen, bevor es die alten Höchststände erreicht. Probieren Sie es doch einfach selbst einmal: Gehen Sie auf den Inflationsrechner, den Ihnen das Bureau of Land Services der amerikanischen Regierung freundlicherweise im Internet bereitstellt: http://data.bls.gov/cgi-bin/cpicalc.pl)

Sicher, der Goldpreis kann auch mal wieder sinken. Insgesamt glaube ich aber, dass wir früher oder später wieder die alten echten Höchststände (und das sind eben mehr als 2000 Dollar je Unze) erreichen werden. Die Welt schwimmt auf einer Welle leichten Geldes der Zentralbanken. Dieses leichte Geld, von Obergelddrucker Greenspan geschaffen, war mitverantwortlich für verschiedene Blasen, unter anderen für die Technologieblase und die jetzige Immobilienblase in den USA. In meinem Buch *Der Crash kommt* werde ich im Herbst ausführlich darauf eingehen. Es wird irgendwann dafür sorgen, dass der Goldpreis durch die Decke geht. (…)

Diejenigen von Ihnen, die mich schon länger kennen, wissen, dass ich ein Aktienfan bin und mit Gold eigentlich immer recht wenig anfangen konnte. Ich bin immer noch ein Aktienfan. Aktien sind für den langfristigen Vermögensaufbau die beste, renditestärkste und auch die sicherste Kapitalanlage. Wenn Sie sich entscheiden könnten, wo Ihr (Ur-)Großvater im Jahr 1900 sein Geld angelegt haben sollte, was hätten Sie genommen: Anleihen des deutschen Reiches oder Aktien von Daimler? Die Frage beantwortet sich von selbst. (…)

Der Goldtrend geht nun schon eine ganze Weile. Das hat bereits viele Finanzjongleure dazu verleitet, Aktien von Minenbetreibern an die Börse zu bringen. Fast täglich liest man von extremen Kurssteigerungen bei Gold-, Platin- und Silberminenbetreibern. Wenn man dann hinter die Kulissen schaut, sind es oft Pennystocks oder Unternehmen, die noch gar kein eigenes Geschäft haben. Das ist schon fast so wie mit den Technologieklitschen zur Zeit der New Economy. Lassen Sie sich nicht durch das Gold blenden, sondern machen Sie es wie immer beim Investieren in Aktien: Überprüfen Sie, ob das Unternehmen Gewinne macht und eine beständige Geschichte hat.

Kaufen Sie daher nur solide Unternehmen. Die großen Goldminenbetreiber wie AngloGold Ashanti, eine Tochtergesellschaft von Anglo American mit Schwerpunkt Südafrika, Newmont Mining oder Barrick Gold werden mit KGVs um die 40 gehandelt. Das ist teuer und nur gerechtfertigt, wenn der Goldpreis weiter steigt. (Ich gehe aber davon aus, dass dies der Fall ist). Anglo American, die ich empfehle, hat neben der 40%igen Beteiligung an AngloGold auch mit der 75%igen Tochter Anglo American Platinum ein starkes Platingeschäft. Erfolgreiche kleinere und mittlere Unternehmen sind Golden Star Resources, Glamis Gold oder Meridian Gold. Bei diesen Unternehmen bin ich mir ziemlich sicher, dass es sie auch in 10 Jahren noch geben wird. Norilsk Nickel ist interessant, wenn Sie in russische Edelmetalle investieren wollen. Bauen Sie einen kleinen Anteil Edelmetalle in Ihr Depot ein! Vielleicht gehen die Kurse noch einmal deutlich runter, vielleicht nicht. Langfristig wird es sich auf jeden Fall auszahlen, wenn Sie jetzt kaufen.

6.1.4 Goldrausch!
Ausgabe 40/2007 vom 05.10.2007

Derzeit bin ich auf meiner Herbst-Vortragsreise. Ich nutze die Hotelaufenthalte manchmal dazu, mich durch Zappen zu informieren, was so in der Fernsehlandschaft los ist, denn zu Hause habe ich kein

Fernsehgerät. Schließlich landete ich bei einem bekannten Börsen-magazin. Ein Beitrag beschäftigte sich mit dem neuen Ansturm auf Gold.

Das Ganze war ebenso belanglos wie symptomatisch für derarti-ge Sendungen: Zuerst einmal kam eine Falschmeldung – Gold sei auf dem höchsten Stand aller Zeiten. Der lag bei 800 Dollar im Jahr 1980. Was der Kommentator vergessen hatte: Durch die In-flation wären 800 Dollar im Jahr 1980 mittlerweile mehr als 2000 Dollar wert. Es ist also noch viel Luft bis zum alten Höchststand.

Neben der Beschreibung des aktuellen Preisanstiegs wurde eine Prognose gewagt: Langfristig seien die Aussichten gut, kurzfristig könne auch eine Korrektur kommen. Das ist wirklich eine erstaun-liche Prognose. Jetzt haben wir aber was gelernt! Zudem fand noch ein Interview mit einem Investmentbanker statt, der statt echtem Gold »währungsgesicherte Quanto-Zertifikate« empfahl. Immer-hin: Der Moderator stellte in seinem Schlusskommentar wieder die Vorzüge des echten Goldes dar.

Wenn Sie diese Kolumne aufmerksam lesen, wissen Sie, dass ich seit ungefähr zwei Jahren verstärkt Gold empfehle. Ungefähr 5 %, viel-leicht auch etwas mehr, gehören für die nächsten Jahre in jedes Depot.

Kurz nachdem ich empfohlen hatte, Gold zu kaufen, stieg der Kurs rapide von 450 Dollar auf mehr als 700 Dollar. Dann fiel das gelbe Edelmetall wieder auf etwa 580 Dollar im Herbst 2006. Im Frühjahr 2007 ging es wieder auf 700 Dollar rauf.

Und nun kommt der Clou: Während der Sommerkrise fielen Gold und Aktien einen Monat lang gleichzeitig, Gold immerhin von 680 auf 650 Dollar. Das ist zwar nur zwei Monate her, aber nicht mehr viele werden sich daran erinnern. Es gab etliche Kommentare, Gold habe ausgedient. Gold solle doch Krisensicherheit darstellen, was nütze es also, wenn Gold und Aktien gleichzeitig fielen? Seit Mitte September geht der Goldpreis nun rapide nach oben.

Ich bekomme immer wieder Anfragen, ob jetzt ein guter Zeit-punkt sei, in Gold zu gehen. Ich sage dann immer: »Ich weiß es nicht, aber fangen Sie an!« Bei einem Investment wie Gold können Sie den Jahresverlauf kaum vorhersagen. Sie sollten sich nicht über die nächsten Monate, noch nicht einmal über das nächste Jahr, Gedanken machen, sondern über die nächsten 5 bis 10 Jahre.

Viele von Ihnen haben seit meiner Empfehlung vor zwei Jahren Gold im Depot (aber das echte, keine Papierscheine bitte!). Da kann es noch viele Jahre lagern und an Wert gewinnen. Wenn Sie noch kein Gold haben: Fangen Sie ruhig an und kaufen Sie über die nächsten zwei Jahre alle sechs Monate eine gewisse Summe. So bekommen Sie einen Durchschnittspreis.

6.1.5 Gold, Gold, Gold (II)
Ausgabe 09/2008 vom 29.02.2008

In den letzten Wochen hat der Goldpreis mit zuletzt 970 Dollar je Unze die alten Höchststände von 1980 (kurzfristig 940 Dollar) übersprungen. Lohnt es sich, noch einzusteigen?

Seit Ende 2005 empfehle ich Gold. Damals stand der Goldpreis bei etwa 480 Dollar. Demgegenüber hätten wir heute ein Plus von gut 100 %. Dennoch rate ich, dabeizubleiben beziehungsweise im Zweifelsfalle noch einzusteigen. Bezieht man die Inflation ein, betrüge nämlich der alte kurzfristig erreichte Höchstkurs rund 2350 Dollar (oder andersherum – die 940 Dollar von 1980 wären heute nur noch 376 Dollar wert!). Gold hat also trotz der 100 %-Steigerung noch einmal ein Potenzial von mehr als 100 %.

Allerdings: Gold ist, wie ich immer wieder betone, eine andere Vermögensklasse als Aktien, Immobilien, Anleihen oder sogar normale Rohstoffe. Gold ist eine Versicherung – ein »Hedge« – gegen den schlimmsten Fall. Langfristig sind die Renditen von Aktien oder sogar von Anleihen besser als diejenigen von Gold. Jeremy Siegel von der University of Pennsylvania hat in dem Buch »Langfristig investieren« die Zahlen bis 1800 zurück gerechnet. Bei Gold reicht es nur zum Vermögenserhalt. Gold ist daher immer eine Beimischung zum Vermögen in Höhe von vielleicht 3 bis 10 %. (…)

Gold ja, aber dann bitte unbedingt das echte Metall, um dem eigenen Vermögen eine krisensichere Komponente hinzuzufügen.

6.1.6 Gold gehört in jedes Depot!

Ausgabe 46/2009 vom 13.11.2009

Auf einer Anzeige in einer Börsenzeitung waren viele verschiedene Bilder mit Goldnuggets abgebildet. Und darunter stand, dass man Gold haben müsse, dass Gold in jedes Depot gehöre.

Die Anzeige war wirklich gut gemacht. Die Goldnuggets in unterschiedlichen Formen sprangen einen förmlich an. Ich bekam Lust auf (mehr) Gold.

Und unten stand dann, worum es wirklich ging: Hebelzertifikate auf Gold. Man missbrauchte also eine ultrasichere, aber normalerweise nicht renditebringende und etwas langweilige Geldanlage – Gold – dazu, Werbung für Zockerei und Bankprodukte zu machen. Das ist nichts Neues, und als Leser dieser Kolumne wissen Sie so etwas einzuordnen. In meinem neuen Buch *Der Informationscrash* gehe ich auf diese Mechanismen der Desinformation ein.

Ja, Gold gehört in jedes Depot. Aber bitte die echte Sache: Münzen und Barren im Safe, unter dem Fußboden oder im Garten. Zwar wird Ihnen diese Anlage keine große Rendite bringen, aber es ist die sicherste und wertbeständigste Kapitalanlage der Welt. Es ist die ultimative Versicherung. Nicht mehr und nicht weniger!

Heute rief mich ein Redakteur eines großen Fernsehsenders an. Er wollte wissen, ob denn nicht schon die nächste Aktienblase entstehe und ob wir nicht eine Sendung darüber machen sollten. Ich musste ihn enttäuschen. Wir sind noch lange nicht in einer Blase. Aktien notieren auf dem Niveau vom Ende der 90er-Jahre. Da kann man nicht von einer Blase sprechen.

Allerdings: Manche Zykliker sind schon wieder fair bewertet oder leicht zu teuer. Gehen Sie also tendenziell aus den konjunkturabhängigen Werten raus und hinein in die Klassiker. Und wenn Sie eine comdirect, die keine Bilanzrisiken hat, mit einer Dividendenrendite von fast 7 % erwerben können, dann können Sie ruhig zugreifen.

6.2 Immobilien

6.2.1 Immobilienboom?
Ausgabe 36/2004 vom 03.09.2004

In das Depot eines Privatanlegers gehören normalerweise drei Bestandteile: Aktien (Unternehmensanteile), Immobilien und Bargeld beziehungsweise bargeldnahe Wertpapiere. Deutsche Banken, die auf das Immobiliengeschäft spezialisiert sind, haben zum Teil hervorragende Renditen erwirtschaftet. Amerikanische Private-Equity-Gesellschaften kaufen sich in großem Stil auf dem deutschen Immobilienmarkt ein. Können wir als Privatanleger davon profitieren?

In den letzten Jahren erlebten die USA einen Immobilienboom sondergleichen: Die fallenden Zinsen führten dazu, dass sich immer mehr Haushalte Wohneigentum leisten konnten und dass immer größere Häuser bezogen wurden. In den Ballungsgebieten New York, Boston, Los Angeles und San Francisco / Silicon Valley waren die Preisanstiege besonders hoch. Die Preise für Häuser haben sich zum Teil in zehn Jahren verzehnfacht. Ein zweistöckiges Holzhaus in San Francisco mit 160 Quadratmetern Wohnfläche ohne nennenswertes Grundstück in einem normalen Stadtteil konnte zum Beispiel schon vor zwei Jahren den Besitzer für stolze 750.000 Dollar wechseln.

Viele Eigentümer haben zudem ihr Haus zu niedrigeren Zinsen refinanziert oder nahmen höhere Kredite auf den (gestiegenen) Wert des Hauses auf. Die Erlöse wurden oft in den Konsum gesteckt, sie wurden »verbraten«. Für den jüngsten Rückgang des US-Verbrauchervertrauens sind nach neuesten Berechnungen auch nicht die gestiegenen Energiepreise, sondern die gestiegenen Zinsen verantwortlich.

Der US-Immobilienboom sieht von ferne wie eine spekulative Blase aus. Die staatlichen Immobilienbanken Fannie Mae und Freddie Mac finanzieren direkt oder indirekt, unterstützt von staatlichen Garantien, fast alle privaten Hypothekenkredite und haben ein Kreditportfolio von über einer Billion Dollar Volumen. Es darf bezweifelt werden, dass die Risikoprüfung genauso streng ausfällt, als wenn das Geld von privaten Banken zur Verfügung gestellt wurde.

Noch schlimmer war es vor 14 Jahren in Tokio. Damals ging das Gerücht um, dass man sich für den Preis des Grundstücks des kaiserlichen Palastes ganz Nordkalifornien kaufen konnte. Es kam, wie es kommen musste – die Blase in Japan platzte. Bis heute hat sich das Land nicht erholt. Es gibt allerdings einen wichtigen Unterschied zu den USA: Amerika hat eine vergleichsweise junge Bevölkerung; der Wohnbedarf steigt. Damit ist zumindest ein Teil des Preisanstiegs »fundamental abgesichert«. In Japan stagniert die Bevölkerung.

Einige deutsche Immobilienwerte bestachen in den letzten Monaten durch eine beeindruckende Kursentwicklung. Seit dem Spin-off der gewerblichen Immobilienaktivitäten der HypoVereinsbank hat die Hypo Real Estate AG mehr als 100 % zugelegt und nun einen Marktwert von 3,4 Milliarden Euro. Die IVG Immobilien AG kam nach dem Verkauf der Wohnungen an Cerberus zumindest kurzzeitig wieder auf die Beine.

Von April 2003 bis August 2004 legte die Aareal Bank eine Kursperformance von fast 200 % hin. In den letzten Tagen brach die Aktie um mehr als ein Drittel ein. Innerhalb eines Tages wurde Aktionärsvermögen in Höhe von 300 Millionen Euro vernichtet. Eine Sonderprüfung hatte erheblichen Wertberichtigungsbedarf festgestellt. Der Vorstandsvorsitzende trat mit sofortiger Wirkung zurück. Dies zeigt einmal mehr, wie riskant Immobilienaktien sind.

Die HypoVereinsbank hat die Hypo Real Estate nicht ohne Grund ausgegliedert.

Mit Immobilien können Sie unglaublich viel Geld verdienen – und ebenso verlieren. Ich habe Häuser, Wohnungen und Grundstücke an der amerikanischen Ostküste, in Jackson Hole in den Rocky Mountains und in Deutschland gehabt und kenne sowohl die Gewinn- als auch die Verlustseite, glauben Sie mir. Unter unseren Mitgliedern gibt es einige, die mit Immobilien viel Geld verdient haben. Und es gibt ebenso viele Mitglieder, die eine oder mehrere Mietwohnungen besitzen und nicht besonders glücklich damit sind. Geld verdient haben Mitglieder, die über Immobilienkompetenz und die notwendigen finanziellen Reserven verfügten. Ärger und Scherereien haben normale Gutverdiener, die sich eine oder mehrere Immobilien haben aufschwatzen lassen, um ihr Vermögen zu streuen.

Wenn Sie in dieses Geschäft einsteigen wollen, müssen Sie sich selbst genaue Kenntnis verschaffen und in eigene Objekte investieren. Das kann Jahre dauern, aber daran geht kein Weg vorbei. Bei vorgefertigten Lösungen – zum Beispiel bei den geschickt vermarkteten Aktien des Kölner Projektierers Vivacon – verdient immer der Initiator, Sie aber selten. Von Vivacon rate ich im Übrigen dringend ab. (Wir wollen gar nicht an all die Ärzte und Rechtsanwälte denken, die mit Steuersparmodellen geschlossener Immobilienfonds den Aufbau Ost mitfinanziert haben und nun auf hohen Verlusten sitzen.)

Der deutsche Immobilienmarkt erlebt derzeit eine Zweiteilung. Für I-a-Wohnlagen in Ballungsgebieten werden Fantasiepreise bezahlt, bei allen anderen Objekten macht sich die Wirtschaftskrise bemerkbar. Besonders betroffen sind Gewerbeimmobilien. Das wird sich nach meiner Einschätzung weiter fortsetzen. Einen generellen Immobilienboom wie in den USA halte ich für nicht wahrscheinlich. Wenn Sie ein gutes Wohnobjekt in einem Ballungsgebiet mit positiver Bevölkerungsentwicklung kaufen können – nur zu. Ansonsten ist Ihr Geld auf dem Termingeldkonto besser aufgehoben.

Schauen Sie sich einmal die DePfa-Bank an, wenn Sie eine Spezialbank in Erwägung ziehen. Die ehemalige »Preussische Pfandbriefanstalt«, inzwischen eine Gesellschaft irischen Rechts, hat sich auf Anleihen für und Beratung von staatlichen und öffentlichen Institutionen spezialisiert.

6.2.2 Schrecklich: minus 37 Prozent!

Ausgabe 10/2009 vom 06.03.2009

Am Wochenende erfuhr ich eine neue Schreckensmeldung über Wertverluste von 37 %. Allerdings: Es handelt sich nicht um Aktien. Die Welt am Sonntag schrieb am 1. März, dass die Preise deutscher Wohnimmobilien seit 1991 im Schnitt nur um 0,2 % pro Jahr gestiegen sind. Die Inflation lag deutlich darüber. So haben Immobilienbesitzer real im Durchschnitt 37 % verloren.

Für diejenigen, die *Der Crash kommt* gelesen haben, ist das nichts Neues. Ich warne schon seit Jahren vor einem Überengagement in Wohnimmobilien. Wir haben in den letzten 20 Jahren in Deutschland und auch Österreich extrem viel gebaut. Die Energie- und Nebenkosten sowie die Umweltauflagen steigen. Die Einkommen sinken oder stagnieren. Die Bevölkerungszahl schrumpft. All dies sind gute Gründe, aus denen durchschnittliche Wohnimmobilien auch in den nächsten Jahren und Jahrzehnten real Wertverluste produzieren werden.

Allerdings sehen wir diese Wertverluste nicht – wie der Frosch im Wasser, der nicht heraushüpft, wenn man die Temperatur langsam erhöht, und der dann irgendwann gekocht wird.

Bei Aktienkursen ist es hingegen wie bei einer heißen Herdplatte. Fallen die Kurse massiv, schrecken wir unweigerlich zurück. Genau das dürfen wir nicht! Ich weiß, dass viele von Ihnen – wie ich auch – stark engagiert sind und derzeit massive Buchverluste im Depot haben. Wenn Qualitätsaktien fallen, ist das aber höchstens ein Grund zum Nachkaufen. Qualitätsaktien sind, anders als Immobilien, inflationsgeschützt. Sie werfen eine laufende Rendite ab.

Jeder Schrecken hat einmal ein Ende. Bleiben Sie dabei!

6.2.3 Die Immobilie. Das »Betongold«?

Ausgabe 11/2010 vom 19.03.2010

Die Immobilie ist des Deutschen liebste Vermögensanlage. Mehr als 50 % unseres Privatvermögens stecken darin. Aber ist sie auch eine gute Vermögensanlage?

Der Verband deutscher Pfandbriefbanken hat eine interessante Statistik veröffentlicht. Danach stiegen in Großbritannien, den Vereinigten Staaten, Spanien, Frankreich und Irland zwischen 1999 und 2006 die Immobilienpreise deutlich – oft um mehr als 10 % pro Jahr. Das ist nicht gesund. Mittlerweile wissen wir, warum das so war (billiges Geld) und wohin es führte (Blase und Crash).

In Deutschland hat sich das Preisniveau seit 1999 faktisch nicht verändert. Wenn Sie aber von 2 bis 3 % Inflation ausgehen, dann sind Immobilienpreise deutschlandweit real um ungefähr 30 % gefallen! Viele deutsche Immobilien sind derzeit saubillig, werden geradezu verhökert. Sollten Sie deswegen bei dieser »inflationsge-schützten Vorsorge für das Alter« zugreifen, wie es die Finanzbranche gerne möchte?

Vorsicht! Die Stagnation der Preise verdeckt zwei Entwicklungen: 1.) In den sehr guten Lagen und Ballungsräumen sind die Preise zum Teil erheblich gestiegen. 2.) Auf dem Land, in mittleren und schlechten Lagen sowie in Mittelstädten sind die Preise oftmals deutlich gefallen. Hier werden Ihnen die Objekte wirklich hinter-hergeworfen.

Und trotz der niedrigen Preise ist das Potenzial nicht sehr hoch. Deutschland hat eine schrumpfende Bevölkerung. Die Einkommen stagnieren. Die Gebäudeauflagen und Nebenkosten steigen. Die Mietmoral sinkt. So wird die fremdvermietete Immobilie zum nächsten Objekt, mit dem man die Vermögen bürgerlicher Sparer schröpft, denn letztlich hängen SIE, als kleiner Immobilienbesitzer, am Haken.

Immobilien in weniger als sehr guten Lagen sollten Sie als fremd-vermietete Objekte wirklich nur kaufen, wenn Sie sich gut auskennen und wenn eine sehr große Sicherheitsmarge besteht. Sonst bleiben Sie lieber bei Qualitätsaktien. Das ist stressfreier und bringt auf Dauer sicher die höhere Rendite.

6.3 Anleihen

6.3.1 Wer zocken will, kauft Anleihen!
Ausgabe 46/2010 vom 19.11.2010

Früher kaufte man Anleihen, um ruhig zu schlafen. Heute muss es heißen: »Wer zocken will, kauft Anleihen«.

Mittlerweile haben wir nach der Griechenland-Krise die Irland-Krise. Und auch Irland muss von der EU – sprich Deutschland und den starken Nationen – gerettet werden. Portugal und Spanien könnten als nächstes an der Reihe sein.

Ich sehe die Eurozone – leider! – derzeit nicht als bedroht an. Solange Deutschland zahlt, kann die Eurozone noch eine ganze Weile weiter machen. Deutschlands Staatsschulden liegen erst bei 80 % der Wirtschaftsleistung. Da ist eine Verdoppelung – leider – locker drin. Also retten wir in Irland wieder die Banken auf Kosten der irischen und deutschen Bevölkerung.

Irgendwann werden sich die aufgestauten Geld- und Schulden-mengen entladen und zu Staatsbankrotten (Deflation) oder Inflation führen. Bei den derzeitig niedrigen Renditen und den hohen Risiken kann es nicht gut sein, Anleihen zu kaufen.

Überlegen Sie sich, ob Sie zocken wollen. Wer heute gut schlafen will, braucht Aktien und Gold.

6.3.2 Wann kommt der Beipackzettel für Bundesanleihen?
Ausgabe 14/2011 vom 08.04.2011

»Wann kommt der Beipackzettel für Bundesanleihen?« So titelt das *Handelsblatt* in einer Geschichte vom 24.03.2011. Und weiter: »Der Bund trommelt für seine Wertpapiere und verharmlost die Anlagerisiken von Staatsanleihen. Eigentlich wäre das ein Fall für Verbraucherschutzministerin Ilse Aigner.«

Die Finanzagentur wirbt in ihrem Werbespot mit einer Schildkröte. Und preist die Bundeswertpapiere in den höchsten Tönen: »Die entspannendste Geldanlage Deutschlands. Ein Stück Sicherheit in Ihrem Portfolio. Sie haben eine krisenfeste Rendite. Eine Angebotsvielfalt, die für jeden das Passende bereithält.«

Auf Risiken wird kaum hingewiesen. In einer Informationsbroschüre mit immerhin 16 Seiten Länge gibt es nur ganz spärliche Risikohinweise: »Hohe Kursverluste, wie sie bei Aktien möglich sind, waren in der Vergangenheit auch bei vorzeitigem Verkauf von Bundesobligationen in ungünstigen Marktphasen nicht zu verzeichnen.« Das wird noch getoppt: »Jeder braucht ein Stück Sicherheit in seinem Portfolio. Diese Funktion erfüllen Bundeswertpapiere aufgrund ihrer herausragenden Sicherheit optimal.«

Hier liegen eine Verharmlosung von Risiken und eine Irreführung des Investors vor. Klar, die Deutschen haben Spargeld – noch. Und der Bund braucht das Geld dringend. Zum Kursverfall seit dem vergangenen Herbst schreibt das *Handelsblatt*: »Wer damals eine zehnjährige Bundesanleihe zu Kursen um 100 % gekauft hat, sieht heute den Kurs auf 94 % abgeschmolzen. Bei einer 30-jährigen Laufzeit rutschte die Notierung von 145 % auf jetzt 118 %. Risikolos sieht anders aus.«

Eigentlich hatte sich die Politik ja auf die Fahnen geschrieben, die Transparenz der Finanzmärkte zu erhöhen und die Position des Anlegers zu stärken. Verbraucherschutzministerin Ilse Aigner fordert sogenannte Beipackzettel von den Finanzinstituten für deren Anlageprodukte. Darin sollen den Verbrauchern möglichst klar die Funktionsweise und die Risiken von Finanzprodukten erklärt werden. Das *Handelsblatt* resümiert: »Die Werbebriefchen der Finanzagentur sind realitätsfern und können den neuen, selbst gestellten Anforderungen nicht standhalten – auch wenn der Bund um Geld buhlen muss, um seine Schulden zu finanzieren. Frau Aigner, wann kommt der Beipackzettel für Bundesanleihen?«

Und es sind ja nicht nur die zwischenzeitlichen Kursverluste. Ein Anstieg der Inflation wird immer wahrscheinlicher. Auch die Bundesrepublik Deutschland wird in nicht allzu ferner Zukunft Bonitätsprobleme bekommen, wenn es so weiter geht.

6.3.3 Unternehmensanleihen I
Ausgabe 48/2012 vom 30.11.2012

Die Bedürfnisse jedes Anlegers sind unterschiedlich. Deshalb ist in vielen Fällen eine Beimischung von Anleihen, je nach persönlichen Zielen, empfehlenswert. Aus diesem Grund werden wir Ihnen an dieser Stelle regelmäßig entsprechende Empfehlungen präsentieren.

Benjamin Graham empfiehlt für den defensiven Investor 50 % Anleihen und alle sechs Monate eine neue Anpassung zwischen den beiden Teilen Aktien und Anleihen. Die Methode hat einen großen Vorteil: Steigen die Aktienkurse, verkaufen Sie automatisch Aktien und kaufen Anleihen. Fallen Aktienkurse, kaufen Sie automatisch Aktien und verkaufen Anleihen. Sie handeln also stets antizyklisch.

Bei der Auswahl der Anleihen kommt es nicht (wie bei Aktien) auf die Marktstellung oder eine stetige Steigerung der Gewinne des Unternehmens an. Hier sind eine solide Bilanz und nicht zu viele Verlustjahre ausreichend, so dass die Rückzahlung der Verbindlichkeiten gewährleistet ist.

Staatsanleihen sollten Sie derzeit eher meiden, weil eine ganze Reihe von Staaten stark verschuldet ist und die Verschuldung in den kommenden Jahren noch zunehmen wird. Darum: Wenn Anleihen, dann von Unternehmen, die weitgehend unabhängig und profitabel wirtschaften. Anleihen sollten nie eine Langfristanlage sein (das sind immer Aktien), sondern eine mittelfristige Anlage mit Laufzeiten von zwei bis drei Jahren.

Achten Sie – wie immer – auf eine ausreichende Streuung der Investments. Setzen Sie niemals alles auf eine Karte! Sollte dies aufgrund des geringen Kapitals nicht möglich sein, können Sie im Rentenbereich auch einmal auf Fonds zurückgreifen, die Sie dann aber über die Börse kaufen können sollten.

Sehr geehrter Herr Prof. Dr. Otte,

vielleicht können Sie sich an mich erinnern. Wir trafen uns vor zwei oder drei Jahren in München im Bayerischen Hof zu einer Tagung. Nunmehr richte ich mich seit circa drei bis vier Jahren nach Ihren Empfehlungen. Es ist heute an der Zeit, Ihnen Dankbarkeit und Anerkennung für Ihre Leistungen auszusprechen.

Mein Banker informierte mich vor Kurzem darüber, dass die Mehrheit der Anleger an der Börse unter dem Strich nur verliert, da die Gier und die Nervosität schlechte Ratgeber sind. Auch ich habe früher zu den »Zittrigen« gehört, wie es Kostolany einmal formulierte. Sie haben dankenswerterweise Ihre vernünftige Denkweise über das Investieren in solide Werte, welche billig gekauft werden sollten, weitergegeben. Davon habe ich gelernt, was sich auch ausgezahlt hat. Natürlich habe ich auch Werte im Depot, welche schlecht gelaufen sind, hier gilt es die Zukunft abzuwarten. Entscheidend ist das solide Gesamtergebnis. Und da habe ich Grund zur Zufriedenheit.

Aus meiner Erfahrung als Steuerberater weiß ich, dass es genügend Menschen gibt, denen man immer wieder Gutes tut, was natürlich selbstverständlich ist, aber wenn nur ein

Ding schiefläuft, hat man sich zu verantworten. Gerade an der Börse ist eben auch ein gewisses Risiko vorhanden, das auch ein Professor nicht ausschließen kann.

Ich habe in meiner beruflichen Tätigkeit Mandanten teilweise mit zähesten Verhandlungen und auch in Rechtsbehelfsverfahren oder vor dem Finanzgericht doch erhebliches Geld erspart. Auch ist es mir gelungen, für einen bereits zu einer dreieinhalb jährigen Gefängnisstrafe wegen Steuerhinterziehung verurteilten Mandanten das Strafmaß zu einer Bewährungsstrafe abzumildern.

In den meisten dieser Fälle war die erreichte Hilfe selbstverständlich. Für einzelne Probleme, die dieselben Personen später selbst verschuldet haben, wurde einem dann ein gewisses Mitverschulden zumindest indirekt mit entsprechenden Konsequenzen vorgelegt.

Ein bodenständiger Mandant hat es so formuliert: Wenn man auf dem Volksfest vier Rettiche ist, erntet man Anerkennung. Aber wenn aus dem Gesäß dann anschließend ein Furz das Freie sucht, wird dieser von den anderen Personen noch in vier Jahren gehört.

Ich denke, Ihnen geht es mit Ihrer Tätigkeit auch nicht viel anders, deshalb die Zeilen an Sie. Ich bin jedenfalls dankbar für das Vermitteln der Psychologie der Börse und Ihre Empfehlungen.

Viele Grüße

AH

Sehr geehrter, lieber Herr H.,

herzlichen Dank für Ihre freundliche Mail. Ich freue mich sehr darüber. Selbstverständlich erinnere ich mich an Sie! Ich habe Ihnen damals auch kräftig die Meinung gesagt. Nicht alle Kunden vertragen das, aber meine Zeit ist zu knapp, um mich mit Kunden einzulassen, die unsere Philosophie nicht teilen wollen.

Man kann an der Börse nichts erzwingen, und es gehört viel emotionale Reife zu einem Engagement an der Börse. »Value Investing is simple but not easy", hat Warren Buffett gesagt. Die Prinzipien sind einfach, die Umsetzung aber nicht. Sie haben die Botschaft reflektiert und dann Schritt für Schritt verinnerlicht.

Wir haben viele und zufriedene Kunden. Dennoch müssen wir feststellen, dass zwischen 20 und 30 % unserer Kunden wieder abspringen, weil sie glauben, es besser zu können, oder weil sie sich von den Stimmungen der Märkte anstecken lassen. Oftmals sind es – genau, wie Sie beschreiben – diejenigen Kunden, in welche man die meiste Arbeit gesteckt hat.

Ich danke Ihnen auch für Ihre illustrativen Beispiele. Ich hoffe, es geht Ihnen gut und grüße Sie herzlich,
Ihr
Prof. Dr. Max Otte

7 Unsere Musterportfolios aus der Privatinvestor

Seit über zehn Jahren führen wir unter www.privatinvestor.de unsere Musterportfolios. Wir wollen nachprüfbar sein und Ihnen eine Orientierung für Ihre eigenen Entscheidungen bieten. Sie sind neben unserem Börsenbrief, der Unternehmensdatenbank mit klaren Kaufen- / Halten- / Verkaufen-Einstufungen, der Frage-Antwort-Ecke und der Online-Sprechstunde mit mir ein Kernstück unserer Inhalte.

Seit März 2008 sind wir mit dem **PI Global Value Fund** (WKN: A0NE9G) auch real nachprüfbar. 2013 haben wir speziell für deutsche Anleger den **Max Otte Vermögensbildungsfonds** (WKN: A1J3AM) aufgelegt. Für deutsche Anleger hat der Max Otte Vermögensbildungsfonds deutliche steuerliche Vorteile. Er ist bei jeder deutschen Bank erhältlich, auch wenn Sie vielleicht etwas nachhelfen müssen.

Ich freue mich, dass unsere Strategie trotz einiger phänomenaler Fehlgriffe (siehe *7.7 Praktiker muss Insolvenz anmelden* vom 12.07.2013) den Test der Zeit bestanden hat. Unser derzeit ältestes Portfolio, das sportlich aufgestellte **Wachstumsdepot**, hat seit seiner Auflegung am 9.8.2002 eine Performance von 244 % erzielt, der DAX ist um 122 % gestiegen. (Und das trotz der Praktiker-Pleite!)

Das etwas ruhiger und grundsolide aufgestellte **Langfristdepot** ist seit dem Start am 16.09.2005 um 143 % gestiegen, der DAX um 67 %.

Die Performance des **PI Global Value Fund** seit Auflegung bis zum 30.06.2013 beträgt +64,33 %. Die Wertsteigerung im DAX über denselben Zeitraum beträgt 20,96 %.

Seit einigen Jahren sind die Portfolios in den erfahrenen Händen unseres stellvertretenden Chefredakteurs und langjährigen Analysten Dipl.-Bw. Christof Welzel, der sie nach meiner Methode erfolgreich weiterführt. Die Musterportfolios werden nicht mit echtem Geld geführt und dienen lediglich Orientierungszwecken. Sie können eine Finanzberatung nicht ersetzen.

Wert zum Startzeitpunkt	Derzeitiger Wert	Restliquidität	Bargeldanteil
50.000,00 €	121.870,52 €	1.812,78 €	1,49 %
Startzeitpunkt	Performance (gesamt):	Performance DAX (gesamt):	Outperformance (gesamt):
19.09.2005	143,74 %	67,19 %	76,55 %

Entwicklung des Langfristdepots
Dipl.-Bw. Christof Welzel nach der Methode Prof. Dr. Otte
Stand 19.07.2013

Das Langfristdepot eignet sich für Anleger, die wirklich langfristig über mehr als 5 Jahre, besser noch länger, Vermögen aufbauen wollen. Hier investieren wir in die sichersten Unternehmen der Welt. In acht Jahren haben wir immerhin 143,74 % Performance geschafft.

Das Langfristdepot bei www.privatinvestor.de

Name/WKN	Anzahl	Kaufkurs	Akt. Kurs	Kaufwert (EUR)	Akt. Wert	Gewinn (EUR)	Gewinn (%)	Gewicht
Berkshire Hathaway B A0YJQ2	100,00 St.	69,80 € 06.08.2012	90,29 € 18.07.2013	6.980,00	9.028,90	2.048,90	+29,35	7,52 %
FRESENIUS SE+CO.KGAA O.N. 578560	84,00 St.	75,79 € 03.05.2012	99,34 € 18.07.2013	6.366,40	8.344,56	1.978,16	+31,07	6,95 %
General Mills Inc 853862	224,00 St.	31,30 € 06.08.2012	39,26 € 18.07.2013	7.011,20	8.793,34	1.782,14	+25,42	7,32 %
Ipsos 923860	275,00 St.	25,99 € 30.10.2012	26,65 € 18.07.2013	7.147,25	7.328,75	181,50	+2,54	6,10 %
Johnson & Johnson 853260	106,00 St.	45,16 € 30.01.2009	69,17 € 18.07.2013	4.786,96	7.332,02	2.545,06	+53,17	6,11 %
Johnson & Johnson 853260	54,00 St.	46,18 € 28.09.2010	69,17 € 18.07.2013	2.493,83	3.735,18	1.241,35	+49,78	3,11 %
McDonalds 856958	100,00 St.	70,97 € 31.08.2012	76,21 € 18.07.2013	7.097,00	7.620,60	523,60	+7,38	6,35 %
Microsoft 870747	210,00 St.	22,80 € 15.06.2007	26,99 € 18.07.2013	4.788,00	5.668,11	880,11	+18,38	4,72 %

Einzeltitel (Auswahl)

Neben Klassikern wie McDonald's und Johnson & Johnson finden sich im Langfristdepot auch schon einmal nicht ganz so bekannte Unternehmen wie das französische Marktforschungsinstitut Ipsos. Wir haben das Unternehmen geprüft und sind der Überzeugung, dass es sich für das Langfristdepot eignet. Im Langfristdepot führen wir nur sehr selten Transaktionen durch.

Wert zum Startzeitpunkt	Derzeitiger Wert	Restliquidität	Bargeldanteil
50.000,00 €	172.040,20 €	21.934,91 €	12,75 %
Startzeitpunkt	Performance (Gesamt):	Performance DAX (Gesamt):	Outperformance (Gesamt):
09.08.2002	244,08 %	121,68 %	122,40 %-Punkte

Entwicklung des Wachstumsdepots
Dipl.-Bw. Christof Welzel nach der Methode Prof. Dr. Otte
Stand 19.07.2013

Im Wachstumsdepot sind wir etwas sportlicher unterwegs. Hier machen wir schon einmal eine Transaktion, aber auch hier finden letztlich pro Jahr nur wenige Transaktionen statt, denn wir sind Value-Investoren. In elf Jahren haben wir 244,08 % Performance geschafft.

Die Einzeltitel im Wachstumsdepot sind oft nicht allgemein bekannt, da es sich um kleinere Unternehmen (Small Caps) handelt. Aber auch hier achten wir auf hohe Unternehmens- und Managementkapazität, zum Beispiel beim schwäbischen Systemhaus Bechtle oder bei der Beteiligungsgesellschaft Gesco aus Wuppertal.

Das Langfristdepot bei www.privatinvestor.de

Name/WKN	Anzahl	Kaufkurs	Akt. Kurs	Kaufwert (EUR)	Akt. Wert (EUR)	Gewinn (EUR)	Gewinn (%)	Gewicht
ALLGEIER SE O.N. 508630	1.002,00 St.	11,08 € 05.04.2013	13,25 € 18.07.2013	11.102,16	13.276,50	2.174,34	+19,58	8,84 %
Bechtle 515870	286,00 St.	28,73 € 03.02.2012	38,42 € 18.07.2013	8.216,78	10.986,69	2.769,91	+33,71	7,32 %
Capital Group Plc A0MZ15	735,00 St.	8,06 € 15.07.2011	12,01 € 18.07.2013	5.924,10	8.829,56	2.905,46	+49,04	5,88 %
Celesio AG Nam. CLS100	96,00 St.	16,09 € 12.06.2009	16,31 € 18.07.2013	1.544,64	1.566,05	21,41	+1,39	1,04 %
Celesio AG Nam. CLS100	515,00 St.	17,24 € 31.01.2011	16,31 € 18.07.2013	8.880,51	8.401,20	-479,31	-5,40	5,60 %
E.ON NA ENAG99	409,00 St.	23,00 € 28.12.2010	12,27 € 18.07.2013	9.407,00	5.018,43	-4.388,57	-46,65	3,34 %
Eckert+Ziegler AG O.N. 565970	426,00 St.	23,80 € 23.03.2012	24,59 € 18.07.2013	10.138,80	10.475,34	336,54	+3,32	6,98 %
Gesco AG A1K020	172,00 St.	41,62 € 04.11.2011	74,51 € 18.07.2013	7.157.78	12.815,38	5.657,60	+79,04	8,54 %

Einzeltitel (Auswahl)

7.1 Absichern oder laufen lassen?
Ausgabe 04/2006 vom 28.01.2006

Wenn Sie seit mindestens einem Jahr bei uns Mitglied sind, haben Sie mit großer Wahrscheinlichkeit mittlerweile hohe Gewinne. Schreiben Sie mir eine E-Mail, wenn Ihr Depot seit letztem Jahr mit weniger als 10 % im Plus steht. Dann haben Sie etwas falsch gemacht.

Gestern sprach ich mit einem Privatkunden, der im Ruhestand ist. Sein Depot stieg im letzten Jahr von 1,2 Millionen auf 1,5 Millionen Euro. Bei diesen Zahlen kann einem schon einmal schwindlig werden. Er ist auf meinen Rat überwiegend in europäische Bluechips investiert. Die Renner in seinem Depot sind Rio Tinto (siehe unsere Erstanalyse im PRIVATINVESTOR 14/2005) und die Ölwerte.

Bevor er zu uns kam, war dieser Kunde bei der Vermögensverwaltung einer deutschen Großbank, die mehr als 100 Titel in sein Depot gelegt hatte und dann planlos ge- und verkauft hatte. Das war, wie Sie sich vorstellen können, eine Katastrophe. Nun haben wir immer noch zwischen 20 und 30 Titel, aber wir reduzieren den Depotumfang weiter. Wenn der Kunde natürlich eine Position von 7,5 % aufbaut, sind das mehr als 100.000 Euro. Auch dabei kann es schon einmal schwindeln. Kursschwankungen von 100.000 Euro oder 200.000 Euro im Gesamtdepot muss dieser Kunde aushalten.

Bei diesem Kunden gibt es noch eine Besonderheit: Er muss von seinem Depot leben, da es für seinen Berufsstand in seiner aktiven Zeit noch kein Rentenwerk gab. Wir haben den gesamten Bedarf für 5 Jahre bar in einem Geldmarktfonds angelegt. Zudem wirft das Depot etwa 50.000 Euro Dividenden ab. Dennoch stellt sich besonders für ihn – aber auch für Sie – die Frage: »absichern« oder »laufen lassen«?

Sie stehen vor einem Problem der Unsicherheit. Keiner – auch ich nicht – kann Ihnen sagen, wie es morgen weitergeht. Ich persönlich meine, dass gerade gute europäische Werte bis zum Sommer (und vielleicht noch die nächsten zwei, drei Jahre) gut laufen werden. Die Werte sind nicht teuer. Die Öl- und Rohstoffwerte werden aus meiner Sicht dauerhaft gut laufen. Ich habe Ihnen auch während der Zwischenkorrektur vom Herbst letzten Jahres geraten, hier nicht auszusteigen.

Gleichzeitig gibt es aber eine kleine Wahrscheinlichkeit für einen weltwirtschaftlichen »Unfall«, der von den USA ausgehen würde. In den USA sind Privathaushalte, der Staat und die Nation gegenüber dem Ausland mittlerweile grotesk hoch verschuldet. Kracht das zusammmen, wird sich auch Europa dem nicht entziehen können. Deswegen empfehle ich schon länger, den US-Anteil auf 20 bis 30 % im Depot zu reduzieren.

7.2 Vier Jahre Wachstumsportfolio und weiter top!
Ausgabe 30/2006 vom 28.07.2006

Unsere Portfolios sind absolut top! In den fast genau vier Jahren seit seiner Auflegung hat das Wachstumsportfolio 97,65 % (ohne Dividenden) zugelegt, der DAX – immerhin einer der Top-Indizes dieser Jahre – nur 49,49 %. Das entspricht einer jährlichen Rendite von 20,6 %, wenn man die Dividenden hinzuzählt. Beim DAX waren es »nur« 12,6 %.

Insofern schaue ich der erwarteten Abschwächung der Aktienmärkte im Jahr 2007 gelassen entgegen. Wertsteigerungen von »nur« 10, 8 oder 6 % oder sogar eine Minusrunde wären völlig normal. Zunächst aber glaube ich, dass wir in den nächsten Monaten noch einmal gemeinsam absahnen können.

Das auf Ihren Wunsch vor knapp einem Jahr eingerichtete Langfristportfolio lief dem DAX zunächst hinterher. Mittlerweile haben wir auch hier eine traumhafte Rendite von 16,63 % inklusive Dividenden, während der DAX nur 14,62 % erzielt hat.

Beim Veteranenportfolio, den Kaufleuten, stehen wir mittlerweile bei 30,67 %, während der DAX immer noch bei minus 8,14 % seit

Dezember 1999 steht. Besser geht es nicht. Zudem kommt unsere Performance in zwei Portfolios, den Kaufleuten und dem Langfristportfolio, durch eine sehr ruhige Anlagepolitik zustande.

Kaum kränkelt die Börse ein paar Monate, kränkeln auch schon die ersten Gemüter. Aktienkurse – und zwar die jetzigen – haben eben doch eine unglaubliche Macht auf die Psyche der allermeisten Anleger. Es ist eine sehr, sehr schwere Aufgabe, sich psychologisch von den Schwankungen der Börse zu befreien. Mindestens 90 % der Privatanleger und fast einer ebenso großen Anzahl der professionellen Geldmanager wird es nie gelingen!

Schauen Sie auf unsere Portfolios, wenn Sie zwischenzeitlich einmal Zweifel bekommen sollten. Zweifeln ist menschlich, aber die klare Strategie sollte siegen. Es funktioniert, wenn Sie Geduld haben und einen klaren Kopf behalten.

7.3 Die Entwicklung unserer Portfolios
Sonderausgabe 39/2006 vom 29.09.2006

Mit der Entwicklung unserer Portfolios kann ich sehr zufrieden sein. Das auf Ihren Wunsch eingerichtete Langfristportfolio hat einen guten Start erwischt, das Wachstumsportfolio hält sich mit einer durchschnittlichen Performance von 19,5 % p. a. hervorragend und hat nach gut vier Jahren seinen Wert verdoppelt, und das Kaufleute-Portfolio, das seit mittlerweile fast 7 Jahren besteht, hebt im Vergleich zum Index geradezu ab.

Ganz besonders zeigt das Kaufleute-Portfolio, dass sich das Investieren in Aktien zu jedem Zeitpunkt lohnt, wenn Sie eine konsequente Strategie verfolgen und sich nicht beirren lassen. Mit diesem Portfolio haben wir fast zum Höhepunkt der Börsenblase begonnen und den tiefen Fall des DAX komplett mitgemacht. Dennoch haben wir eine Rendite von 4,6 % p. a. erzielt und stehen mittlerweile mit mehr als 40 % im Plus.

Auf Ihren überwältigenden Wunsch hin habe ich am 16.09.2005 ein Langfristdepot angelegt. Im vergangenen Jahr führte ich Verkäufe in Höhe von 18.000 Euro durch, das würde umgerechnet einer Umschichtung des Portfolios alle 2,7 Jahre oder einer durchschnittlichen Haltedauer von 2,7 Jahren entsprechen. In Zukunft soll die Haltedauer – wenn möglich – noch langfristiger werden. Nach einem Jahr hat das Langfristportfolio den DAX geschlagen. Das ist deswegen ein besonderer Erfolg, weil der DAX ein Überraschungssieger der letzten Jahre war. Im Langfristportfolio legen wir hingegen global an und versuchen nicht, die Top-Indizes der jeweiligen Jahre zu finden. (...)

7.4 Bumm, bumm – zweimal Volltreffer

Ausgabe 50/2007 vom 14.12.2007

In den letzten Wochen gelangen mir zwei Volltreffer, die Sie in meinen Depots nachvollziehen konnten. Naja, eineinhalb. Und der Unterschied zwischen beiden ist sehr lehrreich.

Am 19. November dieses Jahres kaufte ich Aktien des Finanzvertriebs AWD zu 18,62 Euro. Am 22. November kaufte ich Aktien des norwegischen Papierproduzenten Norske Skogindustrier zu 3,88 Euro. Ebenfalls am 22. November kaufte ich AWD zu 17,90 Euro für das Wachstumsportfolio nach. Im Langfristportfolio kaufte ich AWD am 26. November zu 19,16 Euro.

Heute, nach noch nicht mal einem Monat, steht AWD bei 29,38 Euro (+ 64 % von meinem tiefsten Einstiegskurs, der nahe dem Allzeittief liegt) und Norske Skogindustrier steht bei sechs Euro (+ 55 %). Am 3. Dezember gab die Swiss Life bekannt, dass sie AWD übernehmen wolle. Die Aktie schoss nach oben. Hatte ich Insiderinformationen? Nein, ich habe Value Investing betrieben.

Auf insgesamt zehn Value-Konferenzen (auf meinem Investorentag und meinen Vorträgen für Privatanleger, bei der BayernLB, in

Molfetta und bei Acatis) habe ich seit dem Sommer öffentlich meine These vertreten, dass das Unternehmen AWD durchaus Qualität habe und dass die Aktie zu billig sei. Mein erster Einstiegskurs für AWD lag am 3. Juli dieses Jahres bei 31,36 Euro. Bis zum Tief von 17,60 Euro musste ich zwischenzeitlich ein Minus von 44 % erdulden. Viele Privatanleger hätten wahrscheinlich verkauft und große Verluste produziert. Ich habe nachgekauft. Das erforderte Mut und Leidensfähigkeit.

Noch am Donnerstag vor der Bekanntgabe der Übernahme diskutierte ich meinen Enthusiasmus für die AWD-Aktie auf einem Treffen von Finanzmanagern. Die Aktie stand damals bei gut 22 Euro. Nachdem ich mich über das Unternehmen ausgelassen hatte, gab sich einer meiner Gegenüber als früherer Vorstandsassistent von Carsten Maschmeyer zu erkennen und zählte alle Argumente gegen die Aktie auf. So waren zum Beispiel tatsächlich viele Vertriebsdirektoren gegangen. Ich sagte, dass das Unternehmen auch dann ein Schnäppchen sei, wenn es kaum noch wachse. Nach dem Gespräch hatten wir beide eine leicht veränderte Meinung – mein Enthusiasmus war etwas abgekühlt, er sah die Investmentqualitäten. Zwei Arbeitstage später erfolgte das Übernahmeangebot.

Bei Norske Skog hatte ich es leichter. Bereits im Spätsommer hatte ein von mir sehr geschätzter Finanzanalyst die Aktie als »billig« empfohlen. Bis zum November hatte sich der Kurs der Aktie noch einmal mehr als halbiert. Die Aktie war nun zu einem Drittel ihres Buchwertes zu haben – das ist extrem billig. Nun geht es der Papierindustrie nicht gerade gut. Der Bereich Zeitungspapiere ist rückläufig. Magazinpapiere halten sich passabel. Die Holzpreise steigen. Die norwegische Krone steigt. All dies sind Gründe, aus denen Norske Skog und andere Kapazitäten abbauen müssen. Aber ich war mir sicher, dass dieser große norwegische Konzern überleben würde. Und bei dem Preis musste ich einfach zugreifen. Denn wenn sich eine Besserung in der Papierindustrie abzeichnen würde, wäre der Kurs der Aktie schon längst davongeeilt.

Sie sehen, es gibt immer mal wieder Gelegenheiten, von denen man denkt, »die kann es eigentlich gar nicht geben!« Aber die Märkte sind nicht rational, sie sind chaotisch. Mit viel Geduld, Erfahrung und Wissen lassen sich solche Gelegenheiten nutzen.

Mit meinem Engagement beim amerikanischen Zeitungskonzern McClatchy stehe ich übrigens noch 30 % im Minus. Der Branche geht es noch schlechter als der (zuliefernden) Papierindustrie, aber auch McClatchy ist spottbillig. Nicht immer geht es so schnell wie bei AWD oder Norske Skog.

7.5 Na bitte, geht doch!
Ausgabe 03/2013 vom 18.01.2013

Endlich! Fast zwei Jahre hat es gedauert, bis der PI Global Value Fund einen neuen Höchststand erreicht hat. Nun scheint es einigermaßen stabil zu sein. Die Perspektive auf deutliche, weitere Wertsteigerungen ist gut.

Wir haben bereits vor zweieinhalb Jahren angefangen, in Südaktien zu investieren. Schon damals waren diese billig. Dann wurden sie immer billiger. Und erst im letzten Quartal 2012 begann sich die Strategie auszuzahlen. Mittlerweile haben wir mit etlichen Positionen gute Gewinne realisiert. Andere, wie Mediaset oder Italcementi, stehen immer noch im Minus. Aber auch wenn diese Unternehmen keine Königsunternehmen sind, so ist doch die Wahrscheinlichkeit des völligen Scheiterns ziemlich minimal. Wir halten durch.

Letzte Woche haben wir auch eine große Position von TNT Express aufgebaut. Das Unternehmen hatten wir schon einmal, dann wurde eine Übernahme durch UPS angekündigt. Mit einem satten Gewinn haben wir verkauft. Nun ist die Übernahme durch die europäischen Kartellbehörden verboten worden. Die Aktie fiel wie ein Stein um 40 %. Wir haben wieder gekauft.

TNT Express ist kein Königsunternehmen, aber ein solide funktionierender Logistiker mit einer starken Marktposition in etlichen Märkten und einer guten Bilanz. Wir sehen 60 % Potenzial und mehr bei der Aktie.

Vor einigen Tagen kam die sehr gute und valueorientierte amerikanische Investmentfirma AllianceBernstein mit einem Statement heraus, dass solide Technologiewerte wie Microsoft, Intel, IBM und andere die Konsumgüterunternehmen der nächsten Jahre werden. Klassische Markenartikler seien mittlerweile mindestens fair bewertet, und die Technologieunternehmen hätten oftmals auch Charakteristika von Konsumgüterunternehmen angenommen.

An der These ist etwas dran. Wir werden die Augen für Sie offen halten!

7.6 Praktiker muss Insolvenz anmelden
Ausgabe 28/2013 vom 12.07.2013

Irgendwann musste es uns ja einmal passieren. Irgendwann musste einmal ein Unternehmen aus unserer mehr als zehnjährigen Empfehlungshistorie absaufen. Nun ist es wohl so weit: Die Baumarktkette Praktiker gab am Donnerstag bekannt, dass man Insolvenz anmelden wolle.

Als wir das Unternehmen im Jahr 2010 vorstellten, waren wir uns bewusst, dass diese Baumarktkette kein Unternehmen allerhöchster Qualität war und dass sie einem harten Wettbewerb ausgesetzt war. Die Aktie kam von 35 Euro und stand damals bei 6 bis 8 Euro. Der Buchwert in der Bilanz lag bei 14 Euro. Wenn also auch das Unternehmen keine besonders hohe Qualität hatte, so fanden wir doch den Preis attraktiv. Und dann gingen wir – und einige von Ihnen – durch das Tal der Tränen.

Allerdings fanden sich auch in schwierigen Phasen immer wieder Investorengruppen, die Aktienpakete kauften oder Geld nachschossen und versuchten, das Unternehmen zu retten. Wir blieben also dabei.

Solange es Hoffnung gab, wollten auch wir die Hoffnung nicht aufgeben und die im Depot stehenden quälenden Verluste nicht realisieren. Rückblickend muss man sagen: »Hätten wir das besser gemacht!« Aber nun ist es wohl zu spät. Natürlich kann man durch ein Investorenleben gehen, ohne je eine Insolvenz mitzuerleben. Dass es uns nun passiert ist, ist sehr unschön, kommt aber bei Turnaround-Investments durchaus vor.

Ich bin gerade auf dem jährlichen Value Investing Seminar in Trani, Apulien. Dort berichtete mir Francisco García Paramés – wohl einer der besten Value Investoren Europas –, dass auch ihm gerade ein Unternehmen aus einem seiner Portfolios abgesoffen sei. Es passiert also.

Nun zurück zu Praktiker. Nachher kann man immer sagen: »Wie dumm war denn das?« Aber das auch vorher zu wissen, ist eine andere Sache.

Dennoch wollen wir aus der Erfahrung lernen. Eine Lehre ist, dass wir noch deutlicher darauf hinweisen werden, wenn wir ein Turnaround-Investment oder ein wackliges Investment vorstellen, bei dem uns vor allem der Preis überzeugt.

In diesem Sinne ist die mehrfach von mir an dieser Stelle angesprochene Barrick Gold kein Turnaround-Investment! Ja, das Management ist dumm! Ja, es kann sein, dass zusätzliche Finanzierungen notwendig werden. Aber die Aktie notiert auf dem Niveau von 1986. Damals lag der Goldpreis bei wenigen 100 Dollar je Unze. Heute immer noch beim Vierfachen.

Barrick produziert tatsächlich etwas, ist also kein Betrugsfall. Nun werden wohl einige Investitionsvorhaben verschoben und einige teure Minen vorübergehend geschlossen. Der Umsatz des Unternehmens wird sinken, die Profitabilität steigen. Diese Aktie hat auf dem jetzigen Niveau ein Potenzial von 150 %.

8. ARMES DEUTSCHLAND

Es ist kaum fassbar, was in den letzten Jahren unter dem falschen Schlagwort der »Eurorettung« gelaufen ist. Wie schon in der Finanzkrise privatisieren spekulative Finanzmarktakteure und Superreiche die Gewinne und laden dann die Risiken den Bürgerinnen und Bürgern auf – in Deutschland UND in Griechenland.

»Scheitert Griechenland, scheitert der Euro, scheitert Europa« – kein Satz ist so verquast und falsch wie dieser. Schon die einzelnen Bestandteile stimmen nicht. Griechenland IST brutal gescheitert. Wenn die Arbeitslosigkeit auf 30 % zugeht, die Jugendarbeitslosigkeit auf 50 % und in manchen Städten Eltern ihre kleinen Kinder in Waisenhäuser geben, weil sie es sich nicht mehr leisten können, sie zu ernähren. In meiner Streitschrift *Stoppt das Eurodesaster* (Ullstein, 2011) habe ich diese Vorgänge thematisiert.

Aber eine Botschaft muss nicht richtig sein. Sie muss nur pausenlos von allen Seiten wiederholt werden, um irgendwann geglaubt zu werden. Das wusste man auch schon in totalitären Regimes.

Es ist schon bedenklich, wenn »Rettungspakete« im Parlament in wenigen Minuten durchgewunken werden und sich keine ernsthafte Opposition etablieren kann. Wenn das Kartell der etablierten Parteifunktionäre dicht macht. Wenn man Oppositionsbewegungen wie zum Beispiel der »Alternative für Deutschland« versucht, undemokratische Strukturen nachzuweisen.

So glaubt nun eben ein großer Teil des Wahlvolks, dass der Euro in dieser Form gut für Europa ist.

Ein Mitglied des Bundesverfassungsgerichts vertraute mir bei einem gemeinsamen Mittagessen an, dass er die Rechtsbeugungen und -brüche im Zuge der sogenannten »Eurorettung« als unerträglich empfinde.

Im Moment sieht es wirklich nicht gut aus um den Traum der »Vereinigten Staaten von Europa«, den unsere Väter nach dem Ende des Zweiten Weltkriegs träumten. Zumindest mein Vater. Europa muss auf demokratische Weise zusammenwachsen, um nicht noch mehr zum Spielball der Supermächte und zum faktischen Protektorat der USA zu werden. Deutlicher als beim sogenannten »Datenabhörskandal« um die amerikanische NSA kann uns das nicht gezeigt werden. Europa hat nur geeint eine Chance. Aber wo ist der politische Wille? Wo die Persönlichkeiten, die das umsetzen könnten?

In seinem auch heute noch viel gelesenen Essay Der Waldgang hat Ernst Jünger 1951 geschildert, wie sich einzelne Dissidenten angesichts totalitärer Bedrohungen verhalten können. Deutschlands vielleicht bekanntester Soldat des Ersten Weltkriegs zeigt Möglichkeiten der inneren Emigration und des stillen »dennoch« auf.

Die Methoden des Totalitarismus haben sich heute gewandelt. Es werden nicht mehr Wahlen manipuliert, so dass nachher die Machthaber mit 99 % der Stimmen gewählt sind. Im Gegenteil – Wahlen werden als spannende Wettkämpfe mit viel Geld und wenig Inhalten inszeniert. Die wahren Entscheidungen werden in den Hinterzimmern von Lobbyisten gefällt, Politiker bieten im Großen und Ganzen nur noch eine Kulisse dafür und dürfen die Entwicklungen kommentieren.

Ich und wenige andere – zum Beispiel Wilhelm Hankel, Hans-Olaf Henkel, Bernd Lucke, Dirk Müller, Frank Schäffler, Hans-Werner Sinn, Sahra Wagenknecht, Klaus-Peter Willsch – werden weitermachen und demokratische Rechte sowie faire und vernünftige Strukturen einfordern. Hankel ist in einem Alter, in dem er über den Dingen steht. Möge er noch viele Jahre die Kraft haben. Henkel und Sinn mussten schon die Krallen des Establishments spüren. Über Henkel erschienen Schmähartikel in großen Medien. Sinns ifo Institut kürzte man die Mittel empfindlich. Schäffler, Wagenknecht und Willsch genießen als Bundestagsabgeordnete einen Sonderstatus. Warum nutzen das nicht mehr ihrer Kolleginnen und Kollegen?

Ich bin nur Ihnen, den Privatanlegern verpflichtet. Ich bin von keinerlei großen Organisationen oder Unternehmen abhängig, solange DER PRIVATINVESTOR mir eine Existenzgrundlage bietet. Und ich werde weiter aussprechen, was ich für richtig halte.

8.1 Private Altersvorsorge: Schlusslicht Deutschland
Ausgabe 50/2004 vom 10.12.2004

Die Deutschen sind beim privaten Sparvermögen das Schlusslicht in Westeuropa. Diesen traurigen Befund hat die Gesellschaft für Konsumforschung (GfK) am Montag veröffentlicht. In Deutschland haben nur 7 % aller Haushalte ein Sparvermögen von mehr als 50.000 Euro. In der Schweiz sind dies immerhin 38 %, in den USA 50 %.

Nach wie vor legen wir Deutschen unser Geld gerne auf das Sparbuch. 60 % von uns besitzen eines, obwohl es derzeit nicht einmal den Kapitalerhalt garantiert. Nur in Schweden (79 %), Belgien (74 %) und Italien (73 %) ist der Anteil noch höher.

Nur 14 % aller Deutschen haben Aktien- oder Aktienfonds. Im August meldete das Deutsche Aktieninstitut (DAI), dass die Zahl der direkten Aktienbesitzer seit dem Jahr 2002 von 3,1 Millionen auf 2,6 Millionen zurückgegangen ist. Viele der »zittrigen« Anleger, die erst Ende der 90er-Jahre Aktien gekauft hatten, haben frustriert wieder verkauft. Die Zahl der Fondsbesitzer ist allerdings konstant geblieben – obwohl 80 % aller Aktienfonds die Märkte nicht schlagen können. Auch deutsche Privatanleger haben gemerkt, dass an der Aktienanlage kein Weg vorbei geht. Sie laden aber die Verantwortung gerne einem Dritten auf und nehmen dafür auch Performance-Nachteile in Kauf.

Es verwundert nicht, dass 50 % aller Amerikaner Aktien oder Aktienfonds halten. Hätten Sie aber gedacht, dass im sozialdemokratisch-sozialistischen Schweden 60 % aller Haushalte direkt oder indirekt in Aktien anlegen? Und dass in Italien der Anteil der Haushalte, die Aktien besitzen, zweieinhalb mal höher ist als in Deutschland (33 %)?

Dafür haben wir Deutschen immer noch einen Hang zum Versichertsein. 42 % der Bundesbürger haben eine Lebensversicherung. Das ist (traurige) Weltspitze. Wenn Sie bedenken, dass die Aktienmärkte im Schnitt zwischen 8 und 12 % abwerfen, Lebensversicherungen in vielen Fällen aber nur noch 2 bis 5 %, ist das rational nicht mehr nachvollziehbar. Es fehlt vielen der Mut, Verantwortung für die eigenen Finanzen zu übernehmen. Da finanzieren sie lieber die Verwaltungspaläste der Versicherungen, anstatt selbst Vermögen aufzubauen.

Für eine Zusatzrente von 1000 Euro pro Monat sollten Sie, je nach Rendite, die Sie erzielen wollen, 200.000 bis 300.000 Euro angespart haben. Die Bedingungen sind günstig. Deutsche Aktien sind aus der Mode gekommen. Auch international gibt es nach dem Abklingen der Börsenhausse Einstiegschancen für langfristig orientierte Anleger. Wann fangen Sie an?

8.2 Stabilitätspakt ade

Ausgabe 12/2005 vom 24.03.2005

Im April 1998 hielt ich einen Probevortrag zum Thema »The Euro and the Future of the European Union« an der Boston University. Kurze Zeit später berief mich die Berufungskommission zum Professor an dieser Hochschule.

In meinem Vortrag war ich sehr skeptisch im Hinblick auf den Euro und die Verträge von Maastricht. Europa war – und ist – für mich keine politische Union. Ich sehe auch in der nächsten Zeit keinerlei Chancen, dass Europa politisch eine Einheit wird. Eine 330-seitige sogenannte »Europäische Verfassung« verdient das Papier nicht, auf das sie gedruckt ist. Ohne politische Einigkeit kann aber eine gemeinsame Währung auf Dauer nicht funktionieren. Brüssel sah – und sehe – ich vor allem als eine große Bürokratie und einen Ort, wo Lobbyisten sich Vorteile zuschanzen können.

Ende der 90er-Jahre war in Amerika die Aufregung groß, dass mit der Wirtschafts- und Währungsunion ein mächtiger Akteur am Weltmarkt entsteht. Diesen Akteur gibt es bis heute nicht. Ich ging sogar einen Schritt weiter: Der Währungsunion prophezeite ich eine Lebenszeit von 5 Jahren, bevor es erste Aufweichungstendenzen bei dem von den Mitgliedsstaaten als »unwiderruflich« bezeichneten Vertragswerk geben würde. Irgendwann – so spekulierte ich – würde es wieder einen »französischen Euro«, einen »deutschen Euro« und so weiter geben.

»Unwiderruflich« sind noch wenige Dinge in der Weltgeschichte gewesen, schon gar nicht so wackelige Vertragswerke wie die europäische Wirtschafts- und Währungsunion.

Meine zukünftigen Kollegen und die Studenten hörten meinem Vortrag mit Interesse zu und stellten viele Fragen. Später versuchte ich, den Vortrag in Europa zu veröffentlichen. Ich traf auf eine Mauer des Schweigens. Bei einer angesehenen politischen Zeitung gab man mir versteckt zu verstehen, dass meine Skepsis und Kritik an der Europäischen Wirtschaftsunion »nicht erwünscht« sei.

Die Wirtschafts- und Währungsunion trat am 1. Januar 1999 in Kraft. Euro-Geld haben wir seit dem 1. Januar 2002. Noch im selben Jahr konnten Deutschland und Frankreich die Maastricht-Kriterien nicht mehr erfüllen. Zunächst wurden die Sanktionsverfahren gegen diese Länder nicht angewendet. Seit dieser Woche ist es nun offiziell: Der Euro-Stabilitätspakt wurde gegen den Protest der Notenbanken deutlich aufgeweicht. Wenn Deutschland, Frankreich, Italien und Großbritannien sich nicht an den Vertrag halten wollen, dann muss er eben geändert werden. In schlechten Zeiten dürfen nun höhere Schulden gemacht werden. Die Finanzminister nennen das eine »Reform« des Stabilitätspaktes.

Ich habe nichts dagegen. Zwar können die großen Länder jetzt mehr Schulden machen und es ist klar, dass auch der Stabilitätspakt bestenfalls eine lahme Absichtserklärung ist. Aber das Hauptrisiko der Weltwirtschaft ist derzeit die Rezession. Sollen Deutschland und Frankreich sich doch verschulden. Amerika macht es uns ja schließlich vor.

Vielleicht führt das zu steigender Inflation und steigenden Zinsen in Europa. Es könnte Schlimmeres geben, nämlich ein völliges Abrutschen in wirtschaftliche Stagnation und Rezession.

Für diejenigen von uns, die ihr Geld überwiegend in Aktien und Immobilien gebunden haben, sind steigende Zinsen und steigende Inflation das kleinere Übel. Sowohl Aktien als auch Immobilien sind Sachwerte und damit relativ inflationsbeständig.

Und noch etwas: Selbst, wenn eines Tages die Europäische Wirtschafts- und Währungsunion zusammenbrechen und ganz Brüssel vom Erdboden verschwinden würde: Die europäische Idee lebt. Es ist schlichtweg unvorstellbar, dass Europa noch einmal in ein Zeitalter der Kriege und Spaltungen zurückfallen wird. Eine europäische Identität hat sich in den Köpfen und Herzen der Europäer verbreitet. Hierzu brauchen wir aber keine Bürokratie aus Brüssel.

Nachtrag 2013:
Die meisten kennen mich aufgrund meiner Crashprognose aus dem Jahr 2006.
Wenige wissen, dass ich dem Euro im Frühjahr 1998 für ungefähr zehn Jahre nach der Gründung ernsthafte Probleme prognostiziert hatte. Die Eurozone sei kein optimaler Währungsraum und würde, so mein Vortrag an der Boston University, zu künstlichen Boomphänomenen in einigen Regionen und rezessiven Situationen in anderen Regionen führen. Genau das passierte: Im Süden und in Irland gab es ungesunde Blasenbildungen, während Deutschland und einige andere Länder sich in Lohnzurückhaltung übten.
Der Vortrag *The Euro and the Future of the European Union* ist als *Occassional Paper #6* beim American Council on Germany in New York dokumentiert.
Das Geheimnis guter Prognosen ist übrigens, nur selten den Mund aufzumachen und nur dann, wenn man etwas zu wissen glaubt. Ich bin heilfroh, kein Wirtschaftsforschungsinstitut zu leiten und alle halbe Jahr mit einer Prognose an die Öffentlichkeit gehen zu müssen.

8.3 Opel: Das kommt davon!

Sommertelegramm 35/2009 vom 28.08.2009

Sehr geehrte Frau Dr. Merkel, sehr geehrter Herr Dr. Steinmeier, sehr geehrter Herr Steinbrück, sehr geehrter Herr Dr. zu Guttenberg,

vor einigen Wochen haben Sie ein anscheinend sicheres Wahlkampfthema für sich entdeckt: die Opel-Rettung. Keiner von Ihnen wollte zurückstehen, als es darum ging, Wohltaten zu verteilen. Sie, Herr zu Guttenberg, brachten zwar einige Bedenken ein, letztlich haben Sie den Plan aber mitgetragen. Mitgegangen, mitgefangen, mitgehangen! Ein Feigenblatt an Bedenken nützt da nichts.

Wie ein Schauspiel inszenierten Sie die Vorauswahl der Bewerber um die Opel-Übernahme und unterhielten damit die deutsche Öffentlichkeit einige Wochen über die Medien. Der Titel des Schauspiels: »Hier wird gehandelt, hier wird hohe Politik gemacht!« Im November 2008 machten Sie, Frau Dr. Merkel, die Opel-Rettung zur Chefsache und sprachen mit den Spitzen des Konzerns. Sogar mit dem amerikanischen Präsidenten haben Sie telefoniert.

Dabei durften Sie vor allem eines, werte Bundesregierung: Geld herausrücken. Die inszenierte »Vorentscheidung« der Bundesregierung war und ist keinen Pfifferling wert. Bis zu 4,5 Milliarden Euro an Steuergeldern und Bürgschaften kann die Rettung kosten.

Sie haben sich einseifen lassen. Sie hätten wissen müssen: In Geschäftsverhandlungen mit Amerikanern erhaltene Zusagen sind meistens keinen Pfifferling wert, solange sie nicht niet- und nagelfest vertraglich festgelegt sind. Wir Deutschen mögen viele Schwächen haben, aber ehrlich sind wir zumeist. In anderen Teilen der Welt, so auch in Amerika, gelten oft andere Sitten. Zusagen in Verhandlungen sind Positionen, mehr nicht. Nur was im Vertrag steht, zählt. Wenn der eine Fußball spielt und der andere American Football, kann es nichts werden. Gerne hätte ich Ihnen mein Buch *Amerika für Geschäftsleute* geschickt, aber Sie hätten es ja doch nicht gelesen.

Ich erinnere mich an den Tag, als Sie nachts alle zusammen im Kanzleramt standen. Ein Fotograf hielt durch das Fenster fest, wie Sie von einem Vertreter niedrigen Ranges der amerikanischen Seite locker düpiert wurden.

Und nun die neueste Entwicklung: Vielleicht behält General Motors Opel ja doch. Das Nachsehen hat der deutsche Michel. Das deutsche Geld wollte man, aber auf die zwischendurch mal gemachten Zusagen pfeift man.

Das kommt davon, wenn man mit den großen Jungs spielen will!

Etwas weniger Schauspiel wäre angebracht. Widmen Sie sich doch den dringenden Themen der Regulierung der Finanzmärkte! Zeigen

Sie da Mut, wo es vielleicht auch einmal unangenehm ist und nicht sofort in den Medien gefeiert wird.

Die Eigenkapitalregeln nach Basel II sind zum Beispiel ursprünglich auf Drängen der Amerikaner für alle Banken und Unternehmen in Europa eingeführt worden. Sie belasten unsere Unternehmen – insbesondere die kleinen – mit einem extremen, bürokratischen Aufwand und sie verstärken die Krise. In den USA werden diese Regeln nur zu einem geringen Teil umgesetzt, was der amerikanischen Wirtschaft einen massiven Vorteil verschafft. Ich diskutierte das Thema mit Hannes Rehm, bevor er Chef des SoFFin wurde. Er sprach von einer »regulatorischen Asymmetrie«. Ich nannte es »Wirtschaftskrieg«. Als ich Herrn Westerwelle auf einer Konferenz fragte, wie er mit dem Thema umgehen würde, bekam ich auch nicht viel Ermutigendes zu hören.

Wann hören Sie auf, sich einseifen zu lassen? Deutschland ist die drittgrößte Nettosparnation der Welt. Das bedeutet ein enormes internationales Machtpotenzial. China – ebenfalls eine Sparnation – sowie die arabischen Staaten haben das erkannt. Deutschland und Japan hingegen schlafen einen Dornröschenschlaf. In der EU setzen sich schon wieder die laxen englischen Vorstellungen zur Regulierung der Finanzmärkte durch. Kein Wunder, England muss ein Hedgefonds im Gewand eines Landes bleiben, denn an Realwirtschaft gibt es da nicht mehr viel. Auch in der EU laufen Sie Gefahr, sich über den Tisch ziehen zu lassen.

Wachen Sie auf! Vertreten Sie deutsche und kontinentaleuropäische Interessen! Deutschland ist in die Weltwirtschaft verflochten. Wir wollen exportieren und uns um internationale wirtschaftliche Kooperation bemühen, ja sogar Vorbild sein. Aber über den Tisch ziehen lassen müssen wir uns nicht!

Mit vorzüglicher Hochachtung

Ihr

Prof. Dr. Max Otte

8.4 Deutschland geht´s gut!
Ausgabe 51/2009 vom 18.12.2009

Deutschland geht es gut. Na ja, nicht wirklich ... aber doch bedeutend besser als unseren sogenannten angelsächsischen Vorbildländern. Was ich schon länger geschrieben habe, hat jetzt auch die große Wochenzeitung *Die Zeit* als Thema aufgenommen und veröffentlichte im Wirtschaftsteil einen Artikel mit der Überschrift »Das deutsche Vorbild«. Noch vor einigen Monaten las ich Prognosen, wonach die amerikanische Wirtschaft »wesentlich flexibler« bei der Bewältigung der Krise sei. Vor einem Jahr droschen etliche anerkannte, internationale Ökonomen, darunter Paul Krugman, auf Deutschland ein, weil das Land zu wenig tue. Bull ...

Ja, damals war unser Konjunkturpaket geringer als das in Amerika. Aber auch unsere Probleme waren wesentlich geringer. Und unser Beitrag zur Weltwirtschaft war tatsächlich größer. Denn in Deutschland lief der Konsum wie eine Eins durch. Auch die Importe liefen weiter. Nur die Exporte und die Investitionen wurden geringer. In Amerika war es teilweise umgekehrt – da brachen die Importe schneller ein als die Exporte. Jetzt kommt das Komplizierte: Importe werden vom eigenen Wirtschaftswachstum abgezogen, da sie ja keine Nachfrage nach inländischen Produkten darstellen. Exporte hingegen werden dazu addiert.

Wenn in den USA also die Importe implodieren, steigt das Wirtschaftswachstum. Wenn in Deutschland die Exporte fallen, fällt das Wirtschaftswachstum. Aufgrund dieses rein buchhalterischen Effekts lag das Wirtschaftswachstum in Deutschland bei minus 5 % und in den USA nur bei minus 2,5 %. Aber die USA haben diese Krise verursacht, und der US-Wirtschaft geht es dreckig. Deutschland und die USA liegen nun beide wieder beim Produktionsniveau von Anfang 2006. Aber die USA haben zu diesem Zeitpunkt fast 3 % aller Jobs verloren – und das bei einer wachsenden Bevölkerung. Die Arbeitslosenzahl stieg von knapp 5 auf mehr als 10 Millionen. Außerdem hat uns die Kurzarbeitsregelung geholfen: Würde man all die Arbeitskräfte jetzt entlassen, käme es zu einem weiteren Rückgang der Nachfrage, und in wenigen Monaten oder Jahren müsste man all die Leute wieder anstellen und neu einlernen.

Mittelständische, eigentümergeführte Unternehmen sind immer noch das Rückgrat der deutschen Wirtschaft. Dort stehen meistens – spektakuläre Ausnahmen gibt es immer – Menschen an der Spitze, denen das langfristige Wohl ihres Unternehmens am Herzen liegt. Nein, das deutsche, solidarische und langfristig orientierte Modell ist tatsächlich »vorbildlich«, obwohl wir es schon seit einiger Zeit demontieren. Auch unser Finanzwesen war von etwa 1870 bis etwa 1990 vorbildlich und insgeheim der Neid vieler Länder, während man in Deutschland nichts Besseres zu tun hatte, als das angelsächsische Investmentbanking-Modell zu etablieren. Noch haben wir die Volks-, Raiffeisen- und die Genossenschaftsbanken sowie die Sparkassen. Sie leisten die Grundversorgung der Wirtschaft mit Krediten (die Landesbanken gehören abgeschafft, aber das ist ein anderes Thema). Die einheitliche Bankaufsicht haben wir seit 1934, die Amerikaner nun endlich seit 2008. (...)

8.5 Das System der Produktivkräfte
Ausgabe 15/2010 vom 16.04.2010

Kennen Sie den genialen Friedrich List? Oder Werner Sombart? Oder Alexander Rüstow und Wilhelm Röpke? Nein? Dann deswegen, weil diese außergewöhnlichen deutschen Ökonomen in der modernen, angelsächsisch dominierten Ökonomie keine Rolle mehr spielten. Glücklicherweise konnte ich über List und andere große Denker in meinen Seminaren zur politischen Ökonomie in Princeton forschen und diskutieren. Bei einigen wenigen Politikwissenschaftlern leben derartige Denker weiter. Von den Marktideologen, die heute die Diskussion beherrschen, werden sie verdrängt.

Friedrich List, der in der ersten Hälfte des 19. Jahrhunderts lebte, ist der Pionier des deutschen Eisenbahnnetzes und der deutschen Zollunion. Aufgrund seiner kritischen und demokratischen Einstellung musste der junge Professor ins Gefängnis, bevor er in die USA ging, dort mit Eisenbahnen und Kohle reich wurde, Präsident Jackson unterstützte und als amerikanischer Konsul mit diplomatischer Immunität nach Deutschland zurückkehrte. Im Herzen war er deutscher Patriot geblieben. Dort half er in Sachsen, Eisenbahnen zu konzipieren, wurde aber von den Dresdnern übervorteilt. Als Ideengeber und unermüdlicher Idealist wurde er geschätzt, als Geschäftsmann herausgedrängt.

Im Jahr 1841 schrieb List sein Hauptwerk: *Das nationale System der politischen Ökonomie.* Er wandte sich gegen die Freihandelslehre von Ricardo, Smith und Hume und befürwortete Schutzzölle, die die Industrialisierung eines Landes beschleunigen sollten. List nannte sie »Erziehungszölle«. Letztlich war es für List nicht »der Markt« beziehungsweise Angebot und Nachfrage, sondern ein »System der Produktivkräfte«, welches über den Erfolg oder Misserfolg einer Volkswirtschaft entscheidet. Solche Produktivkräfte können sein: Bildung, Organisation, Gewerbefleiß, Sparsamkeit. List war damit auch Vorbereiter der Theorie vom Humankapital, nur hat er es oftmals besser und treffender ausgedrückt als heutige Ökonomen. List nahm ein tragisches Ende. Der unermüdliche Kämpfer für die Verbesserung der wirtschaftlichen Bedingungen wurde überall mit Interesse gehört, konnte aber nirgends eine gehobene Stellung erzielen und war so vor allem publizistisch tätig. Im Jahr 1846 beging er Selbstmord.

Was geschieht heute mit unserem »System der Produktivkräfte«? Was ist die Folge dessen, dass wir unproduktive Finanzkasinos und Banken wie die Deutsche Bank, die Commerzbank, die Royal Bank of Scotland, Hedgefonds und Private-Equity-Gesellschaften wirtschafts- und steuerpolitisch unterstützen und die produktive Wirtschaft durch restriktive Regelungen benachteiligen? Warum investieren wir in Hartz IV und Bankenrettungen und nicht in Bildung?

Warum zerstören wir unser hervorragendes deutsches Bankensystem und ersetzen es durch minderwertige angelsächsische Modelle? Manchmal fühle ich mich so verzweifelt, wie sich List am Ende gefühlt haben muss. Ich verspreche Ihnen aber, dass ich nicht denselben Weg gehen werde! Ein bisschen Hoffnung bleibt.

8.6 Herr Bundespräsident, ich verstehe Sie!
Ausgabe 22/2010 vom 04.06.2010

Sehr geehrter Herr Bundespräsident,

Sie sind überraschend zurückgetreten, weil die Kritik in den Zeitungen den Respekt vor Ihrem Amt habe vermissen lassen. Ich verstehe Sie. Der politische Diskurs in unserem Land hat mittlerweile oft ein Niveau erreicht, das es nicht mehr zu kommentieren lohnt. Die Kritik hinterfragte schnell und leichtfertig, ob Ihre Äußerungen noch von der Verfassung gedeckt seien. Es war Ihnen anzumerken, dass Sie das zutiefst verletzt hat. Sie haben diesem Land ein Berufsleben geschenkt, als Beamter, als Präsident des Sparkassen- und Giroverbandes, des Internationalen Währungsfonds und zuletzt als Bundespräsident. Sie sind ein Staatsdiener vom alten Schlage. Natürlich hatten auch Sie einen enormen Ehrgeiz und Fleiß, sonst wären Sie nicht so weit gekommen. Aber Sie haben Ihrem Land gedient, ehrlich und mit bestem Gewissen. Vielleicht würden sie heute Ihre frühere Rolle als Direktor des Internationalen Währungsfonds nicht mehr so leicht wahrnehmen können, nachdem Ihnen die Finanzkrise die politischen und ökonomischen Realitäten vor Augen geführt hat.

Aber ein Bundespräsident darf einen gewissen Respekt vor seinem Amt erwarten. Er darf erwarten, dass Schreiberlinge nicht sofort leichtfertig sehr schlimme Dinge über Sie annehmen. Dafür haben Sie lange und oft genug gezeigt, dass Sie dem Land dienen. Wo der Diskurs auf ein solches Niveau herabsinkt, haben ehrliche Menschen mit einem gewissen Maß an Respekt vor sich selbst nichts zu suchen. In den Kommentaren war gelegentlich die Rede davon, dass Sie eben ein Quereinsteiger und kein professioneller Politiker gewesen seien und auf diese Situation nicht professionell genug reagiert hätten. In der Tat! Ihnen ging es um Inhalte. Sie haben noch Rückgrat und nicht die professionelle Flexibilität von Berufspolitikern. Es war gut, dass Sie Empfindlichkeit gezeigt haben. Ich befürchte zwar, dass es letztlich nichts nützen wird, aber es war ein Signal an diejenigen Menschen im Lande, die das noch verstehen. Ich wünsche Ihnen alles Gute!

Mit vorzüglicher Hochachtung

Ihr

Prof. Dr. Max Otte

8.7 Weber, Sanio, zu Guttenberg

Ausgabe 07/2011 vom 18.02.2011

Axel Weber ist zurückgetreten. Die *Spiegel*-Leser unter Ihnen wissen vielleicht, dass ich mir mit ihm auf der Führungskräftetagung der *Süddeutschen Zeitung* letztes Jahr ein kleines Wortgefecht geliefert habe. Was nicht im *Spiegel* stand: Ich habe dem Kollegen Weber öffentlich gesagt, dass ich ihm abnehme, dass er nicht auf den nächsten Job schielt, sondern versucht, sein jetziges Amt ordentlich zu erfüllen. Nun war dies anscheinend nicht mehr möglich. 2010 hatte Weber sich in einer Telefonkonferenz des EZB-Rates gegen den Aufkauf von Staatsanleihen ausgesprochen und auch gesagt, dass er seine Opposition öffentlich machen wolle, wenn das doch geschehen würde. Er griff dann auch zu diesem unüblichen Schritt. Und als klar war, dass er sein Amt aufgrund fehlender Rückendeckung durch die Kanzlerin nicht mehr ausüben konnte, trat er zurück. Meinen Respekt, Herr Kollege Weber! Nun versucht man, Weber als »sperrig« und »nicht konsensfähig« hinzustellen. Aber der Mann hat nur seine Pflicht getan und sich an Recht und Gesetz gehalten. Alle anderen – einschließlich unserer Bundesregierung – haben das in dieser Sache nicht gemacht.

Neuer Chef wird ein pflegeleichter Merkel-Getreuer. Ähnliches haben wir bei der Wahl unseres Staatsoberhauptes erlebt. Damit ist die Bundesbank tot und erledigt. Der Generalangriff auf eine der letzten Säulen des erfolgreichen deutschen Nachkriegssystems hatte Erfolg. Die Geldwertstabilität ist abgeschrieben, die D-Mark ist endgültig vergemeinschaftet. Das deutsche Hochschulwesen ist durch den Bologna-Prozess arg in Mitleidenschaft gezogen. Wenn nun durch Basel II und Basel III deutscher Mittelstand, Volks- und Raiffeisenbanken und Sparkassen noch stark beeinträchtigt werden, ist es mit unserer wirtschaftlichen Stärke vorbei.

Es wird immer wahrscheinlicher, dass die Inflation nun kommt. Schon wieder gab es diesbezügliche Titelgeschichten in *Focus-Money* und der *Wirtschaftswoche*. Als Leser des PRIVATINVESTOR sind Sie dagegen gewappnet. Auch Jochen Sanio, Chef der Bundesanstalt für Finanzdienstleistungsaufsicht, ist zurückgetreten. In den letzten Monaten waren von ihm immer kritischere Stimmen zu hören, ob denn Finanzmarktregulierung überhaupt noch funktionieren könne und ob nicht die Banken machen, was sie wollen.

Und nun wurde bekannt, dass unser »Hoffnungsträger« Karl-Theodor zu Guttenberg an vielen Stellen in seiner Dissertation abgeschrieben hat. Mir hat der Mann nie besonders gefallen: Wie er seinen Generalinspekteur und jetzt den Kapitän der »Gorch Fock« abgesägt hat, roch nach üblem Karrierismus. Und nun dies. Seien wir mal gespannt, wie es weitergeht. Vielleicht haben wir ja doch »spätrömische Dekadenz«, wie es Guido Westerwelle vor einiger Zeit zu erkennen glaubte. Oder Zustände wie in der »Spätphase der DDR« (Wolfgang Kubicki). Ich kann nur sagen: »Gute Nacht, Deutschland.«

8.8 Währungspolitische Kapitulation
Sommertelegramm vom 16.09.2011

»Deutschland hat währungspolitisch kapituliert,« schrieb ich, als der damalige Bundesbankpräsident Axel Weber zurücktrat. Die Europäische Zentralbank hatte eifrig Anleihen aufgekauft – was sie immer noch macht – und damit einen der Grundsätze der Deutschen Bundesbank verletzt.

Nun ist auch Jürgen Stark, der Chefvolkswirt der Europäischen Zentralbank, zurückgetreten. Deutschland ist nicht mehr angemessen repräsentiert – weder bei EZB noch beim Internationalen Währungsfonds noch in der EU-Kommission. Lediglich den Chef des Europäischen Stabilitätsmechanismus stellt Deutschland. Geld bereitstellen dürfen wir.

Schon wird über »Eurobonds« diskutiert. Damit würden endgültig alle für alle bürgen, ohne dass die politischen Strukturen der EU und die Ausgabenkontrolle in irgendeiner Form angemessen sind. Dann wäre das »System der organisierten Verantwortungslosigkeit« perfekt.

Eurobonds könnten tatsächlich Effizienzgewinne bringen. Wenn die ganze EU für solche Bonds bürgen würde, entstünde ein Instrument, das auf den Weltmärkten gegebenenfalls stark nachgefragt würde. Aber im jetzigen Zeitpunkt wäre die Einführung von Eurobonds, als ob man Raketentreibstoff in ein Auto mit wackeliger Lenkung, defekter Bremse und drei Rädern füllen würde. Man könnte das Gefährt noch einmal beschleunigen – und führe dann mit Sicherheit vor die nächste Wand.

Immerhin hat der neue Bundesbankpräsident Jens Weidmann eine kleine Emanzipation von seiner politischen Ziehmutter Angela Merkel gewagt. In einer Rede zur Stabilisierung des Euro sagte er, dass man nun entweder das System der eigenstaatlichen Verantwortlichkeit wieder stärken oder komplett eine europäische Wirtschaftsintegration schaffen müsse. Dabei hat er seine Präferenz für

Eigenverantwortung deutlich gemacht. Immerhin. Genug ist das aber nicht.

Hinzu kommt, dass Jochen Sanio, Chef der Bundesanstalt für Finanzdienstleistungsaufsicht (BaFin), immer wieder durchblicken lässt, dass er amtsmüde sei und dass die Befugnisse der BaFin für die wirklich wichtigen Fragen keinesfalls ausreichend sind. Recht hat er. Die Regulierung im Finanzwesen ist zu einer Art Planwirtschaft verkommen, bei der die wirklich wichtigen Fragen (rechtsfreie Räume, Eigenkapital, Einschränkung von gefährlichen Produkten) noch gar nicht wirklich angegangen worden sind.

Noch etwas: Keine drei Wochen, nachdem die Ratingagentur Standard & Poor's die Bonität der USA von AAA auf AA+ herabgestuft hatte, musste der Chef der Agentur, Deven Sharma, seinen Hut nehmen. Zwar sollen die Entscheidungen nichts miteinander zu tun haben, aber wer's glaubt, wird selig. Meiner Auffassung nach sind die USA ein A-Schuldner, bestenfalls AA. Die Ratings sind ein Machtinstrument. Solide deutsche Mittelständler, Volksbanken und Sparkassen spüren sie, Italien spürt sie, während ein marodes Land wie die USA mit dem doppelten Haushaltsdefizit von Italien von zwei der drei großen Agenturen noch mit AAA bewertet wird.

Der Stand der deutschen Politik ist bitter, bitter, bitter. Immerhin habe ich vor zwei Wochen vor den Abweichlern des Deutschen Bundestags Frank Schäffler und Klaus-Peter Willsch referiert, um meine Überlegungen zu einem Schuldenschnitt für die Randstaaten der EU darzulegen. Noch gibt es einige aufrechte Parlamentarier!

Hier hilft nur eines: selbst vorsorgen. Das wissen Sie. Sachwert schlägt Geldwert. Das gilt auch für Aktien, auch wenn diese in den letzten Wochen massiv abgestraft wurden. Aber die Finanzmärkte sind nun mal kurzfristig höchst irrational. In den letzten Tagen sind etliche Titel wie Allianz, Münchener Rück, E.ON und RWE massiv gestiegen. Ob das nun die Wende war, kann ich nicht sagen. Aber es lohnt sich, dabeizubleiben und sich nicht von den Schwankungen verrückt machen zu lassen.

8.9 Es ist schon bedenklich

Ausgabe 47/2011 vom 25.11.2011

Die Eurokrise habe ich im April 1998 in meinem Vortrag »The Euro and the Future of the European Union« vorausgesagt. Es war mir und vielen anderen Ökonomen völlig klar, dass man eine gemeinsame Währung nicht auf ein so heterogenes Wirtschaftsgebiet wie die Europäische Union stülpen kann.

Nicht vorausgesehen habe ich, wie mittlerweile das Recht der Politik mit Füßen getreten wird. Ich ging davon aus, dass nach dem Ausbruch der Eurokrise die undemokratischen Strukturen der EU zugunsten von mehr Demokratie und Bürgernähe reformiert werden würden. Das Gegenteil ist der Fall: Nachdem wir unsere geldpolitische Souveränität in der EZB aufgegeben haben, und auch die Konvergenzkriterien und Schuldengrenzen für die Haushaltspolitik nicht mehr das Papier wert sind, auf dem sie stehen, wird es wohl darauf hinauslaufen, dass auch die Finanzpolitik »vergemeinschaftet« wird – und zwar zweifach vergemeinschaftet im französischen Sinne. Erstens in dem inhaltlichen Sinn, dass sich eine lockere Finanzpolitik durchsetzen wird, und zweitens in dem Sinn, dass Europa eine technokratische Struktur der EU-Kommission ist, in der Frankreich großes Gewicht hat. Auf der Strecke bleiben Demokratie, finanzpolitische Solidität und das deutsche Wirtschaftsmodell.

Klar, unseren Unternehmen kann das ziemlich egal sein. Sie profitieren auch von dieser EU und von schwachen nationalen Regierungen. Aber wer schützt das Vermögen der Bürgerinnen und Bürger nun? Deutschland hat abgedankt. Wolfgang Schäuble hat es letzte Woche auf der Bankentagung in Frankfurt sehr deutlich ausgedrückt: Seiner Meinung nach war Deutschland nach dem Krieg nie souverän.

Nun kommen durch die Erpressungsversuche der Ratingagenturen auch Länder wie Italien unter Druck. Italien hat ein Haushaltsdefizit von weniger als 5 %. Die USA haben 10,8 %. Italien hat seine Schulden bei den eigenen Bürgern und keine Immobilienblase. Die USA haben ihre Schulden im Ausland, eine Immobilienblase und eine marode Wirtschaft. Dennoch haben die USA »AAA« und Italien »A2« als Rating. Da wird mit zweierlei Maß gemessen, was die Panik in Europa verstärkt. Das kann nur im Interesse der USA sein, denn der Euro hat in den letzten Jahren kontinuierlich als Weltreservewährung zugelegt und den Status des Dollars gefährdet. Den wiederum brauchen die USA, um über die Ausgabe von Dollars ihre Außenwirtschaftsdefizite zu finanzieren.

Die europäischen Politiker werden es nicht zulassen, dass ein Land wie Italien die Zahlungsunfähigkeit erklären wird. Das ist in gewisser Weise sogar richtig, denn anders als im Fall von Griechenland wäre Europa platt, wenn Italien in ernsthafte Probleme käme. In dieser Situation wird es darauf hinauslaufen, dass wir in Europa ebenfalls weiteres Geld drucken werden, um Staaten wie Italien unter die Arme zu greifen. In der Europäischen Zentralbank würde die Bundesrepublik jedes Mal überstimmt; hier haben wir kaum noch Einfluss. Jetzt geht es nur noch darum, ob wir uns bei dem geplanten Stabilitätsmechanismus EFSF/ESM oder bei den von Barroso wieder ins Spiel gebrachten Eurobonds einigermaßen behaupten können oder nicht. Der Spielraum der Bundesregierung ist begrenzt, denn im Zweifelsfall kann sie über die Europäische Zentralbank ausgehebelt werden.

Es stehen schlechte Zeiten für die Geldwertstabilität bevor. Ich bleibe dabei, dass Aktien – nach den jüngsten Rückgängen mehr denn je – eine gute Basis für Ihr Portfolio sind.

8.10 Ich bin es langsam leid
Ausgabe 09/2012 vom 02.03.2012

Diese Woche saß ich mal wieder in einer Talkshow und zwar in einer Dreierrunde: Moderator, ein Politiker der zweiten Garnitur und ich. Es ging um Griechenland. Und wieder kamen dieselben Sprüche. Europa habe den Krieg verhindert. Wir müssten Europa weiter bauen. Immerhin das Eingeständnis, dass Deutschland zwischenzeitlich erpresst wurde. Anscheinend hatte der Politiker noch Applaudierer aus seiner Jugendorganisation mitgebracht, die alle in einer bestimmten Ecke saßen. Immer, wenn er seine Stimme etwas hob, gab es aus dieser Richtung etwas Beifall. Wenn bei mir mal Beifall kam, dann doch etwas mehr im Raum verteilt.

Nach der Sendung bekam ich Post von einem Leser, dass ich endlich meine professorale Zurückhaltung aufgeben solle. Ich versuche, mir das zu Herzen zu nehmen. Wenn man aber mit einer gewissen Grundhöflichkeit ausgestattet ist, ist es schwer, die Wortautomaten aus den Parteien zu demontieren. Die wiederholen einfach immer wieder die Parteilinie, egal, was man ihnen sagt. Wahrscheinlich müsste man beleidigend werden. Wir haben Europa nicht gerettet. Im Gegenteil: Die Politik Merkels treibt Griechenland im Auftrag Josef Ackermanns & Co. in bürgerkriegsähnliche Zustände. In Spanien gehen die Lichter aus, wie ich in einer der letzten Kolumnen schrieb. Und in Amerika lacht man sich ins Fäustchen. Schon denken Merkel und Schäuble über eine Erhöhung des Rettungsschirms nach.

Europa geht es relativ gut: Radikaler Schuldenschnitt in Griechenland – Griechenland, Spanien, Portugal und Irland raus aus der Eurozone, und schon wäre der Spuk vorbei. So wie jetzt sparen wir uns in die Depression und werden von der Wall Street am Nasenring herumgeführt. Ich bin es langsam leid. In Europa gehen die Lichter aus und unsere Parteikader machen nichts. Was einige Ökonomen wie Hans-Werner Sinn und ich sagen, wird nicht gehört. Wir stehen einem Kartell aus politischer Klasse, Staaten, Investmentbanken und anderen gegenüber. Bringt es überhaupt etwas, wenn ich mich zu Wort melde? Oder sollte ich nicht lieber meine ganze Energie auf Sie, verehrte Privatanleger, konzentrieren? Reicht es nicht, wenn wir unser Erspartes einigermaßen sicher über die Krise bringen?

8.11 Schuldenschnitt für Griechenland: Business as usual

Ausgabe 10/2012 vom 09.03.2012

Nun ist er also da, der Schuldenschnitt für Griechenland, den ich seit Frühjahr 2010 fordere. Allerdings hat man Griechenlands Schulden von insgesamt über 350 Milliarden nur um gut 105 Milliarden Euro reduziert. Da nur die privaten Gläubiger einbezogen werden, sind all diejenigen, die in den letzten beiden Jahren ihre Schulden bei der Europäischen Zentralbank abladen konnten, fein raus. Man hätte eben gleich im April 2010 den Schuldenschnitt machen müssen. Dann wäre es fair und gerecht gewesen und die letzten zwei Jahre hätten zum Wiederaufbau des Landes genutzt werden können. So hat man Zeit verschenkt. Und auch jetzt ist eine Genesung des griechischen Patienten nicht wahrscheinlich. Das Land bleibt quasi scheintot. Selbst die doch immer so optimistische OECD sieht Griechenlands Schulden erst in einigen Jahren bei 120 % der Wirtschaftsleistung – von oben, also einem höheren Niveau kommend, versteht sich. So sieht keine »Griechenland-Hilfe« aus.

Fest steht: Europas Spitzenpolitiker sind weiter fest in der Hand von Goldman Sachs, der Deutschen Bank & Co. Auf allen Vorträgen bei Volks- und Raiffeisenbanken oder Sparkassen stelle ich große Übereinstimmung mit den Vorständen dieser Institute fest. Denn nicht nur die hohe Politik wird von den Investmentbanken bestimmt, auch die Finanzmarktregulierung belohnt das schnelle Kapitalmarktgeschäft und bestraft die Banken, die tatsächlich noch Kredite vergeben. Sie trifft also ins Herz des deutschen, kreditorientierten Wirtschaftssystems.

Immerhin: Die Kapitalmärkte dürften nach dem Schuldenschnitt kurz aufatmen. Auch ansonsten kann ich mir vorstellen, dass der Kursaufschwung am Aktienmarkt anhält. Noch gibt es viele attraktive Unternehmen. Bei Rhön-Klinikum können Sie die Stagnation des Kurses nutzen. Mittelständler wie Gerry Weber, Fuchs Petrolub und Bechtle haben trotz der erreichten Kurssteigerungen noch Potenzial. Und bei France Telecom haben Sie über 11 % Dividende, bei Telefónica sogar 12 %. Wenn Sie etwas »zocken« wollen, wagen Sie sich an Hellenic Telecom. Die Aktie stand mal bei 25 Euro. Jetzt ist sie bei 2,30 Euro.

Rückblick 2013:

Hellenic Telecom zeigt, wie schwer Value Investing sein kann. Wir errechneten einen fairen Wert von 5,50 Euro. Bei 1,80 Euro stiegen wir dann endlich ein. Und prompt fiel die Aktie noch einmal massiv auf 1 Euro. Wir kauften nach und verbilligten auf 1,40. Bei diesem massiven Kurseinbruch dürften viele die Nerven verloren haben oder zumindest nicht verbilligt haben. Und dann stieg die Aktie 2013 zwischenzeitlich auf 6,50 Euro (550 % plus von Tief) und notiert heute bei ca. 6 Euro.

8.12 Frau Merkel, Sie treiben Europa in den kollektiven Selbstmord!

Ausgabe 13/2012 vom 30.03.2012

Sehr geehrte Frau Bundeskanzlerin!

Es sieht so aus, als ob der von Ihnen und Minister Schäuble maßgeblich vorangetriebene Fiskalpakt beschlossene Sache ist. Nicht nur betreiben Sie hier die Selbstentmündigung der Politik, Sie treiben Europa auch in den kollektiven Selbstmord. Es ist die Aufgabe souveräner Staaten, über Steuereinnahmen und Steuerausgaben zu wachen und eine verantwortungsvolle Finanzpolitik zu betreiben. Diese Aufgaben können – für einzelne Steuern oder in größerem Umfang – auf die Europäische Union übertragen werden, wenn die EU ein föderales und demokratisches Gebilde wäre, von dessen Parlament die Regierung (Kommission) gewählt würde.

Stattdessen haben wir den klassischen EU-Rat, in dem die Regierungen in Hinterzimmern tagen. Auf Russisch heißt »Rat« übrigens
»Soviet«. Da Sie Russisch lesen und sprechen, wissen Sie das. Professor Helge Peukert von der Universität Erfurt sprach im Zusammenhang mit dem Fiskalpakt von einem »Ermächtigungsgesetz«.
Schuld an der jetzigen Schuldenkrise sind überwiegend Investmentbanken und Superreiche. Um die Vermögen der Superreichen und
das Einkommen von Herrn Ackermann zu retten, haben Sie und die
anderen Regierungschefs seit 2008 ein gigantisches Subventions-
programm für die Investmentbranche aufgelegt. Bezahlen durften
die Bürgerinnen und Bürger.

Nun sollten die Bürgerinnen und Bürger wieder bluten, um Hedgefonds und Investmentbanken weiter zu füttern. Die radikalen Spar-
und Privatisierungsprogramme in vielen europäischen Ländern
werden dazu führen, dass Volksvermögen verschleudert wird. Profitieren werden wieder einmal die Superreichen, deren Hedgefonds
und Investmentgesellschaften die Filetstücke zu Schnäppchenpreisen
bekommen. Grotesk!

Das radikale Sparprogramm, das Sie den europäischen Bürgerinnen und Bürgern – nicht den Großkonzernen, der Finanzbranche
und den Superreichen – aufzwingen, wirkt wie eine Vollbremsung
in den Sinkflug hinein. Man sieht dies in Griechenland. Dieses Land
ist zweifelsohne korrupt und hat riesigen Reformbedarf. Aber es hat
in den letzten Jahren auch massiv geblutet und gespart. Resultat:
Die Wirtschaft befindet sich im freien Fall. Solche selbstzerstöreri-
schen Programme laufen gerade in Spanien, Portugal und teilweise
auch in Italien an.

In den USA wird hingegen Geld ausgegeben, als ob es kein Morgen gäbe. Das Defizit Amerikas beträgt 10,8 % p. a., das Europas
4,5 %. Dort lacht man sich über den kollektiven Selbstmord in Europa ins Fäustchen. Denn ein starker Euro und ein starkes Europa
können keinesfalls in amerikanischem Interesse sein.

Die Lösung des Problems wäre ganz einfach: Massive Entlastungen für Normalverdiener und den Mittelstand, Steuererhöhungen für Reiche ab zehn Millionen Euro Vermögen sowie für Großkonzerne, eine Finanztransaktionssteuer und ein geordnetes Insolvenzverfahren für Staaten, wie Sie es 2010 richtigerweise gefordert hatten. Im Zusammenhang mit einem solchen genau geregelten Insolvenzverfahren macht auch ein Rettungsschirm Sinn. In der jetzigen Form nicht. Er führt nur dazu, dass der deutsche Kredit weiter belastet wird, bevor Europa unter Ihrer Initiative Selbstmord begeht. Europa ist derzeit die stärkste unter den drei großen klassischen Industrieregionen. Verschleudern Sie nicht dieses Kapital!

Mit vorzüglicher Hochachtung

Ihr

Prof. Dr. Max Otte

8.13 Europa ist sturmreif geschossen
Ausgabe 18/2012 vom 04.05.2012

Wie einige von Ihnen wissen, bin ich deutscher und amerikanischer Staatsbürger. Nach 10 Jahren jenseits des Atlantiks fand ich es an der Zeit, auch die Staatsbürgerschaft meines Gastlandes anzunehmen. Dennoch hat es mich – wie den Wirtschaftsprofessor Friedrich List in der ersten Hälfte des 19. Jahrhunderts – wieder nach Deutschland zurückgezogen. Hier ist meine Heimat.

Nun hat ein Kartell aus Ratingagenturen, Investmentbanken und anderen Akteuren Europa sturmreif geschossen. Kontinentaleuropa hatte ein kreditbasiertes Bankensystem, das auf Vertrauen und Nachhaltigkeit beruhte. Natürlich kamen auch größere und kleinere Unfälle vor. Aber die wirklich großen Krisen – 1929, 2008 – kamen aus dem angelsächsischen Bereich. Das kreditbasierte System beruht anders als das börsenorientierte System auf langfristigen Bindungen zwischen Kreditgeber (Bank) und Kreditnehmer (Unternehmen).

Sparer können keine extremen, aber faire Renditen erwarten. Banken trafen ihre Kreditentscheidungen dezentral – marktwirtschaftlich – selbst. Heute werden die Sparer durch die Niedrigzinspolitik der Notenbanken enteignet. Kreditgebende Banken werden durch die Regelwerke von Basel II und Basel III schwer belastet, während kapitalmarktorientierte Zockerbanken und vor allem Schattenbanken ungebremst agieren können. Kreditorientierten Banken wird zudem durch die Planwirtschaft der Ratingagenturen ein enges Korsett umgelegt.

Diese Situation und die politische Schwäche in Europa haben dazu geführt, dass wir von einer »Eurokrise« sprechen. Massive Schuldenschnitte, Südländer raus aus der Eurozone (mir hat noch keiner erklären können, warum das die europäische Idee gefährden sollte), danach Stützungskredite, und der Spuk wäre vorbei. So, wie es jetzt läuft, schränken wir die Demokratie ein und lassen uns von den schwächsten Staaten der Eurozone sowie der Finanzlobby die Geld- und Finanzpolitik diktieren. Als Folge ist das Bewertungsniveau vieler europäischer Aktien lächerlich gering. Amerikanische Aktien sind oftmals – trotz der katastrophalen Zustände in weiten Bereichen der USA – durchaus fair oder sogar satt bewertet.

Ich erwarte daher in den kommenden ein bis zwei Jahren eine massive Übernahmewelle. Zweimal haben wir im PI Global Value Fund schon davon profitiert, einmal auch Sie als langjährige Leser des PRIVATINVESTOR. Seit Jahren empfehlen wir Rhön-Klinikum. Deren Aufkauf erfolgte nun durch den globalen Gesundheitskonzern Fresenius S.E., der in Deutschland beheimatet ist. Die Übernahme des holländischen Logistikunternehmens TNT Express erfolgte durch die amerikanische UPS. Nur im Autobereich sind die Bewertungen anders herum. Hier könnten theoretisch die deutschen Unternehmen amerikanische Konkurrenten übernehmen. Nachdem Daimler sich aber mit Chrysler die Finger verbrannt hat, ist das nicht besonders wahrscheinlich. Ein möglicher Übernahmekandidat ist der holländische Fachverlag Wolters Kluwer. Wolters Kluwer tauchte früher regelmäßig in den Listen für gute Aktien auf. Dann kam der Umbruch in der Verlagsbranche. Wolters Kluwer ist allerdings massiv dabei, auf elektronische Medien umzustellen. Das Geschäft wächst nicht mehr besonders, ist aber stabil. Bei einem KGV von unter 9 und einer Dividendenrendite von mehr als 5 % ist das auch dann ein interessantes Investment, wenn das Unternehmen nicht übernommen wird, denn es kann auch alleine gut existieren.

8.14 Nun ist es offiziell: Deutschland verarmt!
Ausgabe 15/2013 vom 12.04.2013

Geht man nach dem Medianvermögen (dem Vermögen, unter dem 50 % der Bevölkerung liegen), ist Deutschland mit 51.000 Euro je Haushalt das ärmste Land im Euroraum. Das geht aus einer aktuellen Statistik der Europäischen Zentralbank hervor. Zweitletzter ist die Slowakei mit 61.000 Euro je Haushalt. Griechenland hat mit 102.000 Euro ein exakt doppelt so hohes Vermögen wie Deutschland. Und Luxemburg liegt mit 398.000 Euro beim Sechsfachen.

Nimmt man das Durchschnittsvermögen der Haushalte, steht Deutschland mit 195.000 Euro besser da als sechs andere Länder. Aber auch hier liegen zum Beispiel Frankreich mit 233.000 Euro und Italien mit 275.000 Euro darüber. Spanische Haushalte haben sogar ein Durchschnittsvermögen von 291.000 Euro. Wo bleiben da die Argumente »linker« Ökonomen, dass Deutschland zu wenig konsumiere und sich auf Kosten der Südländer bereichere? Und die Argumente fast aller Ökonomen, dass Deutschland vom Euro profitiere? Was ich in meiner Streitschrift *Stoppt das Eurodesaster* 2011 geschrieben habe, finde ich durch diese Zahlen in jeder Hinsicht bestätigt.

Der Euro hat uns unter dem Strich sehr geschadet. Wo bleibt der Aufschrei? Wo die Reaktionen der Politik? War es ein Zufall, dass das *Handelsblatt* kurz vor Bekanntwerden dieser Zahlen eine Umfrage des Forsa-Instituts veröffentlichte, nach der 68 % der Deutschen zum Euro stünden und nur 27 % die Deutsche Mark zurückwollen? Man kann es drehen, wie man will: Wir werden von unseren politischen Eliten (CDU, SPD, FDP, Grüne) über den Tisch gezogen. Da gibt es beim Spitzenpersonal nur wenig Aufrechte – und in der Regierung: keinen. Kein Wunder, denn unsere Politiker sind Karrierefunktionäre, die sich wenig von Funktionären (alt) unterscheiden. Und sie alle profitieren auf unsere Kosten von der sogenannten »Eurorettung«. Letzte Woche schrieb ich Ihnen: »Manchmal möchte man nur im Garten wühlen.« Nach der aktuellen Meldung umso mehr. Zudem hört selbst in meinen hohen Lagen in der Eifel langsam der Winter auf, so dass ich erste Vorbereitungen treffen kann. Ich freue mich darauf. (…)

9. DER CRASHPROPHET- 100-PROZENT- AKTIEN-MANN

Er ist gescheitert, aufgestanden, gescheitert und wieder aufgestanden. Dann kam die Krise – und brachte Max Otte Geld und Ruhm. Nun will er kürzertreten.

Portrait

Es war eine Ahnung. Der richtige ökonomische Instinkt. Eine Idee, deren Zeit gekommen war. So unfassbar stark, dass sie gehört werden musste. Von der ganzen Welt. Schluss mit der Augenwischerei. Seht doch hin! Die Krise naht. Und wir werden bluten.

Seit Max Otte die Warnung 2006 in seinem Buch »Der Crash kommt« zu Papier brachte, ist er berühmt – und sein Leben hat sich radikal geändert. Bis dahin hatte Otte selbst immer wieder mit Krisen zu kämpfen – mit seinen eigenen. Nichts verlief geradlinig in seinem Leben. Es gab viele Momente des Scheiterns und des Neuanfangs. Mit seiner ersten Firma, einem Internetportal für Anleger, erlebte er ein Desaster. Die Firma ging 2002 nicht lange nach der Gründung pleite. Die Prozesse, die folgten, gingen an Ottes Existenz. Er musste sogar seine Gitarrensammlung verkaufen.

Ein paar Jahre vorher wollte Otte in der Finanzbranche unterkommen. Einen Job als Investmentbanker hätte er damals gerne gehabt – vor allem wegen des Gehalts. Aber es hagelte eine Absage nach der anderen. Nur bei Salomon Brothers hätte man ihn genommen. Aber Otte überlegte es sich anders – und sagte ab.

Lange auf der Suche

Heute kann Otte über die Rückschläge lachen. Er sitzt in seinem Büro in Köln-Lindenthal, fünf Minuten Fußweg von der Uni entfernt. Bücherschränke und Regale mit unzähligen Nachschlagewerken über Philosophie, Wirtschaftswissenschaften, Geschichte, geräumiger Schreibtisch, ein Porträt von Friedrich dem Großen und eines von Otto von Bismarck an den Wänden, außerdem sein Doktorurkunde und sein Jagdschein. Hier managt Otte seinen Fonds, den PI Global Value Fonds, der vor wenigen Tagen ein neues Allzeithoch erklommen hat. Außerdem verwaltet er Vermögen, teilweise riesige. Ein Kunde hat ihm 130 Millionen Euro anvertraut.

Otte, 1964 in Plettenberg im Sauerland geboren, wächst gut behütet in einer Großfamilie auf. Neun Personen in einem kleinen Häuschen – für ihn eine tolle Welt, schließlich kümmert sich immer einer der Erwachsenen um ihn und seinen 15 Monate jüngeren Bruder Joachim. Sein Vater Max, ein Berufsschullehrer und Kommunalpolitiker, und seine Mutter Lore legen viel Wert auf Bildung, Toleranz und Liberalität, auf Geradlinigkeit und Rückgrat. Besonders sein Vater hat ihn sehr geprägt. So sehr, dass Otte nach dessen Tod seinen Vornamen änderte: von Matthias in Max.

Mit 19 wollte Otte groß in den USA herauskommen. Aber die finanziellen Verhältnisse der Familie erlaubten kein Studium an einer US-Eliteuni. So studierte er in Köln Betriebs- und Volkswirtschaftslehre sowie politische Wissenschaften. Mitte der 80er-Jahre ging er für ein Jahr nach Washington, wo er sein Studium um die Themen Finanzen und Marketing ergänzte. Später verbrachte er noch einige Jahre in den USA und erfüllte sich damit einen Kindheitstraum. 2005 nahm er die amerikanische Staatsbürgerschaft an.

Dass er dann doch nach Deutschland zurückkehrte, ist typisch für das Unstete in Ottes Leben. Mehr als sein halbes Leben lang hat er dafür gebraucht, um zu wissen, wo sein Weg hinführt. Er war Regierungsberater bei Kienbaum und Partner, M&A-Berater, Assistant Professor für internationale Wirtschaft und internationales Management am Department of International Relations der Boston University und Professur für allgemeine und internationale Betriebswirtschaftslehre an der Fachhochschule Worms – richtig lange hielt es ihn nirgendwo. Obwohl er Erfolge feierte. Zum Beispiel als er die Entwicklungshilfe der Vereinten Nationen reorganisierte – mit gerade einmal 25. 40 Mal ist Otte umgezogen.

Vom Krisenerklärer zum Krisengewinner

Die Finanzkrise brachte Konstanz in Ottes Leben. Als er sein Buch schrieb, 2006, arbeitete er zwar schon ein paar Jahre als Vermögensverwalter, aber kaum jemand kannte ihn. Als 2008 die Aktienkurse einbrachen, Staaten vor dem Ruin standen, die Arbeitslosigkeit stieg und der Euro zu kippen drohte – da schlug Ottes große Stunde. Von da an war er ein gefragter Mann. Otte in Talkshows, Otte in Zeitungsinterviews, Otte hier, Otte da. Gebetsmühlenartig erklärte er, dass Griechenland raus müsse aus dem Euro und dass die Politik den Leuten endlich die Wahrheit über aus das Ausmaß der Krise sagen solle. Seit damals hat Otte den Spitznamen »Crashprofessor« weg. Der Mann, der die Krise kommen sah, muss am besten wissen, wie ich mein Geld schützen kann, dachten sich die Leute und stürmten zu Tausenden zu seinen Vorträgen. Sein Crashbuch hat sich über eine halbe Million Mal verkauft und Otte einen Gewinn von knapp 250.000 Euro beschert. »Ich habe schamlos von der Krise profitiert«, sagt er mit einem Augenzwinkern.

Mittlerweile hat die Finanzkrise ihren Schrecken verloren. Ottes Auftritte sind seltener geworden. Titelstorys mit ihm ziehen aber nach wie vor gut. Letztens gab er zum Besten, welche 100-Prozent-Aktien er gekauft hat. Der Crashprophet als Superbulle für Aktien – so was lesen die Leute gern.

Trotz seines Ruhmes ist Otte der alte geblieben, sagt er. Auf seinen Erfolg bilde er sich nichts ein. Im Interview wirkt er ruhig und ausgeglichen, freundlich, höflich. Ein Umzug nach Frankfurt, mitten rein ins hektische Treiben der Finanzbranche? Bloß nicht. In Köln hat Otte alles, was er braucht. Endlich hat er seinen Anker geworfen. In Lindenthal hat er eine gemütliche Wohnung gefunden, nur ein paar Minuten von seiner ehemaligen Lebensgefährtin und der Mutter seiner beiden Kinder entfernt. Seine neunjährige Tochter und den achtjährigen Sohn hat er zwei Tage die Woche bei sich. Dann interessieren ihn Finanzmärkte, Eurokrise und Value-Aktien null. Ihm, dessen Leidenschaft für Geschichte nie aufgehört hat, ist es wichtig, dass aus seinen Kindern gebildete Menschen werden. Vor Kurzem haben sie einen ganzen Zyklus Ilias und griechische Sagen gehört. Carl, sein Sohn, fragt ihn allerdings oft über Geldangelegenheiten. »Anscheinend können wir unserem Elternhaus nicht entkommen«, sagt Otte.

Stolz auf die Ecken und Kanten

An das Junggesellenleben hat er sich längst gewöhnt. Er genießt das Treiben in seinem Viertel und die Ruhe in seiner Wohnung. Hier sitzt er abends oft und grübelt. Über Gott und die Welt und darüber, was so alles schief läuft in Deutschland. Es ärgert ihn maßlos, dass Deutschland sein Potenzial nicht ausschöpft. Dass die Politik die maroden Finanzen nicht in den Griff bekommt. Einer der wenigen, die die Sachen seiner Meinung nach richtig angepackt haben, war Thilo Sarrazin. Sarrazin – ebenfalls ein Krisengewinner, der lieber provokante Bücher schrieb als Politiker zu bleiben. Dass Otte ihn bewundert, passt gut ins Bild vom Antizykliker. Otte wie Sarrazin würden nie bei einer Sache umkippen, von der sie überzeugt sind. Fehlendes Rückgrat und fehlende Haltung – Charakterzüge, die Otte nicht ausstehen kann.

Manchmal wird ihm alles zu viel. Dann setzt er sich in seinen alten silbernen 320er Mercedes Kombi und düst auf der Autobahn nach Blankenheimerdorf, ein 900-Seelendorf in der Eifel. Hier hat Otte vor einiger Zeit ein ehemaliges Pfarrhaus gekauft. Eine Kulisse wie aus einem Edgar-Wallace-Film: hohe Wände, Kamin, altmodischer Gewölbekeller. Es fehlt nur eine Ritterrüstung in der Zimmerecke. Laut Kaufvertrag darf Otte keine Handlungen unternehmen, die sich gegen die Lehren der Kirche richten. Hat er auch nicht vor. Er liest, grübelt, sät und erntet Gemüse und lagert es im Keller. Und tankt Kraft.

Heute dauert es länger, bis der Akku wieder voll ist. Aber Otte weiß jetzt, dass er nicht mehr ständig Vollgas geben muss, so wie er es vor Kurzem noch getan hat. Er komme jetzt endlich dazu durchzuatmen und zu reflektieren. Er schreibt fleißig an seiner Autobiographie »Zwischenbilanz«, die 2014 auf den Markt kommen soll. »In der Rohfassung werden es sicher 500 Seiten, von denen wohl aber höchstens die Hälfte veröffentlicht werden«, sagt er. »Der Rest ist für die Familie.«

Otte wird nächstes Jahr 50 – Zeit sich rarer zu machen. In ein paar Jahren will er aus dem täglichen, nervenaufreibenden Geschäft raus sein. Dann will er nur noch publizieren, lehren, predigen. Über die Machenschaften der Finanzbranche und die Inkompetenz der Politik sei längst noch nicht alles gesagt.

Vermutlich findet Otte dann auch wieder mehr Zeit für sein Hobby. Der Crashprophet hat viele Jahre in einer Coverband namens Highspeed Elephants E-Gitarre gespielt und gesungen. Dann stand er, in Rockerklamotten und mit Langhaarperücke, auf der Bühne und gab alte Gassenhauer von ZZ Top und Status Quo zum Besten. Bis irgendwann die Krise da war und er seine Zeit für andere Dinge brauchte.

Manchmal, so scheint es, kann er noch gar nicht fassen, wie seine Crashprognose sein Leben auf den Kopf gestellt hat. Angst davor, mit Prognosen falsch zu liegen und sein Image aufs Spiel zu setzen, hat Otte nicht. Der DAX könne schon Ende des Jahres bei 10.000 Punkten stehen, »wenn die Leute die Aktie wiederentdecken«. Am Ende des Jahrzehnts seien 12.400 Zähler drin.

Dann wird man Otte bestimmt noch kennen. Griechenland ist längst nicht gerettet, die Staatsschulden steigen, viele Banken haben Probleme. Die Krise könnte erst in ein paar Jahren gelöst werden. Und vermutlich tut sich ganz am Ende des Tunnels schon eine neue Krise auf. Eine, vor der noch keiner etwas ahnt. Und womöglich ist es Max Otte, der uns vor ihr warnen wird.

Dieser Artikel erschien in *Der Aktionär 28/13* und wurde von Andreas Deutsch verfasst.

ÜBER DEN AUTOR

M ax Otte ist Professor für quantitative und qualitative Unternehmensanalyse und -diagnose an der Karl-Franzens-Universität Graz sowie gefragter Referent und Buchautor zu Wirtschafts- und Finanzthemen. Zu seinen Arbeitsgebieten zählen Unternehmensanalyse, Value Investing und Corporate Finance, Management und Strategie sowie weltwirtschaftliche Fragestellungen.

Seit 2001 widmet er sich Vermögensstrategien für Privatanleger. Um dieser Zielgruppe mit Analysen nach seiner Methode und Informationen zu börsennotierten Unternehmen zur Seite zu stehen, gründete er im Jahr 2003 mit der IFVE Institut für Vermögensentwicklung GmbH sein eigenes Finanzinformations- und Analyseinstitut und publiziert seitdem den wöchentlichen Börsenbrief DER PRIVATINVESTOR.

Für seine Strategie wurde er in den Jahren 2009, 2010 und 2011 vom Fachmagazin BÖRSE ONLINE zum „Börsianer des Jahres" gewählt. Kern seines Strategieansatzes ist neben bewehrten Value Investing Kriterien vor allem das Reinheitsgebot der Kapitalanlage: In ein Depot gehören nur Qualitätsaktien, Anleihen und Termingelder (oder rein aus diesen Zutaten zusammengesetzte Fonds), sowie Gold. Derivate lehnt Max Otte strikt ab.

Max Otte hat an der renommierten Princeton University promoviert und mehrere Dutzend Unternehmen, Stiftungen und internationale Organisationen beraten.

Börsenbrief DER PRIVATINVESTOR

In seinem Börsenbrief DER PRIVATINVESTOR veröffentlicht Max Otte wöchtenlich Informationen zu Unternehmen, die er als Qualitätsaktien einstuft, sowie Analysen und seine persönlichen Einschätzungen der Kapitalmärkte.

Abonnenten stehen über das Onlineportal www.privatinvestor.de zudem drei Musterdepots nach der Methode von Max Otte zur Verfügung, ebenso wie die vom IFVE Institut für Vermögensentwicklung geführte Unternehmensdatenbank mit über 90 Aktientiteln, eine Redaktions-Frage-Antwort-Ecke und mehrmals im Jahr eine persönliche Online-Sprechstunde mit Max Otte.

DER PRIVATINVESTOR - Wachstumsdepot

Wert zum Startzeitpunkt	Derzeitiger Wert	Restliquidität	Bargeldanteil
50.000,00 EUR	171.723,74 EUR	21.934,91 EUR	12,77%
Startzeitpunkt	Performance (Gesamt):	Performance DAX (Gesamt):	Outperformance (Gesamt):
09.08.2002	243,45%	119,49%	123,96%-Punkte

Abonnement sowie weitere Informationen erhältlich unter: www.der-privatinvestor.de Tel +49 (0)221 998019-16

Anlagefonds nach der Strategie von Max Otte

Seit Juli 2013 existiert mit dem **Max Otte Vermögensbildungs-fonds** (WKN: A1J3AM) erstmals auch ein **deutscher Anlagefonds**, der die Strategie von Max Otte 1:1 umsetzt. Für die Anlageberatung ist die Neue Vermögen mit Sitz in Traunstein verantwortlich, wobei der Fonds hierbei **persönlich von Max Otte beraten wird.**

Der Max Otte Vermögensbildungsfonds ist ausschließlich in Deutschland für den Vertrieb zugelassen und kann bei den meisten deutschen Bankhäusern gezeichnet werden. Neben der Sparplanfähigkeit ab nur 50 € monatlich bietet der Max Otte Vermögensbildungsfonds aufgrund seiner Rechtsform deutschen Anlegern auch den Vorteil der unkomplizierten steuerlichen Abwicklung.

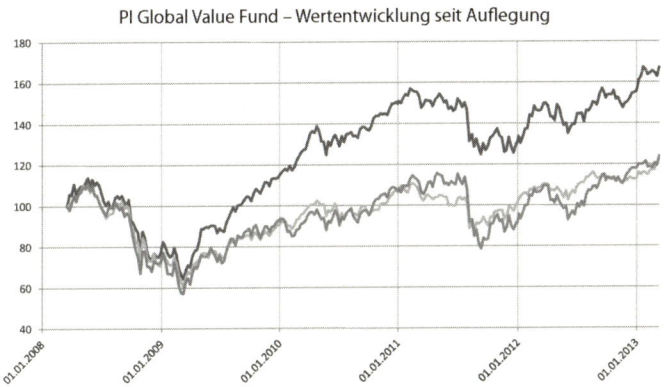

PI Global Value Fund – Wertentwicklung seit Auflegung

Der **PI Global Value Fund (WKN: A0NE9G)** setzt als Fonds nach liechtensteinischem Recht die Strategie von Max Otte bereits seit März 2008 erfolgreich um. Der Fonds verwaltet derzeit ca. 120 Millionen Assets und hat seit Auflegung die maßgeblichen Indizes weit outperformt. Die Wertentwicklung seit Auflegung bis zum 14.08.2013 betrug +80,39%. Der DAX schaffte im selben Zeitraum eine Wertsteigerung von +36,49%.

Als Asset Manger ist die PHZ Privat- und Handelsbank Zürich AG tätig.

www.maxotte.de Tel +49 (0)221 998019-16

Individuelle Vermögensberatung und – verwaltung

Anleger, die ihr Vermögen individuell nach der Strategie von Max Otte von professioneller Hand beraten oder verwalten lassen möchten, haben die Möglichkeit, sich an ein von Max Otte und IFVE hierfür lizenziertes Unternehmen zu wenden. Weitere Informationen hierzu können Sie direkt beim IFVE Institut für Vermögensentwicklung erhalten.

www.privatinvestor.de Tel +49 (0)221 998019-16